Vivre le deuil
au jour le jour

Dr Christophe Fauré

Vivre le deuil au jour le jour

Albin Michel

Ouvrage publié sous la direction
de Mahaut-Mathilde Nobécourt

Au Gyalwa Karmapa
Thaye Dorje

« La douleur… C'est l'amère potion par laquelle le médecin qui est en vous guérit votre âme morbide. Fiez-vous donc au médecin et buvez son remède en silence et tranquillement, car sa main, quoique lourde et rude, est guidée par la main tendre de l'invisible, et la coupe qu'il apporte, quoiqu'elle brûle vos lèvres, a été modelée de l'argile que le potier humecta de ses larmes sacrées. »

Khalil GIBRAN, *Le Prophète*

Sommaire

Préface

En mai 1987, à l'hôpital de l'Institut Pasteur, à Paris, j'ai découvert pour la première fois, en tant que jeune médecin et en tant que personne, un visage de la maladie et de la mort qui m'était jusqu'alors inconnu : le sida. Auprès des hommes et des femmes touchés par le virus se tenaient, tout aussi ébranlés par la violence de la maladie, des amis, des compagnons, des parents, des épouses, des enfants…

Tous faisaient l'impitoyable apprentissage de la perte et du deuil. Deuil de leur propre existence pour les uns, deuil de la présence des personnes qu'ils aimaient pour les autres.

En me permettant de cheminer avec eux, à l'hôpital mais aussi en tant que volontaire au sein de l'association AIDES, au milieu de nos questions sans réponse et de nos incertitudes, ils m'ont fait prendre conscience de la réalité du deuil, avec ses multiples répercussions dans la vie de chacun. Alors que la qualité des traitements et du soutien psychologique spécifique apportés aux personnes directement touchées par le virus ne cessait de croître, rien n'était proposé aux proches qui, une fois le décès survenu, rentraient tout simplement chez eux… Il n'y avait plus de place pour eux à l'hôpital désormais.

C'est dans l'unité des soins palliatifs que dirigeait le docteur Michèle Salamagne à l'hôpital Paul-Brousse de Villejuif que j'ai découvert le concept de soins palliatifs. Ce mouvement, initié en Angleterre dès les années 60, n'a fait vraiment son apparition, en France, qu'au début des années 80. Les soins palliatifs ont pour mission la prise en charge physique, psychologique et spirituelle des personnes en fin de vie *et de leurs proches*. Par le biais des soins palliatifs, qui préconisent une approche globale de l'individu, la souffrance des personnes en deuil après la perte d'un être cher a commencé à être véritablement prise en compte et étudiée en tant que telle. Jusqu'alors, la méconnaissance de la réalité quotidienne du deuil et de son processus était quasi-totale…

Plus tard, en tant que psychiatre, j'ai été frappé par la place qu'occupaient la perte et le deuil dans les récits de mes patients. Le plus souvent, les ruptures dans leur histoire de vie n'étaient pas comme des causes possibles de leurs difficultés actuelles. Rares étaient celles et ceux qui établissaient spontanément un lien entre certains de leurs problèmes physiques ou psychologiques du moment et leurs deuils du passé. La rupture d'autrefois – qu'il s'agisse de la mort d'un proche, de la perte de l'amour d'un parent, d'un bien, d'un idéal ou de l'effondrement de rêves ou de secrets espoirs – n'était pas reconnue comme le moteur de la dépression ou du dysfonctionnement familial d'aujourd'hui… Le sentiment d'abandon vécu dans l'enfance n'était pas associé au sentiment d'insécurité du présent. L'ignorance de ce qu'est véritablement le deuil, en tant que processus normal et incontournable se déclenchant après *chaque* perte, était une source d'errance dans le cheminement psychologique.

On ne peut reconnaître et mesurer l'ampleur des conséquences d'un mécanisme psychologique, et on ne pourra agir sur elles, que si on apprécie à sa juste valeur la réalité et l'importance de ce processus. Or quelle place accorde-t-on désormais au deuil dans notre société, spécifiquement au deuil après la mort d'un proche ?

La science et la technologie ont relégué la mort au seul domaine médical ; on tente de l'éliminer en la cachant dans les hôpitaux où plus de 80 % des individus décèdent. En voulant évacuer la mort, on a réduit au silence le deuil, qui en est le corollaire immédiat. Quand il n'y a plus de parole sur la mort, il n'y a plus de parole sur le deuil. Notre société occidentale s'est coupée d'une connaissance ancestrale dont chacun se nourrissait, comme individu et membre d'une communauté humaine. Le deuil s'est vidé de ses repères psychologiques, religieux et sociaux, et progressivement trouvé affublé de fausses croyances et d'idées erronées sur sa véritable nature. On a vu s'instituer des règles de comportement en rupture avec les références du passé et des « impératifs » totalement irréalistes par rapport au processus de deuil. A charge, pour chacun, de se plier à ces nouveaux critères et agir en conséquence. Ainsi, la personne en deuil se trouve soumise à la souffrance de sa perte et au flot d'émotions qui accompagnent ce qu'on appelle le travail de deuil, mais elle doit, de surcroît, faire face à la confusion qu'engendre la méconnaissance profonde du processus dans lequel elle est immergée. Elle subit la contrainte de principes sociaux en totale contradiction avec la dynamique psychique qui se met naturellement en route après le décès ; et, par là, une subtile exclusion, qui, condamnant à vivre dans le silence ce temps de vie si particulier, génère une souffrance supplémentaire, inutile.

Lorsque *Vivre le deuil au jour le jour* a été publié pour la première fois, en 1994, il n'existait pratiquement aucun ouvrage grand public consacré au vécu du deuil. Cette pauvreté de ressources pour les personnes touchées par la perte d'un proche était le reflet de cette attitude collective globalement négative vis-à-vis du deuil. Peut-on dire que les choses ont changé ? Certainement, au regard des nombreux ouvrages qui lui sont désormais consacrés et à l'essor du mouvement associatif dans ce domaine ; on parle aujourd'hui plus facilement du deuil et une partie du tabou est en train de se lever. Mais le vécu de solitude et d'isolement de tant de personnes en deuil montre qu'il y a encore beaucoup de chemin à parcourir... Comment continuer à avancer ? J'ai l'intime conviction que c'est par les personnes en deuil elles-mêmes que le changement va survenir : c'est parce qu'elles sont – ou ont été – traversées par cette souffrance aux contours et à la dynamique si spécifiques qu'elles peuvent, en toute légitimité, faire entendre leur voix, au niveau de leurs proches et de notre société dans son ensemble.

Mais encore faut-il qu'elles trouvent des points de repère, pour s'aider elles-mêmes en premier lieu, et pouvoir expliquer et aider en retour. C'est tout le sens de cette troisième édition, qui vise à enrichir la précédente d'approfondissements et d'éclairages nouveaux sur le processus du deuil. J'y aborde plus précisément l'impact traumatique du deuil, la culpabilité, l'incidence du deuil au niveau physique, ou encore le fait d'aimer à nouveau après la perte de son conjoint, et tant d'autres questions essentielles.

Avancée majeure, cette nouvelle édition se trouve aussi associée au site internet « Traverser le deuil » (www.traverserledeuil.com) que j'ai créé en 2010. Ce précieux complément à cet ouvrage offre de nombreuses rubriques pour aider à cheminer au cours du deuil et comporte un programme vidéo d'accompagnement qui apporte informations, conseils et recommandations sur le travail de deuil. Ce programme, d'une durée de plus huit heures, est en accès libre et gratuit. L'autre point fort du site est son forum : au fil du temps, il est devenu un véritable lieu de partage et d'entraide où les personnes en deuil se retrouvent en territoire « ami ». Il permet une interactivité qui entre en synergie avec ce que l'on peut tirer de cet ouvrage.

Réhabiliter le deuil, sa véritable nature et sa fonction est un projet bien trop ambitieux pour que ce simple livre y suffise. Une chose est certaine : aucun livre au monde, aucune explication, aussi pertinente et savante qu'elle soit, ne suffiront à atténuer l'angoisse ou à apaiser la souffrance. Quand on a mal, on a mal, même si on comprend dans ses moindres détails les mécanismes générant la douleur... mais j'ai l'intime conviction qu'une meilleure compréhension de ce qu'on est en train de vivre au cours du deuil aide à s'y confronter.

C'est pourquoi je remercie chaleureusement celles et ceux qui, depuis seize ans, m'adressent des messages de soutien, ainsi que les personnes en deuil que j'accompagne et dont les enseignements nourrissent en profondeur cette nouvelle édition.

Nous sommes tous en chemin. Si en lisant ces pages vous parvenez à lire entre les lignes, au-delà de ce que je n'ai pas su retranscrire, et que cela vous aide à faire un pas supplémentaire vers une meilleure connaissance de vous-même, alors ce livre aura rempli sa mission.

Dr Christophe Fauré,
mars 2012

I

QU'EST-CE QUE LE DEUIL ?

Une histoire de vie

J'ai un jour appris à aimer, pendant un mois, un an, dix ans, vingt ans... bien plus, peut-être. L'amour qui s'est créé entre moi et cette personne était tissé de ces innombrables liens dont je n'ai pris conscience que lorsqu'ils ont été définitivement rompus.

Dès notre rencontre, et à l'issue d'un patient travail d'amour, j'ai appris à faire de la place dans ma vie à cette femme, à cet homme, à cet enfant... Un des faisceaux qui me reliaient à lui, à elle, s'appelait complicité, un autre intimité, un autre connivence, un autre encore avait les couleurs de nos souvenirs de jeunesse, des secrets et des instants fugaces dont nous étions les seuls détenteurs. Un autre encore faisait d'elle, de lui, ma compagne ou mon compagnon. Nos corps s'étaient doucement apprivoisés et avaient soif de ces caresses sans lesquelles il paraît désormais impossible de vivre. Ces multiples liens, conscients et inconscients, tissaient la trame de nos vies et nourrissaient, par un échange réciproque et sans cesse entretenu, l'essence même de notre relation. Ils constituaient notre unique alchimie, où se mêlaient et se répondaient en écho l'affectif, l'émotionnel, l'intellectuel, le spirituel. Et nous étions heureux ainsi.

Ils contribuaient aussi à nous donner un rôle, une place précise qui nous définissaient en tant que père ou mère, frères ou sœurs, amis ou compagnons... Ils avaient créé une partie de notre identité et étaient autant de repères qui nous permettaient d'exister dans le monde. Qu'ils aient été d'amour ou de haine, de complicité ou de rancœur – car cela fut aussi le cas –, ils nous faisaient exister vis-à-vis d'autrui et de nous-mêmes. Ainsi, jour après jour, nous renforcions ces liens par l'infinité de nos interactions qui faisaient vivre notre relation. Cette énergie que nous investissions l'un dans l'autre circulait dans un libre va-et-vient qui permettait de construire d'autres liens, d'autres souvenirs, d'autres émotions...

La mort m'a arraché cette personne que j'aimais.

Au début, je n'ai pas compris. C'était trop absurde pour que je parvienne à assimiler ce qui se passait. Soudain, du jour au lendemain, cet échange s'est brusquement interrompu. Je ne savais plus quoi faire. Je ne savais plus quoi dire. Il n'y avait plus que cette effroyable douleur que je sentais se déployer en moi, impuissant. Où chercher pour retrouver ce que j'avais perdu ? Je continuais à investir toute mon énergie dans une relation... qui n'existait plus. Je tentais de nourrir un lien dont le support, de chair et de vie, avait disparu de la surface de la terre. Dès lors, mon énergie errante, aux abois, cherchait à se fixer sur le moindre objet, le moindre élément du quotidien. J'étais comme à l'entrée d'une immense caverne où je criais son nom, sans qu'aucun écho ne me revienne. Cet écho, autrefois, j'en avais besoin ; il me rassurait, il me rendait fort : « Tu es important(e) pour moi », « Tu donnes sens à ma vie », « Je donne sens à la tienne ». Il me disait aussi : « Je t'aime et pour moi aussi tu existes, au-delà de nos conflits, au-delà de nos différends et de nos discordes. »

Désormais, il n'y a plus personne, plus rien. Je continue pourtant à exister, étonné et las de me rendre compte que j'y arrive. Je continue à vivre même si j'ai l'impression de n'être qu'une coquille vide qui donne l'illusion de la vie à ceux qui l'entourent. Je voudrais me retirer au fond de moi-même avec lui, avec elle.

Et voilà qu'on s'avance vers moi. À travers le brouillard de ma souffrance, j'entends qu'on me parle d'un travail à accomplir. Un travail ? Quelque chose en moi se raidit car c'est justement ce que je redoutais d'entendre. Le deuil ? « Faire le deuil ? » Ces mots m'effraient, me révulsent et font monter en moi une colère vis-à-vis de ceux qui veulent me traîner sur ce chemin ! Je ne sais pas de quoi il s'agit, mais je sens que tout en moi s'y oppose farouchement. Le deuil, c'est quelque chose dans quoi je ne veux pas entrer. Je suis sûr que je peux éviter cela ! C'est peut-être bien pour les autres, mais pas pour moi. Ne comprenez-vous pas ce que vous êtes de train de me demander ? Non, ça, jamais ! S'il vous plaît, arrêtez... Laissez-moi tranquille avec votre « travail de deuil »... Tout ce que je demande, c'est retrouver la personne que j'aime. C'est tout.

J'ai cherché partout, dans un état d'angoisse et de confusion où je ne me reconnaissais plus moi-même.

Et imperceptiblement, à mon corps défendant, j'ai compris : qu'il n'y aurait plus jamais de retour en arrière, que plus rien ne viendrait nourrir le lien. Plus de flux, plus de reflux. J'ai compris qu'à chaque nouvelle situation, comme partir en vacances sans elle, fêter Noël sans elle ou ne plus partager avec elle les musiques que j'aimais, je me trouvais face à un souvenir, mais aussi face à l'émotion qui lui était associée : là était ma peine. Ce n'était pas tant l'évocation de ce souvenir qui me perçait le cœur que le ressenti douloureux qui s'emparait de moi quand il émergeait à ma conscience. Ce lent retrait libidinal a pris un temps infini que je ne parvenais pas à mesurer car il n'obéissait pas au rythme des jours qui passent. J'ai compris que, si je voulais me donner une chance de continuer à vivre, il me fallait renoncer à cet échange tel qu'il existait, quand cette personne que j'aimais était encore vivante. Il me fallait apprendre à la rencontrer autrement, à un autre niveau de mon être.

J'ai alors entrevu une alternative. Si je décidais de ne plus rien ressentir pour ne plus avoir mal, je me plaçais dans l'obligation de tout oublier, de « tourner la page » au plus vite. Mais le prix à payer était exorbitant et audelà de ce qu'il m'était possible de supporter, car effacer le souvenir, c'était comme perdre une seconde fois. C'était comme si je me coupais délibérément de ce qui faisait le cœur même de notre relation. Je restais figé dans une non-acceptation de son absence pour ne pas en ressentir la douleur. Il y avait donc une autre voie : je pouvais refuser que le deuil devienne équivalent d'oubli. Pour pouvoir retrouver le lien, je devais, dans un premier temps, y renoncer. Quel paradoxe ! Il fallait que je lâche prise pour que je puisse me réapproprier ce que j'avais douloureusement accepté d'abandonner. Au début, je ne comprenais pas ce que cela voulait dire ; cela me paraissait n'avoir aucun sens... Et pourtant. Je suis parvenu progressivement à la compréhension de ce qui se jouait en moi. Je me suis aperçu que c'est en suivant cette étrange voie que je parviendrais à retrouver, à un autre niveau, ce que je croyais avoir perdu à tout jamais. Avec soulagement mais aussi avec lassitude – car ce travail fut long et pénible –, j'ai appris à recréer en moi un autre type de relation avec la personne que j'aimais : c'est parce que j'avais pu me confronter de plein fouet à la violence de son absence que je pouvais la retrouver en un lieu intérieur, où je savais que plus jamais je ne la perdrais à nouveau.

Il m'a fallu du temps pour accomplir cela, bien plus que je ne l'imaginais au début. C'était tellement long que très souvent j'ai pensé que je n'y arriverais pas.

Mais ce nouveau lien est en moi aujourd'hui. Il trouve sa place auprès des liens du passé, avec les images d'autrefois et les souvenirs que j'accueille dans ma mémoire. Je ne suis plus détruit par leur évocation. J'ai inscrit leur indélébile présence dans le récit de mon existence, une vie que j'accepte sereinement de continuer à écrire... sans lui, sans elle.

Un processus de cicatrisation

Prenons une image : imaginez que vous êtes dans votre cuisine à préparer le repas. Il y a un récipient rempli d'huile sur le feu. Soudain, c'est l'accident : mal posé sur la plaque chauffante, il bascule et son contenu se déverse sur votre main, vous brûlant gravement ! C'est un traumatisme ; il vous prend de court. Deux possibilités s'offrent à vous :

– Vous décidez d'étouffer la douleur : vous prenez des antalgiques et vous enveloppez votre main dans un gros pansement, jusqu'à ce que ça passe... Vous vous dites qu'avec le temps, les choses vont s'arranger d'elles-mêmes. Vous avez d'autres priorités dans votre vie et vous n'allez pas vous laisser paralyser par cet incident de parcours. Vous prenez donc la décision de ne pas vous en occuper et de laisser faire.

Pourtant, même si vous ne la prenez pas en compte, la blessure n'en existe pas moins. Un *processus naturel de cicatrisation* va avoir lieu, que vous le souhaitiez ou non. Votre main va spontanément commencer à se réparer... mais dans quelles conditions ? Les tissus vont se reconstruire tant bien que mal avec des adhérences cutanées, des rétractions tendineuses ; une infection peut même s'installer. Avec le temps, la cicatrice ne sera certainement pas de bonne qualité. Vous risquez de ne plus pouvoir utiliser votre main comme avant. Le fait de ne pas tenir compte de la blessure aujourd'hui risque d'hypothéquer l'avenir...

– Une autre solution s'offre à vous : face à cette blessure soudaine, *vous décidez d'accompagner activement le processus de cicatrisation*. C'est une décision prise en toute conscience, face à une situation que vous n'avez pas choisie. Cela signifie que vous vous donnez les moyens de soigner votre main du mieux possible. Vous allez consulter un médecin. Il fait le bilan de vos lésions et vous confie à une infirmière qui élabore avec vous un programme de soins. Jour après jour, pendant plusieurs semaines, elle enlève les pansements, élimine soigneusement les peaux mortes pour favoriser la cicatrisation, applique diverses pommades antiseptiques pour prévenir l'infection.

Tous ces soins font mal – très mal, parfois –, mais vous acceptez la douleur car vous êtes ancré dans la conviction que *ce mal est nécessaire si vous voulez véritablement prendre soin de cette main mutilée*. Grâce à l'attention soutenue qu'on lui porte, votre main va cicatriser dans de bonnes conditions. *Plus tard, elle sera à nouveau souple et fonctionnelle*. Elle portera *toujours* les traces de la blessure initiale, mais ses conséquences à long terme seront beaucoup moins graves que si vous l'aviez négligée.

Qu'est-ce que cette métaphore de la main brûlée vous apprend, alors que vous venez de perdre un être cher ? Soit vous espérez qu'avec le temps – et avec le temps seulement – tout rentre progressivement dans l'ordre... en vous rendant compte que cela ne suffit pas... Soit vous décidez de faire activement face à ce qui se passe maintenant dans votre vie. Cela ne va pas atténuer la douleur, car elle est malheureusement inévitable, mais vous choisissez d'en faire quelque chose et de ne pas vivre passivement les événements. Cette démarche est ce qu'on appelle le « travail de deuil ».

Il y a donc d'un côté le *processus de deuil*, de l'autre *le travail de deuil*, qui procède de la courageuse décision d'accompagner le processus de guérison intérieure.

Le travail de deuil permet de canaliser la douleur en l'inscrivant dans quelque chose de cohérent et qui a du sens : c'est le plan de soins que l'infirmière construit avec vous pour traiter votre main. Mais c'est aussi beaucoup plus : ce travail est la garantie que vous ne perdrez pas à nouveau la personne que vous aimez. Vous créez en effet les conditions pour l'accueillir définitivement en vous, en ce lieu intérieur que plus rien ne pourra remettre en question, par-delà les années. Elle sera là avec vous à tout jamais. Le mot « deuil » fait peur car on l'assimile de façon erronée à l'oubli de la personne aimée. C'est faux, car c'est tout l'inverse qui se passe ! **Le travail de deuil n'aboutit pas à l'oubli, bien au contraire ; il garantit le non-oubli**.

Il y a à travers le monde des milliers de personnes qui ont connu ou connaissent la même souffrance que celle qui vous déchire aujourd'hui. Vous n'êtes pas seul sur ce chemin, même s'il reste intrinsèquement solitaire. Il vous faut un peu de temps pour arriver vous aussi au bout du tunnel... C'est grâce au travail de deuil que vous réapprendrez à vivre sans la présence de la personne aimée. Comme après une blessure physique, il restera toujours une cicatrice. C'est inévitable. Ce sera une zone de vulnérabilité que vous porterez toujours en vous, tout au long de votre existence. Tout comme une ancienne blessure peut faire mal en fonction des circonstances, la cicatrice du deuil restera douloureuse par-delà les années : un fils se marie et son père n'est plus là pour le serrer dans ses bras, on fête la naissance d'un petit-fils qui ne connaîtra jamais sa grand-mère... La douleur sera toujours là, mais plus tolérable, moins violente ; elle n'aura plus l'intensité dévastatrice des premières années. Parfois, même, on sera presque étonné d'avoir plaisir à la retrouver...

Un vécu personnel et légitime

On ne peut pas réduire le vécu du deuil à la seule souffrance d'avoir perdu quelqu'un qu'on aime. C'est beaucoup plus grand, c'est beaucoup plus vaste. En effet, toutes les dimensions de l'être sont interpellées par cette douleur qui imprègne et envahit chaque recoin de la vie : C'est d'abord **un vécu physique** où le corps parle et hurle sa douleur par un épuisement qu'aucun repos ne semble pouvoir compenser. C'est aussi **un état psychologique** qui effraie par son intensité : un flot de pensées et de sentiments mobilise l'esprit en continu, au point qu'on se demande si on arrivera jamais à vivre autrement que dans cette camisole émotionnelle. C'est enfin **un événement social et relationnel** qui remet profondément en question le rapport avec soi-même et avec autrui. On saisit très vite qu'il existe un décalage entre ce qu'on vit et ce que comprend l'autre ; une incompréhension mutuelle en résulte très fréquemment. De plus, on se sent devenir différent, mais on ignore vers quoi on tend et comment va se réorganiser notre rapport au monde. Tout devient flou, et reste flou pendant longtemps ; les certitudes tombent, les repères éclatent…

Il est capital de comprendre ce qui se passe. La compréhension du processus de deuil ne vous permettra pas de faire l'économie de la douleur. Ce n'est pas parce qu'on sait qu'on a moins mal. Mais parce qu'on sait, on donne un autre sens à sa souffrance, et c'est une différence considérable. On ne souffre plus « à vide », on comprend qu'il y a une cohérence interne dans ce qu'on est en train de vivre.

Avant d'aller plus loin et d'explorer en détail les différentes phases du processus de deuil, il est donc utile de s'arrêter sur plusieurs grands principes qui le définissent. Ils nous serviront, par la suite, de cadre et de référence.

Il n'y a deuil que s'il y a attachement

S'il n'y a pas d'attachement, il n'y a pas de deuil. Ils sont intimement liés, l'un détermine l'autre. Souvenez-vous, par exemple, des attentats du 11 septembre 2001 à New York. Des milliers de personnes sont mortes. Néanmoins, le lendemain, notre vie a repris son cours ; rien de fondamental n'a ébranlé notre existence car aucun lien spécifique ne nous reliait à elles. En revanche, si l'une d'entre elles avait été notre frère, notre enfant ou notre épouse, notre vie aurait été touchée à tout jamais.

Ainsi, s'il n'existe pas de lien entre soi et la personne décédée, il n'y a pas nécessité psychique à un processus de deuil. C'est pourquoi on peut être beaucoup plus touché par la mort d'un ami de cœur que par le décès d'un oncle avec lequel on ne partageait qu'une relation formelle, lors de réunions de famille. Les liens du sang ne sont pas ceux qui déterminent l'intensité du deuil ; c'est le degré d'attachement à la personne disparue qui entre surtout en jeu.

À une personne correspond un deuil

En d'autres termes, deux deuils ne sont jamais comparables. Certes, on pourra toujours retrouver des grandes lignes communes dans le déroulement du processus mais, dans le détail, les façons de réagir ou de penser sont le plus souvent très différentes d'une personne à une autre. Il n'y a pas de deuil « type », il n'y a pas de « bonne » ou de « mauvaise » façon, il n'y a que ce qu'une personne vit, au jour le jour, après la mort de quelqu'un qu'elle a aimé, et ce qu'elle vit est véritablement unique et au-delà de toute comparaison avec un modèle préétabli.

Ainsi, lorsqu'une famille est confrontée à la mort d'un de ses proches, même si chacun fait face au même décès, les façons de réagir seront différentes. Chacun évoluera à son propre rythme. Il n'y a pas de normes absolues. Le savoir permet d'éviter des conflits liés à une incompréhension mutuelle au sein de la famille. Si, par exemple, un couple perd son enfant, chacun des parents va s'engager dans un processus de deuil qui lui est propre. Compte tenu de l'évolution par vagues du deuil, il est probable que le père éprouve, pendant quelques jours, une sorte de répit dans sa douleur... alors que sa femme se trouve au creux de la vague, dans une détresse qui contraste avec l'apparente sérénité de son époux. C'est alors qu'on voit émerger d'amers reproches. Elle lui adresse, plus ou moins directement, des accusations qui marquent sa frustration de pas être entendue dans sa douleur : « Tu n'aimais pas vraiment cet enfant... tu ne serais pas aussi paisible autrement. Tu es insensible à ce que je ressens, tu es incapable de comprendre combien j'ai mal... » Ces blâmes ne font qu'ajouter au déchirement et à la confusion des parents car eux-mêmes ne comprennent pas ce qui se passe vraiment en eux... Puis, finalement, la mère va un peu mieux à son tour, alors que le père, obéissant aux impulsions et aux rythmes de son propre deuil, sombre à son tour au fond du désespoir... et le mécanisme s'inverse.

L'être humain est constitué de multiples facettes : le physique, le mental, l'émotionnel, le spirituel, etc. Chacune progresse à son rythme au cours du deuil. Ainsi, par exemple, on peut avoir rapidement accepté le décès *intellectuellement*, alors qu'*émotionnellement* l'intégration en soi de cette réalité va prendre plusieurs mois. Tous les cas de figure sont possibles... Tout cela pour dire combien il faut être prudent quand on porte un jugement sur la façon dont une personne doit se comporter au cours de son deuil. Car ce n'est pas parce que soi-même on en a connu un que l'on pourra obligatoirement comprendre ou affirmer ce qui est « normal » ou « anormal » dans le deuil d'un autre. La personne est, et reste, la seule et unique échelle de référence.

Le processus de deuil se fera, qu'on le veuille ou non

Comme nous l'avons dit plus haut, le deuil est un processus *naturel* qui tend vers la guérison psychique. Mais parfois, pour de multiples raisons, que nous aborderons plus loin, le processus se trouve interrompu, comme laissé en suspens... mais c'est une illusion de croire qu'il est pour autant achevé.

Si le processus se remet en route après plusieurs mois, voire plusieurs années, on a souvent la surprise de retrouver sa douleur intacte, au point où on l'avait laissée, et il est déroutant de devoir se confronter à cette souffrance qu'on croyait disparue depuis déjà longtemps. Il est donc vain de croire qu'on peut échapper à la souffrance de la séparation en tentant, consciemment ou non, de la court-circuiter... car elle reste là, présente, patiente, tapie dans l'ombre et elle attendra le temps qu'il faudra pour réapparaître et réclamer sa légitime prise en compte.

Mme C. avait perdu un bébé, il y a vingt-cinq ans. Une partie d'elle-même avait accompli le douloureux travail de deuil et elle avait retrouvé une joie de vivre grâce à l'amour de sa famille... Quelque chose restait pourtant dans l'ombre, caché dans un placard de sa chambre. Un placard intouché depuis la mort de son enfant. Là, depuis vingt-cinq ans, une partie de sa souffrance d'antan restait cristallisée dans la layette, les couches, les ustensiles de toilette, les jouets qui étaient destinés à son petit enfant. Par-delà les années, elle ne parvenait pas à se défaire de ces objets accumulés sur ces étagères. La souffrance qui y était contenue restait intacte, toujours présente, toujours vivante, attendant patiemment qu'on la prenne en compte. C'étaient autant de liens qu'elle n'était pas parvenue à dénouer. Un jour, sa belle-fille découvrit, par hasard, ces reliques du passé et elle comprit l'enjeu de ce qui se trouvait là. Elle lui proposa de l'aider à se confronter aux émotions qui restaient figées derrière les portes closes de cette armoire.

En osant, enfin, toucher ces objets, soit pour en jeter, soit pour en donner, soit pour en garder, Mme C. retrouva intacte, après vingt-cinq ans, la douleur qu'elle avait fuie par le passé. Ce n'était que maintenant, dans le présent, qu'elle se reconnectait enfin à cette partie d'elle-même, maintenue autrefois sous silence. Elle acceptait d'accueillir en elle les émotions dont elle s'était coupée pour ne pas avoir mal, des émotions qui pourtant revendiquaient leur juste place dans l'histoire de sa vie.

Peut-on porter un jugement ? N'est-ce pas normal et humain que de vouloir mettre à distance la peine et la douleur ? Qui a envie de souffrir ? Qui ne cherche pas à se protéger ? C'est un désir, c'est un besoin tellement légitime, tellement compréhensible… mais le deuil obéit à une autre logique. Il a ses propres impératifs : il tendra toujours vers la confrontation des émotions pour pouvoir ensuite se libérer de leurs étreintes. Cette confrontation aura lieu dans le présent… ou bien des années plus tard. Mais, si c'est le cas, on risque de les voir resurgir sous des formes inattendues, souvent très détournées de leur source originelle qui est le deuil du passé.

La seule façon de sortir du tunnel, c'est d'y entrer !

Le deuil du présent réactive les deuils du passé

Par les deuils du passé, on entend toutes les pertes, les séparations, les abandons, les ruptures ayant eu lieu dans son histoire. Chacun de ces événements a généré une blessure qui, à son tour, a mis en route un processus psychique de cicatrisation. Le processus de deuil actuel va dans le même sens, il mobilise les mêmes ressources intérieures qu'autrefois et c'est ainsi que se réactivent, consciemment ou inconsciemment, les cicatrices du passé.

> Catherine a perdu son fils dans un accident de voiture. Au cours des mois qui suivent la mort de son fils, elle décrit avec un certain étonnement des souvenirs oubliés du passé qui réémergent soudain dans sa mémoire : sa douleur de petite fille lorsqu'elle apprit qu'elle avait été adoptée quand elle était bébé, sa peine quand elle a quitté la maison de son enfance pour aller se marier, la pénible épreuve d'un divorce une dizaine d'années plus tard... C'était comme si tous ces deuils du passé profitaient du processus de cicatrisation actuel pour tenter de se métaboliser et de se guérir à leur tour.

De fait, il y a deux versants dans ce phénomène de réactivation : si les deuils du passé (qu'il s'agisse de personnes décédées ou non) ont été harmonieusement assimilés psychologiquement, la réactivation de ces événements passés peut faciliter le cours du deuil actuel, en aidant la personne à puiser dans les expériences et les enseignements du passé.

À l'inverse, si des deuils ont échoué, sont restés bloqués ou n'ont pu trouver de résolution viable psychiquement, il est fort possible qu'ils resurgiront dans le présent en réclamant leur dû... au point, parfois, de venir parasiter le cours du deuil.

Ainsi, une question qu'il pourrait être utile de poser à quelqu'un en deuil serait : quelles sont vos pertes du passé ? Quels sont vos deuils d'autrefois, vos souffrances qui n'ont jamais pu s'exprimer, ni dire leur nom ? C'est peut-être une façon de l'aider à se reconnecter à elle-même et à reconnaître la légitimité d'une douleur qu'elle avait négligée et qui demande aujourd'hui que l'on prenne enfin soin d'elle...

Le deuil n'est pas un processus linéaire

« Le deuil n'est pas un état, mais un processus », explique le psychiatre anglais Colin Parkes. Il est fait de ruptures, de progressions rapides et de retours en arrière. Il ne faut donc pas s'attendre à un déroulement linéaire. Il est important de le savoir, sinon on sombre dans le désespoir lorsque la douleur semble s'aggraver avec le temps, en devenant encore plus pesante qu'au début. Il y a une logique derrière tout cela. La comprendre n'empêche pas d'avoir mal ; mais cela permet de donner un cadre à ce qu'on est en train de vivre. Même si on souffre, on comprend qu'on ne part pas à la dérive pour autant.

Les visages de la souffrance

Le temps du deuil n'est qu'un temps de la relation avec la personne aimée et ce serait une erreur que de le réduire au seul vécu de l'absence. En effet, il porte en lui *toute* la relation. On peut ainsi souligner que *la tonalité du deuil à venir est directement conditionnée par tout ce qui a été vécu auparavant dans la relation, avant le décès.* Cela donne d'emblée une perspective extrêmement large sur le vécu du deuil ! Par conséquent, on ne peut imaginer un authentique travail de deuil si on ne prend pas en compte la globalité de la relation : là se situent les enjeux et les clés du travail à entreprendre.

Ce qui s'est passé avant le décès

L'intensité du deuil et la signification qu'on lui donnera dépendent très étroitement de la perception qu'on a de ce qu'on a perdu, autrement dit de **la nature de la relation** qu'on avait avec le défunt.

Si je commence à explorer mon histoire avec cette personne que j'ai aimée, que puis-je y retrouver ? était-ce la guerre ? les conflits incessants ? les silences tendus et les non-dits sournois ? était-ce l'apaisement, la juste compréhension de ce que j'étais en tant qu'être humain ? était-ce tantôt la paix, tantôt la discorde, comme dans toutes relations humaines ?

C'est le climat psychologique de la relation avec la personne décédée qu'on aura tendance à transposer dans son deuil. C'est lui qui donnera la tonalité affective du travail à accomplir.

Si, par exemple, un père s'est montré froid ou rigide avec son fils en le critiquant sans cesse, il s'instaure entre eux une énorme distance affective, faite de reproches et de rancœur réciproques.

Si le fils vient à mourir, cette même distance émerge au cours du deuil. Le père doit se confronter à ce gouffre sans fond : il réalise que tout ce qui a été vécu avec son fils, de son vivant, refait surface aujourd'hui. Il réalise toutes les occasions, maintenant perdues à tout jamais, de se rapprocher de son enfant et de véritablement le connaître.

Il peut se reprocher amèrement sa froideur et la dureté de ses critiques. Quoi qu'il fasse, il devra traverser le deuil avec cela sur ses épaules. On transporte toujours dans le deuil la tonalité affective de ce qu'on a vécu avec la personne décédée, que ceci soit accompli dans l'amour ou dans la haine…

Quel était mon **degré de dépendance** par rapport à la personne qui est maintenant décédée ? Je dois m'interroger sur la nature de ces liens, car plus j'étais dépendant d'elle (que ce soit matériellement, émotionnellement, psychologiquement, socialement...) plus je vivrai son absence comme un trou béant après son décès : je me retrouve soudain complètement incapable de m'assumer financièrement... ou encore d'être autonome au niveau affectif, car je n'ai jamais appris à l'être puisque l'autre assumait tout cela pour moi ! Je dois intégrer dans mon deuil les conséquences de ma dépendance : plus la dépendance était grande, plus difficilement se feront les indispensables ajustements que je dois mettre en place pour apprendre à vivre sans elle.

S'agit-il d'une dépendance psychologique où l'on était incapable d'agir sans l'approbation ou les conseils de l'autre ? Existait-il une dépendance sociale où le partenaire décédé était la locomotive du couple, en assurant une ouverture vers l'extérieur ?

Il apparaît évident qu'une relation de dépendance va être source d'angoisse et d'insécurité au cours du deuil... car l'autre n'est plus là pour prendre tout en charge... En allant un petit peu plus loin, la prise de conscience de cette dépendance peut, au cours du deuil, induire de la colère contre le défunt avec, quelque part, le sentiment de s'être laissé enfermer dans le besoin qu'on avait de l'autre et d'être ainsi totalement démuni aujourd'hui.

Il serait possible de multiplier à l'infini les exemples qui montrent combien la nature de la relation avec la personne décédée va influencer le deuil à venir. C'est peut-être un des éléments déterminants dans le déroulement du processus, car le temps du deuil est une véritable relecture de tout ce qu'on a vécu avec le défunt, parfois même dans les plus infimes détails. Il est certain que ce retour sur le passé va s'imprégner de l'affectif de la relation (qu'il soit positif ou négatif) en le réactivant du même coup dans le présent, avec les conséquences que cela entraîne. Ainsi revenir en arrière pour explorer la nature de la relation avec le défunt est d'une aide considérable : c'est grâce à cet éclairage direct sur les liens qui unissaient la personne en deuil et celle qui est morte qu'on pourra vraiment comprendre ses réactions et son vécu intérieur d'aujourd'hui.

Il y a aussi le **temps de l'accompagnement**, c'est-à-dire le temps passé avec la personne que l'on sait déjà malade. Ce temps, là encore, est très variable d'une personne à une autre : une jeune femme de trente ans accompagne sa mère dans son cancer du sein pendant quinze ans, alors qu'un père commence à accompagner sa fille atteinte du sida trois mois seulement avant son décès, car la jeune fille n'avait rien voulu révéler jusqu'alors... Ce temps, pour beaucoup, n'existe d'ailleurs pas, quand le mari est foudroyé par une attaque cérébrale, le fils se noie ou la sœur se suicide...

« Accompagner » celui ou celle qui meurt est le terme consacré pour décrire le cheminement que l'on fait avec la personne malade, en tentant de la prendre là où elle est et de la suivre, si on le peut, où elle veut aller.

La maladie nous impose, à notre corps défendant, d'accompagner celui qui meurt. Le choix n'est plus possible ; cela *est*, qu'on le veuille ou non... et, la plupart du temps, rien ne se déroule comme on l'avait prévu ou imaginé. Ainsi, on souhaite que la fin soit paisible, et elle se fait dans la douleur et la révolte ; on attend, depuis des mois, un décès qui ne vient pas, et une secrète impatience monte, de pair avec un épuisement physique et psychologique qui rend virtuellement impossible tout effort supplémentaire ; on veut être présent aux derniers instants et le décès survient juste au moment où on est parti prendre quelques heures de repos à la maison.

L'accompagnement est déjà la confrontation à une réalité qu'on ne peut pas changer, en dépit des efforts déployés pour qu'il en soit autrement.

C'est le premier contact avec l'inéluctable, parallèlement avec la douloureuse prise de conscience de ses limites et de son impuissance à changer ce qui, chaque jour davantage, échappe à tout contrôle...

On se trouve soumis à deux forces allant dans des directions opposées. L'une est un mouvement qui pousse à être sans cesse plus présent auprès de celui ou celle qui est malade. La maladie exige toujours plus de temps et d'énergie de la part des proches. C'est souvent un temps d'intense proximité où on découvre parfois une intimité inégalée jusqu'alors, une intimité qu'on peut rechercher et redouter tout à la fois. On est assujetti à la pression sans cesse croissante du quotidien.

L'autre mouvement est souvent beaucoup plus inconscient ; c'est comme une prise de distance intérieure, un mouvement de retrait par rapport à la personne malade, comme si, à un niveau très profond de soi-même, on pressentait ce qui allait bientôt arriver, comme si on anticipait, avec angoisse, l'intensité de la douleur à venir et que ce mouvement de repli était une première tentative pour s'en protéger. C'est parfois imperceptible, mais on réalise qu'il y a des choses qu'on ne fait plus ou qu'on est réticent à faire. Les coups de téléphone deviennent plus pénibles à passer, les visites sont anticipées avec angoisse et, même si on se fait violence en y allant, quelque chose en nous a peur, recule devant la souffrance du présent et celle, perçue déjà à fleur de conscience, qui se profile dans le futur. Ainsi, les premiers mécanismes de mise à distance de la douleur de la séparation se mettent subrepticement en place.

Parallèlement, s'ajoute la peur réelle, voire la panique, de se confronter à la fin de vie de la personne qu'on aime...

Ce qui arrive, même si on y est préparé depuis des années, est perçu comme une aberration, une monstruosité. Tout son univers est violemment ébranlé sur ses bases et mis en péril, et c'est l'angoisse au ventre qu'on traverse des journées uniquement rythmées par les visites aux médecins, l'hôpital, les traitements... Tout perd son sens, on a l'impression de « naviguer à vue », sans aucun repère, à tel point qu'on a envie de partir, de tout laisser, parce que c'est trop dur, parce qu'on n'en peut plus, même si on sait très bien qu'on ne le fera jamais.

Ainsi, ces deux mouvements simultanés, l'un de retrait, l'autre de proximité, mettent le cœur, le corps et l'esprit sous tension. La pression monte et c'est dans ce climat d'intensité émotionnelle que peuvent se mettre en place des circonstances qui influenceront le cours du deuil.

La vie conjugale de Mme D. était un enfer. Depuis des années, ses journées n'étaient qu'une succession de disputes, d'agressions physiques parfois, qu'elle supportait, disait-elle, « pour les enfants ». Quand son dernier fils quitta la maison, elle commença à élaborer le projet de divorcer. Alors qu'elle était résolue à en faire part à son mari, celui-ci lui apprit que son médecin avait diagnostiqué un cancer digestif, déjà métastasé. Mme D. vit toutes ses résolutions s'effondrer, elle décida de ne rien révéler de ses intentions et garda le silence en réprimant sa colère et sa frustration au plus profond d'elle-même. L'accompagnement de son mari se révéla particulièrement lourd et difficile. Il devenait, mois après mois, toujours plus dépendant d'elle et avait constamment besoin de ses soins et de sa présence. Elle l'accompagna jusqu'au bout de façon remarquable, mais, derrière son visage soucieux pour la santé de son époux, bouillait une rage impuissante contre lui.

Combien de fois avait-elle souhaité qu'il meure? Combien de fois avait-elle essuyé des larmes de frustration et de dépit d'être ainsi liée à un homme dont elle ne supportait plus la présence? Combien de fois avait-elle eu envie de partir, tiraillée entre la haine de son mari et ce « quelque chose » qui subsistait de son amour pour lui? Combien de fois n'avait-elle pas eu peur, terrifiée paradoxalement par l'idée de son départ et la perspective de devenir veuve.
Après le décès de son mari, elle attendit un soulagement qui ne vint pas... et c'est un énorme sentiment de culpabilité qui s'installa en elle. Elle en vint à se reprocher tout ce qu'elle avait dit ou pensé à l'encontre de son mari qui, progressivement, devint « l'époux idéal » paré de toutes les qualités.
Elle tenta de trouver dans l'idéalisation de son conjoint le moyen de faire taire sa culpabilité d'avoir voulu le faire disparaître de son existence. Mais, cinq ans après, elle est toujours rongée par cette même culpabilité.

L'exemple de Mme D. est certes un peu caricatural, mais il illustre bien comment le deuil s'alimente à la fois de la nature de la relation avec le défunt et des circonstances de son accompagnement.

Il n'y a pas de mort « idéale ». Il n'y a pas d'accompagnement « idéal ». C'est un mythe dont il faut se détacher, car il est source d'incompréhension ou de souffrance pour les proches si les choses ne se passent pas telles qu'ils les avaient prévues.

La mort de la personne qu'on aime est unique au monde. Elle ne ressemble à rien d'autre qu'à elle-même. La personne prend le chemin qu'elle prend, en demandant à ceux qui l'entourent de marcher à ses côtés, sans interférer trop avec le processus de sa fin de vie. Cela n'exclut absolument pas la lutte ni le fait de se battre. La question est simplement : « Contre *quoi* dois-je me battre? Dois-je m'acharner à faire manger mon fils jusqu'à la nausée, parce que j'ai l'angoisse qu'il perde du poids? Dois-je être presque tyrannique pour qu'il suive à la lettre le traitement colossal prescrit par le médecin... au point de l'en écœurer ou de me mettre violemment en conflit avec lui s'il rechigne ? À partir d'un certain point, que dois-je privilégier ? Où est la priorité ? Est-ce son confort physique et psychologique ? Est-ce sa qualité de vie au quotidien, même si ce n'est pas toujours tout à fait en accord avec ce qui devrait être fait, médicalement parlant ? » Oui, cela vaut la peine de se battre avec acharnement : c'est rétablir le très précaire équilibre entre « qualité de vie » et « quantité de vie ».

Le choix impose toute une réflexion de la part du malade lui-même, mais aussi de ses proches et des soignants qui s'occupent de lui.

Tout l'accompagnement se résume souvent à ce que l'on vit là, dans « l'ici et maintenant ». Tout se passe là, directement sous ses yeux et dans son cœur..., et il n'y a pas à chercher ailleurs. C'est horrible, c'est incroyablement difficile, c'est une douleur inimaginable, mais la réalité est que c'est *là* et qu'on ne peut rien faire pour y échapper.

On se refuse, avec violence, à ce lâcher-prise. On ne peut pas accepter de laisser en soi se mettre en route le douloureux processus de deuil et cela, avant même que le décès ne survienne... Il faut pourtant faire ce qu'on ne nous a jamais appris à faire : saisir, si on le peut, l'opportunité et la richesse de l'instant. Les derniers mois, les dernières semaines peuvent devenir un temps précieux de dialogue, de partage et d'échange. Tout ne passera pas nécessairement par les mots, car un simple geste, un simple regard peuvent guérir toute une vie.

C'est peut-être là l'ultime chance de pardonner ou de se faire pardonner le passé, de dire son amour ou de rassurer celui qui s'en va sur le fait que tout ira bien après son départ.

Les circonstances de la mort

Il n'y a pas de hiérarchie dans la souffrance. Quand on perd quelqu'un qu'on aime, l'intolérable douleur de son absence s'impose avec toute sa force et sa violence, que cette personne soit morte dans un accident de voiture ou des suites d'une longue maladie. Psychologiquement, au bout du compte, le travail de deuil sera le même. Il visera les mêmes objectifs. En revanche, les derniers instants de la vie et les circonstances mêmes de la mort influencent fortement, et souvent pour très longtemps, la capacité à mobiliser ses moyens de défense et la façon de se reconstruire après le décès. S'agit-il d'une mort subite, totalement imprévisible, comme un accident sur la voie publique ou un suicide, ou encore un brutal problème de santé ? S'agit-il d'un décès faisant suite à un cancer évoluant depuis des années ou à un coma prolongé ? Était-on présent lors du décès ? Et sinon y avait-il quelqu'un auprès de sa mère, de son frère, de son enfant quand il est mort ? Quelles paroles, quels gestes ont été échangés ? Quelles décisions médicales ont été prises ? La douleur a-t-elle été bien contrôlée ? Quel a été le « confort » des derniers instants ? etc.

Les derniers instants de la vie sont déterminants dans la façon dont on va traverser le deuil. Il s'opère une sorte de cristallisation autour des dernières heures, des derniers jours ou des dernières semaines. Les événements, même les plus insignifiants se figent dans les esprits, avec une clarté et une intensité incroyables. Ce sont ces derniers instants que l'on se remémorera pendant des mois, encore et encore, au point de s'épuiser véritablement à ressasser sans cesse un film dont on connaît les moindres détails.

C'est précisément parce que ces images mentales se

répètent de façon presque obsessionnelle que le deuil en est imprégné.

Si on sait qu'on va être attaqué, on a toujours le moyen de se préparer à l'assaut et d'anticiper quelque peu les façons de se protéger et de réagir. À l'inverse, si l'attaque est totalement imprévisible et nous prend au dépourvu, les capacités à se défendre efficacement sont très fortement limitées. On n'a pas le temps nécessaire pour amortir le choc. On est atteint de plein fouet, sans parade possible.

Telle est la conséquence d'une **mort brutale et inattendue**. Elle prend tellement de court que les moyens de se préserver sont paralysés par la soudaineté des événements. On a brutalement l'impression de perdre tout repère dans son quotidien. Cette mort brutale nous apprend crûment que ceux qu'on aime peuvent disparaître en un instant, sans qu'on puisse avoir le moindre contrôle ou la moindre emprise sur le cours des événements. Cela peut malheureusement enseigner à ceux qui restent l'anxiété, l'insécurité et la précarité de l'existence dans un monde où tout est perçu comme danger potentiel et leur laisser l'angoisse du lendemain. Le monde peut être alors vécu comme un lieu imprévisible dans lequel il n'est plus possible d'avoir confiance.

L'absence de prédictibilité rend la signification du décès difficile à appréhender, alors qu'on a besoin de *sens* pour baliser le chemin du deuil. Si, dans le cas d'une longue maladie, la mort est une issue presque logique et compréhensible, la mort brutale, elle, échappe à toute explication. Et pourtant, on a désespérément besoin d'un minimum d'informations ou d'éclaircissements sur ce qui s'est réellement passé. Même quand très peu de données objectives sont disponibles, on a tendance à vouloir reconstruire le cours des événements. On va rechercher le moindre indice afin de comprendre le pourquoi du comment.

En se remémorant les derniers moments passés avec la personne décédée, on est à l'affût du moindre signe qui aurait *pu* ou qui aurait *dû* mettre la puce à l'oreille...

Cette recherche du détail révélateur ouvre grand la porte à la culpabilité : « J'aurais dû comprendre que ça n'allait pas quand il a dit qu'il avait un peu mal à la tête, et pourtant je n'ai rien fait » ; « J'aurais dû remarquer qu'elle était fatiguée quand elle a pris le volant. » La place qu'occupe cette culpabilité n'est qu'un exemple des manifestations du deuil, que nous verrons plus loin, mais il est clair que ces manifestations sont plus marquées, plus intenses et prolongées après une mort subite. Elles soulignent la nécessité d'une aide précoce, à la mesure de la violence du traumatisme.

Dans la mort subite, une des souffrances de ceux qui restent est de ne pas avoir eu le temps de dire au revoir et de mettre un terme à leur relation avec la personne aimée. « En revanche, rétorquent ceux qui ont vécu, avec leurs proches, une longue maladie, vous n'avez pas connu cette longue déchéance, cette dégradation physique et psychologique. Vous gardez intact un souvenir plein de vie. » Chacun a sa douleur, le processus est le même. « Je n'ai pas plus mal que toi, parce que ma mère, mon père ou mon enfant est mort de telle ou telle façon... »

La **mort « attendue »** prend cependant moins par surprise. Elle peut être anticipée et ménage ainsi un temps précieux d'ajustement et de préparation.

Comme on l'a souligné plus haut, *la qualité de l'accompagnement détermine fortement la qualité du deuil...* En fait, l'accompagnement marque le début du deuil. On fait déjà le deuil du passé en renonçant dès aujourd'hui à beaucoup de choses qu'on faisait ensemble autrefois. On débute le deuil d'un futur qu'on aurait pu partager ensemble et on se confronte au deuil du présent, car, jour après jour, on voit disparaître un peu plus de la personne qu'on a connue.

Cette mise en route du processus ne signifie pas pour autant « détachement prématuré » car, jusqu'au bout, la personne qu'on aime est vivante, la relation existe, l'échange est possible, ce qui est important à dire peut être encore dit... La situation est plus difficile à gérer quand la personne malade est soit dans un coma profond, soit dans un état de confusion tel que toute relation véritable est interrompue. Dans ces cas-là, on peut voir des proches prendre de la distance par rapport à la personne malade : l'absence de communication tend à accélérer le processus de détachement puisque plus rien ne vient alimenter la relation. Et il faut parfois tous les efforts de persuasion des médecins et des infirmières pour faire comprendre aux proches que, même dans un coma profond, le malade est toujours présent et qu'à un certain niveau il perçoit la présence et l'amour de ceux qui l'entourent.

En France, 80 % des personnes meurent à l'hôpital. Ainsi, l'**environnement hospitalier** est le lieu où se joue l'essentiel de la fin de vie et la place qu'il occupe dans le processus de deuil est d'une importance capitale.

On peut y voir le meilleur comme le pire. Dans le meilleur des cas, la qualité des soins et l'ouverture de cœur cohabitent harmonieusement grâce à un énorme travail de réflexion et de concertation au sein de l'équipe médicale. L'équipe soignante comprend la place de la famille et des proches dans l'accompagnement du malade et prend en compte leur deuil à venir.

En effet, l'attitude des médecins et des infirmières est primordiale dans la représentation qu'on se fera de la fin de vie de la personne qu'on a aimée. Être traité avec respect et compassion, sentir que sa douleur et sa fatigue sont entendues par les soignants, être vraiment épaulé donnent moins l'impression de se battre tout seul. C'est un réconfort inestimable, car on emportera avec soi dans le deuil un peu de cette chaleur humaine. À l'inverse, si la prise en charge médicale s'est limitée à des perfusions, des médicaments, à des machines sophistiquées et à des gestes techniques, il manquera toujours quelque chose d'essentiel, quelle que soit la qualité des soins prodigués. C'est souvent vrai (mais pas toujours !) dans les unités de réanimation où la technique occupe le devant de la scène. La charge de travail est parfois tellement lourde pour les équipes qu'il peut leur être difficile de trouver la place et le temps pour établir de véritables liens avec le malade et ses proches. Ceux-ci peuvent se sentir exclus et privés des derniers instants de celui ou de celle qu'ils aiment. Une telle situation peut devenir source de conflits, d'hostilité et d'incompréhension, entretenant un climat de suspicion ou de colère. On en retrouvera immanquablement des traces dans le deuil à venir.

Le **contrôle de la douleur** occupe une place prépondérante dans la prise en charge de la fin de vie. C'est particulièrement vrai pour des maladies comme le cancer ou le sida.

À notre époque, la douleur physique est devenue inacceptable car il existe des moyens efficaces pour la contrôler. Elle alimente la douleur morale. Quand on a mal, on ne pense qu'à ça, il est difficile de tourner ses pensées vers autre chose. On est tellement focalisé sur sa douleur qu'il n'y a plus de place pour l'échange avec les proches. Elle devient un obstacle à la communication et, au cours du deuil, les proches garderont sans cesse à l'esprit, non seulement le souvenir d'un visage défiguré par la douleur, mais aussi la frustration d'un partage qui n'a pas pu s'installer à cause d'elle.

Par rapport à d'autres pays européens, comme l'Angleterre, notre pays est considérablement en retard en ce qui concerne le contrôle de la douleur. L'utilisation de la morphine est encore trop limitée. Elle fait peur, on craint qu'elle induise une dépendance ou qu'elle « shoote » complètement le patient. Elle est pour beaucoup synonyme de « phase terminale », et des médecins (et même des proches) refusent sa prescription car ils considèrent que c'est alors le « début de la fin ». Certains pensent même qu'elle va accélérer la fin de vie et l'assimilent au « cocktail lytique » et à l'euthanasie. Ces réticences traduisent toutes les idées fausses qui courent au sujet de la morphine.

La morphine est un des meilleurs médicaments pour traiter efficacement la douleur. Comme tout traitement, elle ne doit pas être donnée n'importe comment, car c'est dans ces conditions qu'elle devient néfaste (comme d'ailleurs n'importe quel médicament donné de façon inappropriée !). Son maniement s'apprend mais trop de médecins le connaissent encore mal. Pourtant, si elle est prescrite avec rigueur – ce que l'on est en droit d'exiger –, la personne sous morphine reste tout à fait consciente et disponible pour ses proches. Elle est efficacement soulagée et ne devient pas, pour autant, une « toxicomane » dépendante.

Le deuil portera aussi la marque des **décisions médicales** qui auront été prises : faut-il arrêter ou non tel ou tel traitement, car on estime qu'il est désormais inutile ? Faut-il « débrancher » les machines qui prolongent la vie ? Qui prend cette décision ? A-t-on même son mot à dire ? Quelles en seront les conséquences au cours du deuil ? Est-ce qu'on se reprochera ce qu'on décide aujourd'hui ?

De même, demande-t-on l'euthanasie ? Qui prend la responsabilité de cette démarche ? Qui prend la responsabilité de l'accomplir ? Est-ce qu'on a tort ? est-ce qu'on a raison ?

Le débat est bien trop vaste pour être abordé ici,

mais il est clair que l'*euthanasie* n'est jamais un geste neutre, quel que soit le sens qu'on lui accorde... Le deuil qui suit en portera nécessairement l'empreinte.

Les séquelles traumatiques liées aux circonstances du décès

Les circonstances du décès peuvent, par elles-mêmes, déterminer fortement le vécu du deuil, en particulier lors des *décès traumatiques* : c'est le cas par exemple lors d'un suicide, quand l'entourage découvre avec stupeur la personne décédée[1]. Mais il y a également traumatisme quand les circonstances du décès sont violentes ou inattendues : un accident avec un décès brutal, une rupture d'anévrisme, un infarctus du myocarde massif, un homicide, une catastrophe naturelle... Potentiellement, un *double* processus se met alors en place : un *processus de deuil*, lié à la perte de la personne aimée, et un *processus traumatique*, lié aux circonstances spécifiques du décès.

Le traumatisme est la conséquence d'un événement qui prend de court et qui met en situation d'impuissance et/ou de danger imminent. Lors du traumatisme, il arrive parfois que le cerveau ne parvienne pas à traiter l'information parce que, trop violente, elle submerge les capacités d'adaptation au stress : toutes les images, les sons, les émotions qui accompagnent le traumatisme se trouvent alors stockés dans le cerveau, comme enkystés. *Le traumatisme reste intact au niveau psychique et demeure toujours actif*, même des années plus tard, sous la forme de séquelles invalidantes. C'est ce qu'on appelle le syndrome de stress

1. Dr Christophe Fauré, *Après le suicide d'un proche*, Albin Michel, 2007.

post-traumatique, PTSD selon la dénomination internationale.

Un PTSD peut ralentir ou parasiter le processus de deuil – d'où l'importance de l'identifier et de traiter ses éventuelles conséquences. Il se caractérise par :

1. La réactivation, très chargée émotionnellement, de l'événement traumatique sous forme de flashs qui s'imposent soudain à soi, d'images intrusives ou encore de cauchemars à répétition autour du même thème (par exemple, des flashs de la personne pendue ou des images persistantes de la scène de l'accident). Ces images font irruption de façon inattendue et incontrôlable, au point parfois de perturber les activités de la vie quotidienne. Elles sont particulièrement fortes le soir, au moment de s'endormir.

2. Un état de stress chronique intense : les personnes traumatisées vivent dans la hantise d'une nouvelle catastrophe (par exemple, certains ne supportent plus d'entendre la sirène des pompiers car elle réactive en eux le moment de l'accident). Ces personnes sont dans un état d'hypervigilance et de tension intérieure qui les rend vulnérables au moindre stress et facilement irritables. Il peut en résulter des difficultés de concentration ou de mémorisation, des problèmes d'anxiété, des troubles du sommeil, et même une dépression d'épuisement.

3. Enfin des attitudes d'évitement de toutes les circonstances qui, de près ou de loin, sont en lien avec l'événement traumatique initial. Par exemple, une mère dont le fils est mort par noyade ne peut plus aller à la piscine car la vue de l'eau réactive aussitôt la mort de son enfant. Ou encore, une épouse ne prend plus le métro car c'est là que son mari s'est suicidé.

Est-ce que quiconque exposé à un traumatisme développera un PTSD ? La réponse est non : si certains en souffrent, d'autres ne développent pas ce syndrome.

On en ignore les raisons. Mais il convient de vérifier s'il y a constitution d'un PTSD chez toute personne ayant vécu un décès traumatique. Et il faut pour cela attendre *au moins un mois* après le traumatisme. En effet, le PTSD apparaît souvent *entre un et trois mois après l'événement traumatique* (mais il peut aussi survenir beaucoup plus tard).

Au niveau thérapeutique, il existe trois façons de traiter le syndrome de stress post-traumatique :

- les médicaments antidépresseurs de la famille des inhibiteurs de la recapture de la sérotonine ;
- les thérapies cognitives et comportementales (TCC) ;
- la technique appelée « EMDR », très efficace pour réduire ou faire totalement disparaître les symptômes du PTSD. On trouve l'annuaire des thérapeutes pratiquant l'EMDR sur le site www.emdr-france.org. Seuls les psychiatres et les psychologues certifiés ont accès à cette formation.

II

LE PROCESSUS DE DEUIL

Il est toujours difficile de diviser l'évolution d'un processus humain en différentes étapes clairement distinctes les unes des autres. Comme on l'a souligné plus haut, à une personne donnée correspond un deuil donné. Ainsi, la description qui va suivre est vraie si on considère le vécu des personnes en deuil *en général...* mais elle est à coup sûr fausse ou très imparfaite si on considère le vécu d'une personne *en particulier.* Ainsi, prenez garde à ne pas trop coller au texte, c'est-à-dire à ne pas vous inquiéter au cas où votre expérience ne correspondrait pas, point par point, à ce qui est écrit.

J'ai tenté d'être le plus complet possible, en envisageant le plus grand nombre de cas de figures possible : mais si vous retrouvez des éléments qui vous sont familiers, d'autres vous seront totalement étrangers ; certains même n'apparaîtront jamais au cours de votre deuil. Gardez donc toujours la juste distance entre ce qui est écrit et ce que vous vivez. C'est votre expérience quotidienne qui prime avant tout. Il est inutile d'ajouter à votre souffrance la préoccupation anxieuse de ne pas être conforme aux explications d'un livre !

Il est évident aussi que les quatre étapes qui sont décrites ici (notamment les trois dernières) se chevauchent et qu'une telle distinction est artificielle. L'essentiel est de rendre le processus le plus clair possible. Chacun sera ensuite à même de reconstruire les différentes phases, pour lui-même.

La phase de choc, de sidération, de déni

Il vient de mourir… Elle vient de mourir…

Chacun suspend son souffle dans cette chambre d'hôpital devenue étrangement calme et le soulagement lentement s'installe. Après des heures d'agonie, on perçoit, sans y croire vraiment, que ce silence signifie la paix tant pour la personne qui vient de partir que pour ceux qui l'ont accompagnée jusque-là. Personne ne réalise encore que le souvenir de ces tout derniers instants restera à jamais gravé dans les mémoires et que c'est cette image d'un visage déserté par la vie qui s'imposera sans cesse à l'esprit dans les mois à venir. Il sera difficile d'évacuer de ses pensées la vision de ce corps fatigué dans lequel on ne parvenait plus à reconnaître l'être que l'on avait aimé. On se souviendra du moindre geste, du moindre objet, de la moindre parole prononcée à cette heure où le tumulte du monde extérieur a soudain cessé d'exister.

Alors que le souvenir des jours précédents s'évanouira peu à peu, on gardera à l'esprit, jusqu'à la fin de ses jours, le sourire de cette infirmière qui a pris le temps de s'asseoir alors qu'elle était débordée de travail. On sentira encore la chaleur de sa main et la douceur avec laquelle elle a replacé les oreillers pour que le père, le frère ou l'enfant soit mieux installé.

Mais on se souviendra aussi de la solitude à veiller, seul, sa compagne ou son compagnon, perdu au milieu de la nuit, déserté par un entourage qui n'avait rien compris… On se souviendra que sa mère ou son grand-père sont morts dans une salle de réanimation, loin de l'amour de ceux qui les aimaient… La détresse qu'on imagine avoir été la leur quand ils ont compris qu'ils étaient seuls hante encore l'esprit des mois et des années plus tard…

Après des années de souffrance et d'espérances déçues, on avait parfois souhaité que la mort vienne au plus vite. Il était devenu difficile de continuer à aimer quelqu'un qui, pendant des mois, avait tant demandé, avait tant exigé… Comment répondre à ses incessantes exigences alors qu'on était, soi-même, parvenu au bout de ses forces ? Combien de fois a-t-on senti un sentiment de révolte naître en soi ? N'était-il pas injuste de vivre ce cauchemar alors que la vie continuait, insouciante, derrière les murs de l'hôpital ? Sans oser se l'avouer, on en a voulu à cette personne qu'on aimait tant d'être devenue ce qu'elle était devenue… L'amour s'est, un jour, taché d'amertume. Inévitablement, il y a eu ces instants douloureux où on s'est mal compris, et où on s'est déchiré l'un l'autre.

Mais, en dépit de cette confusion, on a toujours su, au plus profond de soi, que personne d'autre n'aurait pu apporter au défunt ce qu'on lui a donné… C'est dans le partage d'une intimité, jusque-là peut-être insoupçonnée, qu'on a découvert une partie de soi-même. On a compris le prix et la profondeur de son amour pour l'autre, même s'il a été parfois difficile de le montrer. On s'est laissé surprendre par ce qui sommeillait au fond de son cœur et si, un jour, il est vrai qu'on réapprendra à vivre, ce sera peut-être poussé par cette force intérieure dont on a pris conscience, à travers l'épreuve.

On croyait pouvoir se préparer à cette mort qu'on voyait approcher, mais quand elle est là, sous nos yeux, on ne parvient pas à y croire. On a beau savoir que tout est terminé et qu'il va falloir passer à autre chose, une partie de soi-même semble, pour un temps, inaccessible à cette réalité.

C'est la première étape du deuil : celle du choc, du déni, de l'incrédulité.

La non-reconnaissance

De fait, la conscience reste incrédule, quand bien même la réalité, nue et sans concession, s'impose avec violence... Sans qu'on parvienne encore à mettre des mots sur ce qui est en train de monter en soi, on ressent confusément, poussé par l'instinct de conservation, le besoin urgent de se protéger. On ne sait pas encore vraiment de quoi, mais, dans le tréfonds de son inconscient, les premiers mécanismes de protection se mettent déjà en place, car une partie de soi-même sait très bien ce qui se prépare et s'affaire à préserver la conscience qui ne mesure pas encore l'impact et les conséquences du décès.

Cette étape est donc à comprendre comme un moyen de se protéger contre l'énormité de ce qui vient de se passer. Ce temps de « protection psychique » va permettre d'intégrer le premier niveau du deuil : reconnaître qu'on a perdu quelqu'un qu'on aimait. C'est seulement plus tard qu'on devra se confronter à un deuxième niveau : reconnaître que cette perte est définitive.

Pour l'instant prime la non-reconnaissance d'un événement dont on ne peut pas accepter la réalité. C'est ce « Non, ce n'est pas possible ! » que l'on crie, face à une incontournable évidence. On a besoin, pour un temps, de ne pas vraiment croire à ce qui vient de se passer... C'est comme un mauvais rêve, un cauchemar dont on va bientôt se réveiller, et cette disposition d'esprit peut persister pendant quelques heures ou pendant quelques jours... On *sait* intellectuellement, « dans la tête », que la personne est décédée, mais cette prise de conscience n'a pas encore atteint des niveaux plus « viscéraux » où on réalise pleinement, « avec ses tripes », qu'on a bel et bien perdu cette personne.

Ainsi, on a vu des veuves revenir le lendemain dans le service hospitalier où leur époux était décédé, pour lui rendre visite, comme si de rien n'était... Il n'est pas rare non plus d'entendre une mère ou un mari parler en des termes qui montrent clairement à l'entourage que, pour eux, la mort n'a pas eu lieu et qu'il est hors de question de leur faire entendre le contraire.

Les amis et les autres membres de la famille sont déconcertés par un déni aussi massif. Ils ne savent pas comment réagir quand les personnes en deuil leur parlent du défunt comme s'il était toujours vivant. Bien que cette attitude de refus en masse ne soit, bien sûr, pas toujours aussi intense, ils doivent comprendre, aussi démunis et perturbés qu'ils puissent être face à un tel comportement, qu'il est inutile de vouloir « forcer » les choses. Même si la personne, frappée par la soudaineté de sa perte, paraît en décalage par rapport aux événements, il faut lui accorder un peu de temps. Tôt ou tard, elle en viendra à la prise de conscience, pleine et entière, de la réalité de sa perte, mais il est illusoire (et impossible) de lui demander d'accepter d'emblée ce qui est pour le moment inconcevable.

Elle a besoin d'arriver par elle-même à ce constat irréversible, en le laissant lentement se distiller en elle, et il est clair que ce délicat processus doit être respecté, même s'il demande plusieurs jours pour s'accomplir.

L'anesthésie des émotions

Cette première étape de choc et de déni relatif explique le comportement de la personne en deuil durant les premières semaines de sa perte. On est parfois surpris par sa surprenante capacité à accuser le coup des événements avec une (relative) distance par rapport à eux, on s'étonne même de l'absence de toute émotion intense. L'abattement et la tristesse sont certes présents, mais une sorte d'anesthésie affective s'empare de l'esprit. Cette anesthésie signe la présence et l'efficacité des mécanismes de défense qu'on a inconsciemment mis en place. Certains d'ailleurs sont horrifiés par ce vide de tout sentiment et le prennent, à tort, pour une monstrueuse indifférence...

Une adolescente raconte par exemple qu'elle avait l'impression d'avoir un « cœur de pierre » car elle se sentait incapable d'éprouver quoi que ce soit après la mort de son père. Elle avait pris la décision de porter des lunettes noires à l'enterrement pour cacher des yeux secs d'où ne coulait aucune larme et pour dissimuler sa honte à ne rien ressentir.

Cette mise à distance de toute émotion doit être pourtant perçue comme une alliée qui permet d'entrer, à son propre rythme, dans le processus de deuil. Même s'il paraît déconcertant au début, il ne faut jamais oublier que ce mécanisme inconscient est un puissant moyen de se préserver contre la violence d'une trop grande douleur et qu'il ne cédera que quand on se sentira, à tous les niveaux de son être, capable d'y faire face. Ce n'est qu'alors qu'on pourra véritablement s'engager dans son travail de deuil, sans être totalement submergé par ses propres émotions...

Le besoin de voir pour croire

Il est pourtant des circonstances où il est beaucoup plus difficile de sortir de ce sentiment de déni et d'incrédulité face à la mort d'un proche : quand, au téléphone, on annonce à des parents que leur fils s'est tué en montagne, en tombant dans une crevasse inaccessible aux secours, alors qu'il les a quittés en pleine forme quelques jours auparavant, ou quand on déclare à une femme que son mari s'est perdu en mer, au cours d'une tempête, leur esprit se refuse à accepter une telle absurdité : en de telles circonstances, comment, sans aucune preuve, accepter de s'abandonner à la douleur ?

On a besoin de voir pour croire, car, sans cette confirmation visuelle, comment faire taire ce doute insidieux qui fait, sans cesse, espérer un possible retour ?

Une mère reçut, un jour, un appel lui annonçant que son fils s'était tué dans un accident de voiture au Brésil. Le corps fut rapatrié en France dans un cercueil plombé et, pour des raisons d'ordre sanitaire, il fut impossible de l'ouvrir afin qu'elle puisse voir une dernière fois son enfant. Aujourd'hui encore, une partie d'elle-même se refuse à accepter l'évidence et, secrètement, elle attend toujours de le retrouver tel qu'il était, quand elle l'a accompagné à l'aéroport pour prendre l'avion, il y a maintenant cinq ans...

Cet exemple montre bien combien il est important de pouvoir constater par soi-même que la personne aimée est véritablement morte : c'est une des conditions essentielles pour une progression harmonieuse de son travail de deuil. Voir le corps sans vie est un moyen de dépasser le premier niveau cité plus haut : reconnaître la perte. Les liens dont nous parlions au début se dénouent un à un : voir le corps permet de réaliser que les liens du regard, du toucher, de la parole sont maintenant rompus. Même si on refuse d'accepter cette réalité, la vision du corps pose crûment le fait qu'ils sont irrémédiablement coupés.

Mais s'il reste vrai que voir le corps est une étape importante pour initier le travail de deuil, il convient d'apporter quelques nuances. Ne pas voir le corps n'est pas, en soi, un obstacle *majeur* au bon déroulement du processus de deuil. Il arrive que le corps de la personne décédée ne soit pas retrouvé ou se trouve dans un tel état que sa vision risque d'être traumatisante pour les proches. Alors, ne voir qu'une partie du corps peut suffire, comme le rapporte cette mère qui ne put entrevoir que le bras de sa fille après un accident de la route qui l'avait profondément mutilée ; elle a reconnu le bras de son enfant et cela a lui a permis d'implanter en elle la réalité du décès.

Telle est en effet une fonction essentielle de la vision du corps : permettre l'intégration d'une réalité que tout en soi refuse. La perte demande à être « incarnée » pour qu'on puisse l'accepter. Ainsi, si le corps n'est pas vu, il est utile d'organiser un rituel, religieux ou non. Cela donne quelque chose de tangible auquel se rattacher et c'est sur ce support que vont s'initier les premiers temps du deuil.

Dans cette perspective, on comprend mieux la signification de ce rituel oublié qu'était la veillée des morts. Autrefois, on prenait le temps de rester auprès du défunt. On s'accordait le temps indispensable à la lente prise de conscience de son décès, en gardant directement sous les yeux, pendant au moins vingt-quatre heures, cette réalité.

C'était un temps de repos après l'angoisse des derniers instants, un moment de prière et de recueillement où on rassemblait ses forces dispersées. C'était aussi l'occasion de sentir se constituer, autour de soi, le réseau familial et amical dont on aurait besoin dans les mois à venir.

Il est intéressant d'ouvrir ici une parenthèse qui concerne le rituel de la veillée, mais aussi, de façon plus large, tous les rituels qui font suite au décès (cérémonies, faire-part, remerciements, réunions de famille, annonces du décès dans les journaux, etc.). Ces rituels n'ont pas seulement une signification psychologique, comme on vient de le mentionner : ils ont également une *signification sociale*. Ils aident *à s'identifier soi-même comme étant en deuil*. Parce que les rituels font également participer d'autres personnes de son entourage, on est identifié et perçu comme ayant perdu un proche. Le deuil est socialement validé par autrui. Cela a deux conséquences. La première est de se sentir connecté à une communauté : c'est une véritable protection pour la personne en deuil ; elle représente un garde-fou, une sorte de sécurité extérieure qui aidera à donner des repères solides quand on aura l'impression de « disjoncter » à l'intérieur de soi. La seconde est qu'*on se voit dorénavant accorder le « droit au deuil »*.

En effet, le deuil comporte toute une gamme de comportements (pleurs, dépression, colère, etc.) considérés comme « anormaux » ou hors de propos s'ils ne sont pas intégrés dans ce cadre. Si l'entourage reconnaît le deuil, ces comportements sont acceptés, voire encouragés. Ils acquièrent, en d'autres termes, une place sociale légitime et la personne en deuil se voit autoriser une marge de manœuvre qu'on ne lui aurait peut-être pas accordée *hors* du contexte du deuil.

Imaginez un homme et une femme qui entretiennent depuis des années une relation extraconjugale. Parallèlement ils ont tous les deux leurs conjoints respectifs, leurs enfants et leur vie de famille. Si l'homme, par exemple, meurt brutalement dans un accident de voiture, quelle légitimité sociale reste-t-il à sa maîtresse ? Cette relation n'était pas connue de son entourage et, dès lors, la perte de cette femme ne va pas être reconnue ni validée. La place pour les pleurs, le désespoir et tous les remaniements du deuil ne peut se faire au sein de la famille. Si elle manifeste quelque chose, elle s'expose à l'intolérance de son entourage, qui ne lui autorisera pas une telle modification de son comportement, car il ne dispose pas du contexte pour la comprendre. Le deuil est alors vécu dans une extrême solitude, sans partage de la souffrance avec autrui et il est presque certain que ce silence risque d'entraîner, à long terme, des dégâts psychologiques.

Fermons ici cette parenthèse et revenons au rituel de la veillée mortuaire. Son impact sur les premiers temps du deuil commence à être reconnu. Beaucoup reste à faire pour que les mentalités changent. En effet, trop souvent, quelques heures après le décès, le corps est rapidement lavé puis descendu à la morgue. L'entourage se voit alors privé de la possibilité de prendre son temps pour se recueillir en toute quiétude, en attendant les proches et le reste de la famille.

Cela dit, même si de gros progrès sont encore nécessaires, de plus en plus d'hôpitaux commencent à créer des lieux d'accueil plus adaptés, en contraste avec l'atmosphère triste et glacée des morgues. Par ailleurs, des soignants travaillant dans ces services prennent la décision de se former à l'accueil des familles endeuillées – il faut souligner combien leur travail dans les chambres funéraires manque de reconnaissance.

L'agitation avant le silence

Après le décès, les repères se modifient. C'est comme si la mort passait dans le domaine public. On l'annonce par voie de presse, par courrier ou par téléphone. La famille proche et lointaine se mobilise, s'invite, se rencontre. Ceux qui n'ont pratiquement pas été là lors de l'accompagnement se présentent à l'entourage, l'air contrit et la larme à l'œil. C'est parfois, il est vrai, un temps de convenances, de paroles creuses qui font choisir à certains l'intimité plus humaine d'un cercle de proches restreint. À l'inverse, il peut être réconfortant de recevoir une quantité inattendue de messages d'amitié ou de condoléances, en s'étonnant du nombre de personnes qui ont connu et apprécié la personne qu'on vient de perdre.

La mobilisation de l'entourage est importante : il faut recevoir, accueillir, loger, nourrir les proches et les amis qui viennent parfois de très loin. Par ailleurs, il faut s'occuper de l'enterrement ou de la crémation, choisir un cercueil, préparer une cérémonie, envoyer les faire-part de décès, donner mille coups de téléphone aux différentes administrations, aux pompes funèbres. Il faut soutenir l'épouse qui craque, le père qui vient de faire un malaise, l'enfant qui réclame sa maman décédée. Il faut s'efforcer de rester cordial en répétant pour la énième fois comment les choses se sont passées, que « oui, ça va... », « oui, on fait aller... »

Dans ce tourbillon d'événements et de sollicitations, il devient très difficile d'effectuer un retour sur soi-même. On sait très bien que la douleur est là, patiente, à l'orée du cœur, et qu'elle attend son heure et sa juste reconnaissance. Il existe cependant une telle focalisation sur les contingences extérieures que la pleine conscience de ce qui s'est réellement passé est remise à plus tard... une fois que tout le monde sera reparti et qu'on se retrouvera vraiment seul pour la première fois.

On devine combien cette hyperactivité peut être protectrice pour mettre la douleur à distance. On ne doit cependant pas s'y tromper. Ce n'est pas parce qu'on la diffère dans le temps qu'elle disparaît pour autant.

La première confrontation à l'absence

Lorsque la personne était encore vivante, il existait un échange mutuel de paroles, de pensées, d'actions. Il y avait un brassage d'énergies qui entre soi-même et l'autre – en termes psychanalytiques, on parle d'un « investissement libidinal » de l'autre. Quand la personne vient à mourir, le réceptacle de cette énergie psychique disparaît et, brutalement, on ne peut plus et on ne sait plus où l'investir. Elle reste comme en suspens, flottante, sans point de fixation car l'autre n'est plus là pour la recueillir. Ne trouvant aucun support, elle a tendance à revenir à soi-même. Cela se fait progressivement et c'est ce qu'on appelle le « désinvestissement libidinal ».

Cependant, on se retrouve alors devant une sorte de trop-plein d'énergie dont on ne sait que faire. C'est ce premier mouvement de retour à soi de l'énergie qu'on investissait dans l'autre qui est la première réelle confrontation à la perte.

Quand, dans la maison devenue silencieuse, après l'agitation des derniers jours, on se retrouve devant un fauteuil vide, un lit devenu trop grand ou des jouets qui ne serviront plus, c'est bien là que commence le deuil. Au fil des jours et des semaines, on commence à comprendre ce que le mot « absence » signifie véritablement. On réalise, heure après heure, le sens que prend la perte de la personne aimée.

Et plus le temps passe, plus on sent grandir en soi une douleur inconnue dont l'intensité ne cesse de croître. Jamais auparavant on n'avait connu quelque chose d'aussi sourd et d'aussi violent tout à la fois. C'est une douleur insidieuse qui infiltre chaque instant et qui parfois déferle brusquement en un flot invincible où l'on craint de devenir fou tellement on a mal.

On redoute de s'y perdre et de ne pas pouvoir survivre à une telle souffrance... On a l'impression d'étouffer, et que rien ne va pouvoir l'arrêter. Il n'est même pas rare d'évoquer des idées suicidaires comme ultime moyen d'apaiser sa douleur. Les repères volent en éclats et c'est comme si son centre de gravité avait été projeté à l'extérieur de soi-même, sans qu'on puisse en retrouver la trace. On cherche auprès des siens quelqu'un qui pourrait comprendre, mais personne ne semble saisir l'intensité de ce qu'on ressent… et on est renvoyé à la solitude de sa propre douleur.

Progressivement, le cœur et l'esprit se trouvent soumis à une incroyable pression physique et psychologique qui cherche à se canaliser par tous les moyens. On cherche un exutoire, quelque chose qui pourra atténuer la terrible pesanteur de ce déchirement intérieur et on en arrive à l'insupportable constat qu'on ne peut rien faire pour infléchir cette souffrance.

Les épisodes de décharge émotionnelle

Soudain, n'importe où, n'importe quand, dans la rue, dans la file d'attente d'un grand magasin ou au volant de sa voiture, on se sent brutalement envahi par une incontrôlable envie de pleurer : c'est plus fort que tout, on ne peut s'en empêcher, même si on tente désespérément de cacher ses larmes aux yeux des passants étonnés… Ces sanglots sont impossibles à réprimer et ils sont si soudains qu'on peut être persuadé qu'on est en train de craquer psychologiquement et, à la détresse de ne pouvoir retenir ses larmes, s'ajoute l'angoisse d'être en train de perdre la tête.

Ce comportement est pourtant complètement normal et prévisible. Il est même presque souhaitable : en effet, l'organisme a besoin de soupapes de sécurité s'il veut réguler du mieux possible le flot désordonné des émotions. Donner libre cours à ses larmes n'expose pas à la menace d'être amené à un point de non-retour où on peut perdre pied. C'est au contraire la manière la plus immédiate et la plus saine d'évacuer une surcharge émotionnelle. La raison et la volonté n'ont là aucune emprise et il n'est d'ailleurs pas approprié qu'il en soit ainsi. Notre éducation nous dit de ravaler nos sanglots et de contrôler nos émotions : c'est oublier que cette tension nerveuse a besoin de s'extérioriser et qu'elle cherchera à s'exprimer d'une façon ou d'une autre. On risque, en effet, de payer cher la censure émotionnelle qu'on s'impose car, tel un couvercle scellé sur une marmite, elle ne fera qu'augmenter la pression intérieure. Celle-ci cherchera la voie la plus rapidement accessible pour s'évacuer... et c'est très souvent le corps qui sera choisi comme médiateur !

Faut-il alors s'étonner que cette surcharge émotionnelle se traduise par l'émergence de violents maux de tête, de migraines, de douloureuses contractures musculaires, de crampes d'estomac, etc. ? Cela ne fait qu'exprimer tout ce qu'on se refuse à dire autrement.

Il est difficile d'avancer une durée « normale », applicable à tous, de cette première étape : chez certains, cela ne prendra que quelques heures... Pour d'autres, il faudra attendre plusieurs jours, voire une semaine. Là où il faut commencer à s'inquiéter, c'est quand la phase de sidération ou de déni va au-delà d'environ trois semaines-un mois. C'est le signe que le processus de deuil est bloqué quelque part et qu'il ne peut suivre son cours normal. Une aide psychologique peut s'avérer nécessaire (si la personne en deuil veut bien l'accepter, et c'est là souvent la difficulté) car cette durée prolongée indique parfois le début d'un deuil compliqué si on ne prend pas les choses en main de façon précoce.

L'entrée dans l'étape suivante du deuil

La raison va parvenir, progressivement, à accepter la fatalité de la mort, mais le chemin qui va de la raison à l'affectif est long et tortueux. Le cœur se refuse pendant des semaines et des mois à reconnaître l'absence. Jour après jour, il persiste à croire que l'autre peut encore revenir.

Ainsi, après le choc des premiers instants, après l'incrédulité ou le déni, après les premiers sanglots et la première confrontation à l'absence de l'autre, contre vents et marées et en dépit de l'évidence, on va continuer à espérer un possible retour. On commence alors à attendre et on va rechercher sans relâche...

La phase de fuite/recherche

Après les obsèques, une fois les proches retournés chez eux, on rentre à la maison et on se retrouve là, assis dans le canapé : « Bon... et maintenant ? » On sait que la vie est en train de prendre un cours radicalement différent. Que faire dorénavant ? Comment continuer à vivre ?

C'est alors que, du tréfonds de soi-même, se met en place la deuxième phase du processus de deuil. Elle va durer en moyenne *entre six et dix mois*. Cela signifie que l'étape suivante, la troisième étape du deuil, débutera *presque un an après le décès*. Et cette étape durera, à son tour, plusieurs mois.

Confusion et désorientation

Les jours et les semaines s'écoulent et on commence à réaliser ce qui n'est plus : on avait l'habitude de parler, tous les soirs, avec son compagnon après le travail – les soirées sont aujourd'hui silencieuses. On passait le dimanche matin à faire les devoirs avec son enfant – les week-ends semblent désormais si vides. On allait au cinéma avec sa compagne, tous les vendredis soirs – plus personne ne sort avec nous maintenant. Petit à petit, on voit disparaître des habitudes et des points de repère du quotidien. Or ces points de repère donnaient une structure aux jours qui passent et leur disparition fait place à la confusion et à la désorientation. Comment pourrait-il en être autrement ?

Cette perte de repères est tellement déstabilisante qu'elle peut entraîner chez certains une véritable crise d'identité. Ils sont perdus ; ils ne savent plus qui ils sont. Ils ne savent plus quoi faire de leur temps. Ils décrivent même un sentiment de dédoublement de personnalité : d'un côté, ils ont l'impression de vivre leur quotidien, comme d'habitude, et de l'autre, c'est comme si une autre partie d'eux-mêmes se regardait vivre, de façon très détachée, presque sans émotion. Ils ont la troublante impression d'« être là » et en même temps « de ne pas être là »...

Après la perte d'un proche la personne en deuil va donc entrer dans un processus de recherche visant à retrouver celui ou celle qui est mort(e). Alors qu'on prend progressivement conscience des pertes multiples qui accompagnent la disparition de la personne aimée et que la relation tend à perdre progressivement sa force et son intensité, une sourde panique émerge : soudain on réalise qu'on est en train de perdre ce qu'on avait construit. On s'aperçoit avec effroi que tout ce qui nous reliait à l'autre est en train de nous glisser entre les doigts, comme un mercure insaisissable. On réalise que, quoi qu'on fasse, cette perte progressive est inéluctable et qu'on est totalement impuissant à contrôler le cours des événements.

Ce constat va générer deux types de comportements qui domineront la scène pendant plusieurs semaines ou plusieurs mois : il s'agit de la fuite et de la recherche.

La fuite

La fuite a une fonction évidente : celle de se protéger d'une agression. On se rend tellement compte de l'ampleur du traumatisme qui s'abat sur soi que la fuite apparaît comme le seul moyen de s'en préserver. On ressent un énorme poids grandir à l'intérieur de soi et tout devient alors valable pour tenter de l'alléger quelque peu. Cela peut se traduire extérieurement par une hyperactivité pleine de fièvre et d'angoisse, une fuite en avant qui plonge dans une incessante agitation où on s'interdit tout repos. On n'ose plus rester seul, de peur de se retrouver face à ses pensées. On allume la télévision ou la radio pour masquer le brouhaha de son tumulte intérieur. Certains courent sans cesse à gauche et à droite, en prenant soin de ne s'accorder aucun répit. Ils s'investissent à corps perdu dans une activité associative ou professionnelle avec une précipitation inhabituelle. Ils vivent à 100 à l'heure pour finalement s'écrouler, le soir, écrasés de fatigue.

Cette activité, parfois débordante, est souvent peu efficace. La plupart du temps elle ne trompe personne : si elle peut, pour un temps, faire illusion auprès de l'entourage, la souffrance qui en est le moteur passe rarement inaperçue. On a d'ailleurs soi-même conscience qu'on tente de s'étourdir, pour ne pas penser, ni ressentir quoi que ce soit (et donc ne pas avoir mal), mais chacun autour est sur le qui-vive et se demande jusqu'où on pourra tenir… avant de s'effondrer. La douleur nous talonne tellement qu'on arrive à se demander, en son for intérieur, si on ne va pas finalement craquer.

Si le comportement de fuite peut être visible et manifeste chez certaines personnes, il reste, en revanche, totalement intériorisé pour d'autres sans que rien de l'agitation intérieure ne transparaisse à la surface. Ils parviennent à se montrer calmes, posés, comme si rien de majeur n'était venu bouleverser leur quotidien. Ils réussissent pendant de brefs instants à donner le change, en déployant des efforts surhumains pour afficher un vague sourire et masquer leur douleur ; cela fonctionne pendant quelques heures, mais ils se retrouvent totalement épuisés quand, enfin seuls, ils se retrouvent vidés du peu d'énergie qu'ils préservaient encore en eux.

Car si la fuite est, pour un temps, protectrice, on sait pourtant qu'un jour ou l'autre on finira par être rattrapé dans sa course et que, dès lors, il sera inutile de remuer ciel et terre dans l'espoir de ne pas souffrir. Que se passe-t-il réellement en soi dans cette fuite ? D'une certaine manière, sans s'en rendre compte, on essaie de faire comme si..., comme si on pouvait annuler ce qui s'est passé, comme si rien n'avait changé. En fait, c'est une fuite en avant : on espère pouvoir rapidement amortir l'impact du décès. On tente tout ce qui est en son pouvoir pour ne pas souffrir : on espère que la vie va retrouver au plus vite son cours normal. On sait bien que c'est impossible, mais quelque chose en soi continue à espérer le contraire. Il est essentiel de comprendre que cette tentative de fuir la souffrance est *un temps normal d'ajustement à cette nouvelle situation*. C'est un espace de transition incontournable entre le monde d'avant et la vie à venir.

La recherche

Une autre pression intérieure concourt à amplifier et à alimenter l'agitation des premiers temps du deuil... C'est celle générée par la *recherche de l'autre*. Plus on a conscience qu'on le perd jour après jour, plus on va tenter de préserver les liens qui nous reliaient à lui. On va même tenter de les renforcer ou d'en créer d'autres, pour s'assurer que le contact ne s'interrompra pas.

Cette recherche s'opère à de multiples niveaux, conscients et inconscients. Elle est parfois majeure, omniprésente, au point de parasiter l'ensemble de l'activité quotidienne.

À ce stade, le défunt (et tout ce qui a un rapport avec lui) est la seule et unique préoccupation de la personne en deuil : plus rien ne compte, plus rien d'autre n'occupe son esprit. Elle y pense sans cesse. À chaque instant, dans une situation d'alarme permanente, le cœur s'obstine à rechercher, encore et encore, celui ou celle qui a disparu.

C'est dans cet état d'hypervigilance qu'on croit rencontrer, à de multiples reprises, son père à la terrasse d'un café ou au milieu de la foule dans la rue. Mille fois, on se retrouve terrassé de stupeur et d'espoir en croyant apercevoir la silhouette de son époux ou le manteau de son enfant dans la cour d'école, ou encore reconnaître la démarche de son frère à quelques mètres devant soi. On s'arrête le souffle coupé. On a beau se répéter inlassablement que c'est impossible, chaque fois quelque chose en soi veut toujours croire qu'on va retrouver celui ou celle qu'on aime, au tournant d'un chemin, ou en décrochant le téléphone quand la sonnerie retentit... Les lieux familiers où on allait ensemble nous attirent irrésistiblement, sans qu'on se sente parfois le courage de s'y rendre, de peur d'y retrouver l'écho d'un souvenir trop douloureux. On se surprend à appeler le défunt, à voix haute, dans son appartement.

Un homme qui venait de perdre son frère passa plusieurs semaines à parler à l'urne qui contenait les cendres de ce dernier. Il ne parvenait pas à se résoudre à aller les répandre dans la Seine, comme son frère l'avait souhaité. Il transportait sereinement cette urne dans les différentes pièces de son appartement et s'adressait à lui tout en vaquant à ses occupations.

Ainsi, chaque pensée, chaque acte porte l'empreinte du défunt. Durant la phase de recherche, on n'agit qu'en fonction de lui et l'attention n'est stimulée que par ce qui a un rapport proche ou lointain avec lui. On éprouve l'envie d'acheter des revues de jardinage, car c'était sa passion, on se surprend à lire les pages économiques du journal, car il s'intéressait à la Bourse, on ne va voir au cinéma que le style de films qu'elle appréciait...

Tout cela est normal, souhaitable et prévisible. C'est, soulignons-le encore une fois, le cours normal du deuil... Car quels que soient les comportements mis en évidence, l'objectif intérieur reste toujours le même : retrouver coûte que coûte le défunt et annuler sa mort dont l'idée reste encore intolérable.

Pour mieux comprendre ce qui se passe en soi, on peut prendre l'image d'un ventilateur installé au plafond et fonctionnant à l'électricité. Quand on coupe l'électricité (ceci correspond donc au moment du décès, le courant qui circulait entre soi et la personne disparue s'interrompt), le ventilateur ne s'arrête pas brusquement pour autant. Entraîné par son mouvement, il continue à tourner pendant un certain temps. Il en va de même pendant la deuxième étape : on vit émotionnellement avec l'impression que la relation avec cette personne se poursuit : *la relation extérieure est interrompue mais le mouvement relationnel (entre soi et la personne disparue*, en place *depuis des années) reste intérieurement sur sa lancée.* Les pensées, les comportements, les habitudes et les émotions s'inscrivent *dans la continuité de cette relation.* La dynamique qui existait auparavant entre soi et la personne disparue va ainsi perdurer pendant des mois après son décès. Cela se traduit par le besoin de rester *concrètement* en lien avec elle : on a besoin de son contact *visuel*, on place ses photos autour de soi ; *tactile*, on porte ses vêtements ou on utilise des objets lui ayant appartenu ; *auditif*, on écoute encore et encore sa voix sur la messagerie de son portable ; *olfactif*, on porte son parfum ou son eau de toilette. On a besoin de la sentir à proximité, comme si on pouvait annuler la réalité de son absence, comme si le ventilateur était toujours alimenté par de l'électricité et n'allait jamais s'arrêter de tourner.

Cette recherche ne cessera en fait jamais complètement, même après des années.

C'est elle qui, par exemple, conduira de vieux parents américains sur les plages du débarquement, là où en juin 1944 leur fils unique a perdu la vie... Après tant d'années, ils ont besoin de venir voir par eux-mêmes ce bout de plage où est tombé leur fils, sa tombe dans un cimetière battu par le vent. Avec les années, l'intensité de leur recherche a considérablement diminué et, pourtant, ils sont là. Que sont-ils venus chercher ? Quel signe, quel message attendent-ils encore de cet endroit redevenu silencieux depuis cinquante ans ? Est-ce le secret espoir de comprendre ce qui s'est passé ? Est-ce le désir de donner enfin un sens à la mort absurde de leur enfant ?
De même, la recherche est toujours présente chez cette jeune fille qui se laisse guider par son désir de retrouver la route où son frère s'est tué un soir d'hiver. Il ne reste plus rien de l'accident, c'était il y a quatre ans. C'est un petit coin tranquille de campagne et, pourtant, elle interroge cet endroit du regard, à la recherche de quelque chose qui pourrait lui dire pourquoi son frère a trouvé ici la mort...

Le temps de la recherche est souvent marqué par un **sentiment d'attente**. On ne sait pas ce qu'on attend, mais on attend – comme si quelque chose allait nécessairement se passer. De nombreuses personnes de l'entourage disent être dans l'attente du retour du disparu. Elles ont beau savoir que c'est impossible, elles s'attendent à ce qu'il franchisse la porte et que tout recommence comme avant. Parfois, il s'agit d'une tout autre attente : on s'attend mourir à son tour – non à cause d'idées suicidaires mais parce qu'on est persuadé que quelque chose de grave va arriver (une maladie ou un accident) et qu'on va retrouver la personne qu'on a perdue. Ainsi, certains ont l'impression (parfois même la certitude) qu'il ne leur reste que quelques mois à vivre ; ils s'interdisent tout projet et mettent leurs affaires en ordre, dans cette éventualité. Même si elle paraît étrange, cette réaction est, en fait, assez fréquente.

La perception du défunt

Il y a des certitudes au-delà de l'univers des sens, et l'une de ces certitudes qui s'implantent parfois dans le cœur de la personne en deuil est que celui ou celle qui vient de mourir est encore là, présent(e) auprès d'elle. Ne ressent-on pas sa vibration auprès de soi, alors qu'on se repose dans son lit, ou que, à la fenêtre, le regard dans le vide, on laisse ses pensées vagabonder ? N'est-ce pas son parfum qui brusquement embaume la voiture au moment où on s'y attend le moins ? N'est-ce pas sa voix qu'on est persuadé d'avoir entendue dans la pièce voisine ? N'a-t-on pas d'ailleurs répondu, troublé et tremblant : « C'est toi ? Tu es là ? », dans l'attente folle d'une réponse ? N'est-ce pas le bruit de ses pas qu'on entend dans le couloir et qui fait que l'on se lève, en un éclair, pour se précipiter à sa rencontre ?

Une jeune femme, saine de corps et d'esprit, m'a fait part de son inébranlable certitude d'avoir senti la main de son mari posée sur son épaule, lors d'une promenade en montagne… Un père a l'intime conviction d'avoir perçu la présence de son fils aîné, dans son appartement, pendant les quatre mois qui ont suivi son décès brutal dans un accident de la route.

Que faut-il penser ? Hallucinations répondant aux désirs de retrouver le défunt ? Imagination ? Illusion ? Ou bien tout autre chose ? Chacun a sa grille de lecture des événements, qui lui permettra de donner un sens à ce qu'il perçoit.

Une chose est certaine : ces manifestations sont beaucoup plus fréquentes qu'on l'imagine. Elles font d'ailleurs l'objet d'études et portent le nom de « vécu subjectif de contact avec un défunt » (VSCD)[1]. Face à la multitude des témoignages de personnes saines d'esprit ayant eu ces expériences, il est désormais impossible de nier l'existence de ces phénomènes, *même s'ils ne constituent pas pour autant la preuve d'une existence dans l'au-delà*. Ces VSCD surviennent de façon *spontanée*, sans que les personnes les recherchent. Le fait de rechercher activement un contact *volontaire* avec la personne disparue relève de toute autre chose. La souffrance est telle, dans les premiers temps du deuil, que le désir d'établir un contact via un médium est souvent très forte – tout comme est grand le risque de tomber sur des charlatans qui abusent de la personne en deuil... Il en existe bien sûr d'intègres dont la sincérité et l'honnêteté sont reconnues, mais ce n'est pas toujours le cas. Il faut donc être très vigilant.

Un recours trop fréquent à des médiums peut aussi entraver le processus de deuil dans sa deuxième étape. En effet, on reste bloqué sur un lien *extérieur* à la personne disparue en devenant dépendant émotionnellement des médiums chargés s'établir le « contact », alors que le processus de deuil invite à établir un lien *intérieur* avec elle. On sait aujourd'hui que ces contacts volontaires répétés empêchent les gens d'avancer psychologiquement car ils restent fixés sur leur identité du

1. Stéphane Allix et Paul Bernstein (sous la dir. de), *Manuel clinique des expériences extraordinaires*, InterEditions-INREES, 2010.

passé et sur le lien d'autrefois, alors que le processus de deuil leur demande d'apprendre à vivre, au quotidien, sans la présence réelle du défunt.

> Une mère ayant perdu tragiquement son enfant sur les côtes bretonnes s'est essayée à une méthode paranormale d'écriture automatique visant à établir un lien avec une personne décédée. C'est une femme ingénieure, se décrivant volontiers comme très cartésienne. Néanmoins, elle affirme être en relation avec son enfant depuis trois ans. On pourrait penser a priori que ces contacts répétés l'apaisent et la désengagent de la souffrance du deuil, c'est pourtant loin d'être le cas : le manque est le même, la douleur de l'absence la hante comme n'importe quel parent qui ne serait pas « en relation » avec son enfant disparu. Qu'il y ait ou non contact avec cet hypothétique au-delà, « il me faut, de toute façon, apprendre à vivre sans mon fils et c'est effroyablement douloureux », constate-t-elle.

Quelle que soit la réalité de ces expériences, l'exemple de cette mère, beaucoup plus fréquent qu'on l'imagine, montre qu'il n'est *jamais* possible de faire l'économie du processus de deuil et de sa peine, qui doivent être vécus jusqu'au bout. C'est au terme de ce processus qu'est le réel apaisement.

Dès lors, on se gardera bien d'émettre, de façon équivoque, la moindre hypothèse sur l'origine de telles perceptions. Finalement, leur véritable valeur n'est pas dans la preuve de leur réalité : elle se situe dans la façon dont elles seront comprises et intégrées par la personne en deuil… Force est de reconnaître combien leur impact est positif dans l'immense majorité des cas.

N'est-ce pas alors cette vérité subjective qui compte le plus ? Une étude anglaise rapporte que, sur une population de 293 veufs et veuves, plus de 45 % des personnes interrogées affirment avoir éprouvé de tels phénomènes. Certaines déclarent avoir vu le défunt ou sa silhouette. D'autres ont reconnu le son de sa voix ou le cliquetis de ses clés dans la serrure. D'autres enfin, comme la jeune femme décrite plus haut, ont eu des sensations tactiles de contact direct avec le défunt. Elles n'osent pas en parler car elles ont peur d'être taxées de folie et elles hésitent à se confier à autrui. On peut pourtant affirmer que la fréquence de ces manifestations est un puissant argument en faveur de leur normalité. Il ne faut pas négliger le fait qu'en parler peut être apaisant pour la personne en deuil et qu'elle a surtout besoin d'être entendue dans ce qu'elle raconte, sans craindre le jugement ou les petits sourires en coin.

N'oublions jamais qu'il y a trop de choses que nous ignorons en tant qu'être humain pour se permettre d'affirmer que ceci ou cela est vrai ou faux.

Les réactions de l'entourage

Il est fort possible que l'entourage soit dérouté par l'intensité de la deuxième phase de fuite/recherche. La famille ou les amis peuvent ne pas comprendre ce qui se passe dans la tête de la personne en deuil. Ils peuvent même la critiquer ouvertement ou lui faire la morale : « Arrête de penser à lui tout le temps comme ça », « Enlève toutes ses photos du mur, c'est malsain d'avoir ça sous les yeux toute la journée », « Allez, reprends-toi ! tu te complais à rester là-dedans. »

Les réactions de celui qui est en deuil sont alors parfois violentes et c'est souvent l'occasion pour lui de trouver là la preuve que, décidément, personne dans son entourage n'est vraiment capable de le comprendre. À la limite, il pourra même avoir le désir de retrouver le défunt en se donnant lui-même la mort car, pense-t-il, « il n'y a que lui qui pourra comprendre ma détresse. J'ai trop besoin de lui… Je suis tout seul à souffrir au milieu de gens qui ne font rien pour m'aider. »

Le contraste entre l'intensité de ses pensées vers le défunt et l'apparente distance affective d'autrui à son égard pousse parfois la personne en deuil à se demander comment ceux qui l'entourent ont pu « oublier si vite ». Elle se sent plongée dans un univers d'incommunicabilité qui renforce son sentiment de solitude et d'isolement.

À ce stade, elle peut, devant l'incompréhension de ses proches, s'opposer au dialogue de ceux qui l'entourent et qui lui offrent un soutien dont elle a pourtant besoin. Accepter leur aide, tenter d'aller dans *leur* sens, un sens qui pousse à « continuer à vivre », peut être compris comme le fait qu'elle cède à leur pression et qu'elle accepte de renoncer à sa recherche. Cela peut signifier pour elle qu'elle accepte d'abandonner l'espoir de retrouver l'autre, et c'est, pour l'instant, impossible : elle ne *veut* pas, elle ne *peut* pas, car le besoin de l'autre devient plus pressant de jour en jour.

Une incompréhension mutuelle risque alors de s'installer : chacun, retranché dans sa recherche ou dans ses convictions, se sent frustré, blessé ou négligé.

L'entourage a l'impression que, quels que soient ses efforts pour venir en aide, ils sont vains, inutiles ou mal reçus. Il aura même tendance à prendre de la distance puisqu'il se sent, après tout, si mal accueilli…

Et pourtant, en dépit des apparences, la personne en deuil a un besoin énorme de l'aide de son entourage, même si, pour l'instant, elle donne l'impression de la repousser avec amertume ou agressivité.

Il y a des petites phrases qui vous font exploser de rage ou de désespoir – celles que ceux « qui ne savent pas » prononcent sans en connaître l'impact, ni la portée : « Allez, sors avec nous ! » « Il faut que tu te bouges ! » « Viens te changer les idées ! » Dans la majorité des cas, l'intention est d'aider, mais le résultat est assurément maladroit et inapproprié... Pourtant, il n'y a pas si longtemps, n'auriez-vous pas dit la même chose ? Vous savez bien aujourd'hui que « quand on ne sait pas », on peut être amené à dire des énormités, qui font plus de dégâts que si on n'avait rien dit. Vous êtes en colère car vous prenez conscience que votre entourage ne perçoit pas ce que vous vivez – « sinon, ils ne me parleraient pas comme ça ! »

On en veut parfois à la terre entière parce qu'on souffre... On en veut aux autres de ne pas comprendre ce qui se passe en soi. Mais eux, où en sont-ils ? Ils peuvent se sentir impuissants et désespérés devant notre détresse. Ils ne savent pas quoi dire et parfois ils nous fuient. Est-ce une raison pour les juger ? N'a-t-on jamais reculé, autrefois, devant la souffrance d'autrui ? Aujourd'hui, on sait ce qui est utile à quelqu'un en deuil, mais hier, le savait-on ?

On est parfois extrêmement dur avec autrui au cours du deuil : on condamne les autres, les jugeant maladroits, inefficaces, hypocrites ou indifférents. Et – pardonnez-moi si cela vous irrite – on risque alors de se croire tout permis... On a tellement mal qu'on est convaincu que tout peut – et doit – être dit. On met un point d'honneur à dire à chacun « ses quatre vérités ». Ainsi, on s'autorise parfois une violence verbale que même la plus grande des souffrances ne rend pas légitime. La douleur a cet insidieux pouvoir de faire de nous d'involontaires « tyrans » et nous devons faire preuve d'une grande vigilance pour refuser de devenir sa victime. Si on se sent basculer dans la condamnation et le ressentiment, il est indispensable de se demander, au-delà des raisons objectives qu'on peut mettre en avant pour se justifier, au nom de quoi on agit ainsi ; il est en effet de notre responsabilité d'explorer ce qui se cache derrière tant de rancœur et de revendications...

Cela dit, une chose est certaine : il y a de grandes chances pour qu'on soit déçu par certaines personnes de notre entourage. Mais, à nouveau, n'avons-nous jamais déçu autrui auparavant ? En faisant de son deuil un champ de bataille, on ne fait finalement que du mal à soi-même.

Que dire à autrui ?

Face à autrui, on reste perplexe : comment parler de ce qui s'est passé, de ce qui se passe dans ma vie ? Est-ce que je dois le dire à tout le monde ? Est-ce que je dois rester silencieux et ne parler que si nécessaire ? Quand on me demande combien j'ai d'enfants, que répondre ? Si je dis « trois », j'ai l'impression de trahir mon enfant décédé ; si je réponds « quatre », est-ce que je dois dire en même temps que l'un d'entre eux n'est plus de ce monde ? Ai-je besoin de le dire ? Les gens doivent-ils savoir ou est-ce moi qui ai besoin de le dire ?...

Tout dépend du niveau relationnel qu'on souhaite établir : on peut rester formel et ne s'en tenir qu'aux faits ou bien révéler un peu plus de soi-même et donc implicitement parler de ses souffrances. Qu'ai-je envie de dire ? Et pourquoi ? Est-ce pour revendiquer quelque chose ? Il n'y a pas de réponse bien définie. Tout se joue là encore au cas par cas, et d'instant en instant. L'important est de ne pas s'enfermer dans une position trop rigide, soit en se contraignant à tout dire, tout le temps, soit en s'imposant le silence en toutes circonstances. Avec le temps, on apprend à nuancer ; on apprend à devenir plus souple et plus flexible, en s'ajustant à qui on a en face de soi et en évaluant s'il est nécessaire d'entrer dans les détails. On y parvient aussi quand on accepte qu'autrui se montre indifférent par rapport à notre perte, ce qui devient possible lorsqu'on n'est plus en attente de reconnaissance par rapport à sa souffrance. On y parvient quand on n'en veut plus au monde entier de continuer à exister, alors que notre vie a, un jour, été dévastée...

Que faire des objets ?

Voilà plusieurs mois que ses chemises restent intouchées sur l'étagère du dressing... Son manteau est toujours accroché à la patère de l'entrée... Ses jouets sont soigneusement rangés dans le coffre de sa chambre... On n'ose pas déplacer sa brosse à dents sur la tablette de la salle de bains... Toutes les affaires de la personne disparue sont là, partout, dans chaque recoin de la maison ! Que faire alors de tous ces objets ?

Il faut se poser les bonnes questions. En effet, l'enjeu n'est pas de garder – ou pas – les objets ayant appartenu à la personne décédée, mais de savoir si la façon de les intégrer dans sa vie de tous les jours est pertinente : ces objets contribuent-ils au bon déroulement du deuil ? sont-ils un obstacle au processus de reconstruction ? C'est aussi une question de temps. Au début, sous l'emprise de la douleur, on est parfois pris par un sentiment d'urgence. Mais il n'y a pas d'urgence... Le mieux est d'attendre un peu et de prendre le temps de se stabiliser émotionnellement. Par la suite, on s'interrogera plus posément sur le devenir des affaires du défunt. C'est ainsi qu'on peut faire le moins de bêtises... Il n'y a pas de réponse toute faite et rien n'oblige à prendre des décisions définitives. Si, dans un premier temps, la vue de ces objets est trop difficile, on peut les ranger dans des cartons et les mettre au grenier ou à la cave. Ils restent à portée de main, mais on se préserve de leur douloureuse présence.

D'un autre côté, garder un contact, par exemple en portant certains vêtements du défunt, peut faire du bien. Cela peut être très important au début, quand l'absence fait trop mal. C'est ce qu'on a besoin de faire et c'est bien ainsi. L'essentiel est que ces objets, ces vêtements aident à cheminer intérieurement.

Mais il faut rester vigilant sur le risque d'une cristallisation morbide sur les affaires du défunt. Quand, après des années, la chambre à coucher de l'enfant décédé est toujours intacte, quand elle devient un sanctuaire à sa mémoire, il y a vraisemblablement un problème... « Mais cela me fait du bien ! » rétorque une mère qui passe le plus clair de son temps dans la chambre de son enfant décédé six ans auparavant. Cela fait peut-être « du bien », mais à quel prix ? Le repli dans une pièce de sa maison, la disparition progressive de liens sociaux, une vie qui tourne uniquement autour d'un enfant mort, un avenir qui ne se nourrit que du passé... est-ce cela se faire du bien ? Il faut comprendre que quelque chose est bloqué, que quelque chose ne se produit pas. Malheureusement, arrivée à ce point, la personne refuse souvent d'entendre, car elle est persuadée que tout est normal et, de toute façon, « la vie n'a plus de sens quand je suis loin de la chambre de mon enfant... »

Le travail de deuil permet d'intégrer lentement son enfant en soi, en rendant de moins en moins nécessaire le fait de le faire exister à l'extérieur de soi, dans une chambre vide. Pour y parvenir, il faut passer par l'acceptation de sa perte... et c'est justement ce qui est intolérable. Pour cette raison, une aide extérieure peut être utile, afin de trouver le courage de prendre soin de soi et d'aller de l'avant, dans un lieu de réel apaisement. Oui, il faut accepter de « perdre » son enfant une seconde fois, et non pas essayer de faire désespérément vivre un souvenir à travers les échos matériels de son existence passée. C'est à cette seule condition qu'on se donne la possibilité de le retrouver à un autre niveau de soi-même, là où on ne risque plus jamais de le perdre...

Les visites au cimetière

La deuxième étape du processus de deuil se caractérise par le besoin de garder le lien avec la personne disparue, et les visites au cimetière répondent à ce besoin. Il faut l'affirmer d'emblée : ce désir est normal et doit être respecté, quand bien même on s'y rendrait tous les jours pendant un ou deux ans ! Une limite, toutefois : les visites au cimetière ne doivent pas trop parasiter le fonctionnement quotidien de la personne en deuil, ou perturber la vie de la famille (au point, par exemple, de s'interdire de déménager sous prétexte qu'on sera loin du cimetière).

Au-delà de la signification religieuse, le lieu de sépulture aide au travail de deuil. En effet, aller au cimetière, voir la tombe est un rappel incontournable de la réalité du décès, nécessaire à l'intégration intime de la perte. Le cimetière est également un lieu privilégié pour l'expression des émotions et il est important de créer les conditions propices au recueillement. Si, par exemple, la présence d'autres membres de la famille gêne parce qu'on ne peut pas pleurer tranquillement ou empêche de parler tout haut à la personne disparue, il vaut mieux s'y rendre seul. Le cimetière est aussi un lieu de transition au niveau psychologique : le fait d'aller au cimetière et de repartir, et de reproduire ce rituel encore et encore au fil des mois, aide à modifier le rapport avec la personne disparue : il y a un temps où on est auprès d'elle, au cimetière, et un temps où on retourne à la vie de tous les jours. Ces allers et retours sont utiles car ils contribuent à installer progressivement *en soi* la présence de cette personne, indépendamment de son lieu de sépulture.

Doit-on obligatoirement se rendre au cimetière pour que le deuil se déroule bien ? La réponse est non, évidemment. Pour certains, le cimetière ne représente rien et ils considèrent que la personne disparue n'est pas « là ». Les visites au cimetière n'ont donc de sens que si elles sont utiles, psychologiquement et émotionnellement. Par exemple, si on a l'impression de continuer à prendre soin de la personne disparue en s'occupant de sa tombe, elles sont bénéfiques et chargées de sens. Elles accompagnent le processus de deuil.

Les cendres de la personne disparue

La crémation devient de plus en plus fréquente en Europe. Récemment encore, les proches pouvaient disposer des cendres comme ils le souhaitaient, mais une nouvelle législation, en France, interdit désormais de conserver les cendres à son domicile ou dans tout autre lieu de sépulture privé. Les nouveaux textes de loi prévoient quatre destinations pour les cendres : elles pourront être déposées dans un caveau ou dans un columbarium, être répandues dans ce qu'on appelle un « jardin du souvenir » ou être dispersées dans la nature (en dehors de la voie publique), si le défunt le souhaitait.

Il est important d'entretenir un rapport le plus « sain » possible avec les cendres de la personne disparue. Depuis les temps les plus anciens, les sociétés humaines ont instinctivement compris que les lieux des morts devaient être séparés des lieux des vivants : les cimetières étaient autrefois à l'extérieur des villes. Ainsi, le fait de conserver une urne funéraire chez soi, *à l'intérieur*, peut être un obstacle au déroulement harmonieux du deuil, même si on est persuadé du contraire : l'urne est une présence *tangible* de la personne disparue dans l'environnement de la personne en deuil et, qu'on le veuille ou non, *on continue à se comporter en fonction de cette présence.* Or le processus de deuil a pour objectif de créer un lien *intérieur* avec la personne disparue, de devenir bien conscient qu'elle n'existe plus dans le monde extérieur. Si elle reste présente concrètement dans la vie quotidienne de la personne en deuil, par exemple si l'urne est dans la chambre ou dans le salon, cela empêche (ou parasite) la création de ce lien intérieur. On bloque soi-même sa propre évolution, tout en étant convaincu de la présence bénéfique de cette urne. On a aussi constaté que, quand des parents conservaient chez eux les cendres d'un enfant décédé, cela pouvait sérieusement perturber l'équilibre des autres enfants qui vivent à la maison. Il faut impérativement faire sortir ces cendres des lieux de vie et leur trouver, à l'extérieur, un lieu de recueillement approprié.

La sexualité

On est parfois très dérouté par ce qui monte en soi au cours du deuil. Ainsi, certains ont la surprise de découvrir en eux un puissant appétit sexuel quelque temps après le décès ! Le corps réclame soudain tendresse, plaisir, jouissance… Ces pulsions déconcertent et sont source d'une grande culpabilité. Ce désir ne cadre pas avec la représentation qu'on se fait d'une personne en deuil et il est vécu avec malaise et ambivalence.

Tout le monde ne ressent pas cela, mais si tel est le cas, il n'y a pas lieu de s'inquiéter, encore moins de se culpabiliser, car cette montée en force du désir est une réaction beaucoup plus fréquente qu'on ne l'imagine, et ce, quel que soit l'âge.

Avec l'accompagnement de fin de vie, la mort, la lourdeur et la violence de l'absence, le corps et l'esprit sont soumis à un stress majeur. La pulsion sexuelle vient en réponse à cette tension intérieure. Elle demande à être accueillie en tant que telle. Depuis le décès, le corps a été négligé ; il se languit d'être touché, embrassé, enlacé. Il a besoin d'être apaisé par un toucher ami. Est-il donc si répréhensible de lui accorder ce qu'il réclame ? Après des mois ou des années de repli, on peut aussi avoir besoin d'être rassuré sur le fait qu'on est toujours désirable ou capable de séduire. On peut aussi avoir besoin de se prouver qu'on « assure » toujours sexuellement…

La sexualité au cours du deuil doit être réhabilitée. Elle a sa place et il est nécessaire d'être en phase avec ce qu'on souhaite vivre. Une relation de tendresse, incluant sexe et jouissance, peut faire partie des multiples façons de cheminer dans son deuil. Il faut négocier avec la culpabilité et redéfinir son rapport au désir, en l'accueillant le plus sereinement possible, comme une marque de son humanité. Même si c'est parfois difficile, il faut essayer, autant que possible, de ne pas se laisser envahir ni paralyser par la culpabilité.

Deux situations sont possibles : soit on est en couple, soit on est seul(e), célibataire, séparé(e), veuf ou veuve. Quand on est en couple, la sexualité peut bien sûr continuer à exister, mais il faut être lucide sur le fait que les deux partenaires ne sont pas toujours « synchrones » dans l'émergence (éventuelle) de leur désir ; l'un peut être totalement anesthésié à ce niveau et vivre le besoin de sexualité de l'autre comme aberrant, ou offensant, ou agressif. On a parfois tellement mal dans son corps qu'on se supporte plus d'être touché(e), alors que son ou sa partenaire veut justement trouver un peu de paix et de réconfort dans une étreinte physique intense. Malentendus et conflits peuvent en résulter… Ainsi, au-delà de la douleur du deuil qui a ce terrible pouvoir de couper la communication, il est essentiel de parler ensemble de ce qui se passe, afin que d'inutiles rancœurs ou incompréhensions ne s'installent pas en filigrane dans la relation. Plus on est explicite sur ce qu'on ressent et sur ce qu'on souhaite, plus on se donne la possibilité de comprendre l'autre et de s'en faire comprendre. Plus que jamais, écoute et respect de ce que vit l'autre s'imposent. Cet état est transitoire; il nécessite de l'attention, afin de préserver l'avenir.

Si on se retrouve seul(e), on n'en est pas moins confronté à ce possible désir sexuel dans les premiers temps du deuil. Il peut arriver qu'on souhaite avoir des relations sexuelles, même si on éprouve un certain malaise à revendiquer un besoin aussi peu conforme à l'image qu'on a d'une personne en deuil. Là, il est important d'être vigilant pour soi-même et pour l'autre : la relation sexuelle ne repose pas toujours sur un sentiment amoureux; elle peut n'avoir pour but qu'un simple apaisement physique et il est bon, alors, d'être le plus honnête possible avec son ou sa partenaire sur ce que l'on recherche vraiment. En effet, cette personne peut éventuellement tomber amoureuse ou s'attacher, si la relation perdure, alors que soi-même on se sent incapable de répondre à de telles attentes. Un échange sincère s'impose, afin de ne blesser personne.

L'autre piège est de tomber amoureux dès les premiers instants d'intimité. Bien sûr, c'est possible. Mais il faut bien comprendre que ce mouvement n'est le plus souvent qu'une tentative inconsciente de fuir la souffrance du deuil en tentant de la court-circuiter par un élan amoureux. L'autre en face existe rarement dans cette situation et, tôt ou tard, on s'en rend compte, alors qu'on est peut-être déjà très avancé dans une relation dont on ne sait plus que faire. Si on en arrive à ce point, il est urgent de mettre les choses à plat avec le/la partenaire et de trouver les moyens de ne pas se faire davantage de mal l'un l'autre…

La phase de déstructuration

Le temps inexorablement va suivre son cours. Le décès de la personne aimée aura un lendemain, un surlendemain, et les jours vides et chargés de confusion s'accumulent entre l'instant présent et le moment où on a perdu celui ou celle qu'on aimait.

Pendant des semaines, on a cherché, on a appelé, sans jamais obtenir de réponse, si ce n'est l'écho de sa propre voix, et on en est arrivé à ne plus croire à un possible retour.

Pourtant, on se surprend encore parfois à mettre une assiette de plus à table. On continue à acheter machinalement les rasoirs de son mari ou les yaourts préférés de son compagnon, pour réaliser, en arrivant à la caisse du supermarché, qu'il faut aller les reporter dans le rayon... Mais on reconnaît aujourd'hui que l'autre ne reviendra plus, *jamais plus*. Désormais, le chemin qui s'ouvre devant soi est bel et bien solitaire. Il faut lâcher la main de celui qui n'est plus là et continuer à avancer, sans comprendre pour quelle raison on doit le faire.

Cette lente prise de conscience émerge tardivement après le décès. C'est en effet *six à dix mois* après la mort que le deuil prend sa pleine dimension et que la douleur atteint un paroxysme qu'on ne s'attendait plus à rencontrer.

C'est un point capital pour bien comprendre la personne en deuil et il est pourtant presque totalement méconnu.

Écoutez autour de vous : combien de fois n'avez-vous pas entendu des gens dire que la période la plus difficile dans leur deuil n'a pas été au début, mais plusieurs mois après le décès ?

Il est vrai que, parfois, après les premiers mois, on a eu l'impression d'avoir atteint un plateau dans sa souffrance. On était presque soulagé de s'en être « aussi bien tiré » et de constater que finalement l'expérience du deuil n'était pas aussi traumatisante et déstabilisante qu'on l'imaginait... On ne réalisait pas qu'on était encore, en ce temps-là, sous la protection des mécanismes psychiques de défense mis en place aux toutes premières heures du deuil... Mais, progressivement, ces moyens de défense se sont retirés lentement et ils laissent place à la pleine intensité des émotions.

C'est aussi le temps où on ressent qu'il n'y a plus assez de liens extérieurs, objectifs avec le défunt et pas assez de liens intérieurs avec lui. Le nouveau niveau de relation est tout juste en cours d'élaboration à l'intérieur de soi et il n'y a, pour l'instant, que trop peu d'éléments auxquels on peut se raccrocher. Tous les repères disparaissent : c'est la phase de désorganisation. La conséquence immédiate de cette perte de repères extérieurs et de cette pauvreté de repères intérieurs est une violente impression de vide, d'absence et de perte.

On réalise que brusquement il n'y a plus rien ! Cela se traduit, concrètement, par une brutale recrudescence de l'intensité du deuil. On a alors la *fausse* impression de faire marche arrière. On se trouve, émotionnellement et psychologiquement, dans un état pire qu'aux premiers jours du deuil ! On est tenté de sombrer dans le désespoir : « À quoi bon se battre si ma douleur empire ainsi de jour en jour ? Cela ne va jamais s'arrêter. Est-ce que je pourrai un jour sortir de cet enfer ? » C'est une étape extrêmement difficile à traverser, car on a l'impression que tous ses efforts pour lutter sont vains.

Et c'est pourtant le contraire : même si on a du mal à l'entendre ou à le comprendre, il faut intégrer le fait que cette aggravation apparente du deuil est une étape normale et prévisible. Elle est dans la logique du processus naturel de séparation. Ce n'est absolument pas un échec du travail entrepris jusque-là ; elle en marque la bonne progression. C'est une étape supplémentaire sur son chemin et, tout comme on en est parvenu à franchir les étapes précédentes, on va maintenant apprendre à dépasser celle-ci, même si elle paraît plus longue et plus pénible que les autres.

La place des proches

Au début du deuil, juste après le décès, la famille et l'entourage se sont massivement mobilisés. La douleur était plus manifeste, plus extériorisée, les obsèques et les rituels offrant un cadre social où les émotions étaient reconnues et acceptées par autrui. L'aide apportée répondait à une situation évidente où la détresse était tellement présente que les proches proposaient spontanément leur secours et leur écoute.

Mais le temps passe, les semaines, les mois... Chacun oublie, chacun se laisse à nouveau entraîner dans le flot de sa propre existence. Les lettres de soutien, les coups de téléphone se font de plus en plus rares, alors que la douleur qu'on ressent ne cesse de croître. La souffrance perd petit à petit son caractère « public ». Elle devient plus profonde, plus intime, plus cachée...

Extérieurement, on parvient à faire illusion. On a repris son travail et une partie de ses activités et on présente un visage qui laisse penser aux autres (s'ils ne veulent pas aller chercher plus loin) que le plus gros de l'orage est passé.

Finalement, a-t-on vraiment le choix ? N'existe-t-il pas une forte pression sociale qui impose le silence après un certain délai ? Alors qu'on ressent en soi la violence d'un deuil qui est loin d'avoir dit son dernier mot, on se sent contraint, presque obligé, de taire à autrui l'essence même de son tourment. On a peur de déranger, on a peur de lasser par l'incessant récit de préoccupations que beaucoup considèrent aujourd'hui comme une « affaire classée ». On en a aussi tellement assez de s'entendre dire que « rester dans des pensées tournées vers le défunt est malsain ou morbide qu'on préfère désormais se taire. Ce qui ne change strictement rien au fait qu'on pense à lui tous les jours !

Alors, on reste silencieux. On assiste, seul et impuissant, au déferlement de cette lame de fond qui attaque les fondations mêmes de son équilibre intérieur. On se demande même comment on pourra un jour s'en relever : cela paraît tellement énorme, tellement destructeur. Qui pourrait deviner que, derrière une apparente tranquillité, on livre quotidiennement un combat sans répit pour préserver l'intégrité psychique de sa personne ?

La confrontation aux émotions du deuil

Les mois qui font suite au décès vont faire toucher du doigt la texture même du deuil et on réalise combien on est ignorant de la complexité du processus... Certes, on a déjà, par le passé, connu la colère, la dépression, la peur ou la culpabilité, mais jamais sous la forme particulière et intense que ces sentiments prennent au cours du deuil.

On va comprendre aussi très vite que les forces qui entrent en jeu dépassent parfois largement le cadre de sa vie actuelle et, comme on l'a souligné, on va retrouver tout ce qui, dans sa vie d'enfant et d'adulte, a eu trait à la perte, à la rupture ou à la séparation. Les revers de la vie se réactivent au contact d'émotions qui rappellent les souffrances passées. De même, et dans une égale proportion, tous les acquis, toutes les richesses de ses expériences antérieures se mettent à disposition de ce deuil, en en influençant également le cours.

Ainsi, chacun va percevoir le deuil qu'il traverse à travers les filtres qu'il a acquis durant son existence. Ces filtres vont colorer toutes les émotions et tous les sentiments qui vont surgir, et c'est en cela qu'ils contribuent à faire du deuil une expérience unique, intimement connectée à l'histoire de la personne qui le vit et à ce qu'elle est intrinsèquement.

La colère et la révolte

On pensait que le deuil ne serait fait que de tristesse et on constate aujourd'hui que la colère et la révolte ont aussi leur place. Il est vrai que la colère, la rancœur ou le ressentiment ne sont pas des étapes absolument obligatoires, mais leur présence, s'ils émergent, est légitime et a sa raison d'être : il faut les recevoir comme faisant partie du travail à accomplir.

Pour certains, la colère se résumera à une irritabilité, durant quelques semaines, à une impatience inhabituelle ou encore à des sautes d'humeur inattendues. Pour d'autres, elle prend la forme d'une violence parfois surprenante par son intensité et elle peut venir complètement oblitérer toute autre pensée pendant des mois. Il ne faut jamais oublier que, là encore, la colère est souvent un moyen psychique de *protection* et une riposte saine à l'agression. Ainsi, pour certains, il est peut-être préférable de faire le choix *inconscient* de la colère que de laisser poindre une dépression menaçante pour l'équilibre intérieur. La dépression émergera de toute façon, tôt ou tard, c'est logique et normal. Mais si la colère doit en être le préalable (et même rester au premier plan durant la phase dépressive) il faut l'accepter comme une position positive et légitime.

Notre société tolère mal la colère ou la révolte. Elle les accepte encore moins de la part d'une personne en deuil : ça ne cadre pas, car on s'attendait plutôt à une certaine retenue et surtout à beaucoup de silence et de dignité.

Cette révolte, on se l'interdit parfois à *soi-même*. On s'imagine que cela ne se fait pas, ou que c'est anormal d'être aussi furieux ou irritable. On se tait parce qu'on craint les réactions d'autrui. On n'est, en effet, jamais tout à fait seul dans son deuil : c'est un processus social et il faut toujours compter avec les réactions de son entourage, même si on a l'impression que celui-ci est parfois très encombrant dans la libre expression des émotions.

Ainsi, on craint les réactions de rejet de ses proches si on leur dit en face que l'on ne supporte plus leur présence. On est hors de soi, parce que l'aide qu'on reçoit d'eux nous paraît totalement inappropriée, mais on ne dit rien et on ravale son irritation parce qu'on a peur d'être abandonné...

Il se peut aussi qu'on ait honte vis-à-vis de soi-même d'éprouver de tels sentiments. Alors on essaie de les faire disparaître de ses pensées pour étouffer le malaise qu'ils génèrent.

Mais, finalement, de quoi est faite cette colère ?

On constate qu'elle est rarement d'un seul tenant. Ainsi, les cibles de la colère ou de la révolte sont multiples et il est possible d'en distinguer quatre principales :

– la révolte contre Dieu ou contre la destinée ;
– la révolte contre la médecine ;
– la colère contre le défunt ;
– la colère contre soi-même.

On avait jusqu'alors plus ou moins cru à une justice, à une sagesse inhérente à l'« ordre des choses »... et soudain son enfant se noie, son épouse meurt en couches, ou son compagnon se tue. Là, tout vole en éclats. Le fragile édifice de ses croyances et de ses convictions se trouve violemment ébranlé et on en vient à se demander si on ne s'est pas trompé ou si on n'a pas été trompé. On est en colère contre Dieu, en colère contre la destinée.

La révolte est soit brutale et explosive, soit insidieuse et rampante quand, au fil des mois, tout ce en quoi on avait cru s'effrite. L'épreuve est difficile, beaucoup plus qu'on ne se l'imagine, car c'est un système essentiel de repères et références qui est là remis en cause.

« Pourquoi un Dieu de justice distribue-t-il aussi mal le malheur ? » s'écrie cette femme qui perd son troisième enfant hémophile, victime du sida. « Si Dieu existe vraiment, pourquoi a-t-il laissé ma compagne souffrir autant ? » s'interroge un homme dont la femme vient de mourir d'un cancer du sein. Au-delà de la douleur et de la révolte, c'est une profonde remise en question des valeurs religieuses, philosophiques ou spirituelles qui lentement s'opère.

Certains, au comble de la détresse, vont finalement renoncer définitivement à la recherche d'un sens ou d'une cohésion interne dans ce qui vient de se passer. L'instant devient le pur fruit du hasard, tout est imprévisible : c'est la perte d'un certain sentiment de sécurité intérieure et il est possible qu'en « réaction » on en vienne à développer, face à la vie, un cynisme grinçant et plein d'amertume. D'autres vont tenter de lutter contre l'absurde en puisant à toutes les sources disponibles pour reconstruire leur propre édifice. Cette démarche peut être vitale pour le rétablissement psychique, tant on peut se sentir « en danger », car totalement dépossédé de tout ce à quoi on avait cru auparavant.

Entre ces deux situations, tous les cas de figures sont possibles.

Ce serait une erreur que de penser que cette révolte contre Dieu ou contre le destin est secondaire au cours du deuil. Elle soulève, en fait, un enjeu déterminant. Il ne faut jamais perdre de vue qu'un deuil peut suffire à lui seul à remanier en profondeur toutes les bases de sa confiance en la vie. L'étape de reconstruction (que nous aborderons plus tard) s'opérera aussi à ce niveau et une grande partie de la résolution du deuil dépendra étroitement du type de réponse qu'on pourra élaborer dans la dimension spirituelle.

Les médecins, les infirmières, les hôpitaux sont depuis toujours des cibles privilégiées où projeter sa rancœur ou son ressentiment. Parfois cette colère est légitime, parfois elle ne l'est pas…

On critique, avec plus ou moins de violence, telle décision médicale qui a été prise ou telle attitude qui a été adoptée. On en veut à un interne de ne pas avoir su soulager suffisamment la douleur. On en veut au médecin de n'avoir donné aucune explication sur l'évolution de la maladie, et de ne plus être entré dans la chambre quand la fin approchait. En fait, on remarque que c'est rarement au niveau des soins que les critiques émergent ; le plus souvent, les reproches portent sur la façon dont on a soi-même, ou son proche hospitalisé, été traité au niveau humain. Ainsi, il est possible qu'on se soit senti incompris et mal informé par l'équipe soignante. On a peut-être l'impression que jamais on n'a été regardé avec aussi peu de respect et de considération.

Il est difficile de faire la part des choses : d'un côté, il y a des faits objectifs et tangibles, et des attitudes qui demeurent inacceptables de la part de certains médecins ou de certaines infirmières : il faut alors condamner ces comportements et faire pression pour qu'ils changent. D'un autre côté, le dévouement de l'ensemble d'une équipe soignante n'est parfois pas toujours apprécié à sa juste valeur, tant on était soi-même perdu dans la confusion de ses sentiments et dans la souffrance de celui qui allait mourir…

Au-delà des reproches légitimes, ne projette-t-on pas parfois, sur les soignants, sa propre impuissance à ne pouvoir sauver la personne qu'on aime ? Ne transfère-t-on pas sur autrui la colère contre soi-même à se sentir si démuni devant la maladie ? Même si on estime qu'on est en droit de l'exiger, la perfection n'existe pas. On se trouve dans une situation où des êtres humains prennent en charge d'autres êtres humains, avec toutes les imperfections que cela implique... C'est vrai que, parfois, les choses auraient pu être différentes de ce qu'elles ont été, mais on n'a pas pu, on n'a pas voulu ou on n'a pas su faire autrement... et la personne qu'on a aimée en a souffert et on en veut tellement à ceux « qui l'ont fait souffrir »...

Il existe un autre type de colère : la **colère contre les autres**. C'est un sentiment diffus qui concerne tout l'entourage. Même si on trouve cela absurde, on en veut à ceux qui continuent à vivre leur vie dans l'insouciance, alors qu'on va très mal et qu'on a l'impression d'avoir perdu le mode d'emploi d'une existence normale. On est en colère face à leur indifférence vis-à-vis de la peine qu'on éprouve ou face à la rapidité avec laquelle les autres sont passés à autre chose, et évitent de prononcer le nom du défunt. Lors d'un dîner entre amis, au cours de la conversation, on leur en veut de n'avoir pas saisi les perches que l'on tendait pour évoquer l'enfant ou le conjoint disparu : on rentre à la maison, triste et amer, avec la douloureuse conscience qu'on sera bientôt la dernière personne à penser à lui. On se sent seul, mal compris, mal aimé...

Sans parler de cette irritation qui émerge parfois quand on entend autrui se plaindre pour des broutilles. On se rend alors compte que son niveau de tolérance et de patience est très bas, même à l'égard d'inconnus croisés dans la rue ! De nombreuses personnes en deuil disent en vouloir à la terre entière d'avoir été injustement privées du bonheur de vivre, tandis que les autres continuent à en jouir.

Enfin, aussi dérangeante et inconfortable que puisse être une telle pensée, il est possible d'éprouver des sentiments de rage ou de **colère à l'égard de la personne décédée**, sans que cela signifie pour autant qu'on annule ou qu'on remet en question l'amour qu'on a pour elle. Mais c'est évidemment difficile, voire insupportable, de s'avouer qu'on est en colère contre elle.

Le fond du problème est qu'on ne parvient pas à accepter l'idée d'avoir été ainsi *abandonné par l'autre*. La colère est une riposte à ce sentiment d'abandon.

> Une mère maudit son fils de s'être suicidé. Une femme enceinte crie sa colère de se retrouver seule après la mort son mari : « Tu n'avais pas le droit. Pourquoi m'as-tu fait cela à moi ? » Une jeune femme avait retrouvé sa sœur, après de longues années de silence. À peine six mois plus tard, la sœur décède d'un cancer généralisé : « Pourquoi a-t-elle saboté tout ce qu'on était en train de reconstruire ensemble ? se révolte-t-elle. Elle n'avait pas le droit d'interrompre cette réconciliation dont on avait tant besoin toutes les deux ! C'était trop tôt, je sais que je ne devrais pas parler ainsi de ma sœur mais je lui en veux tellement de m'avoir "lâchée" à nouveau. »

On se trouve également brutalement face à des obligations ou à des responsabilités qu'on redoute de ne pouvoir assumer seul. La colère puise alors dans la peur. On en veut au défunt car son décès nous force presque à prendre en charge des situations auxquelles on n'était absolument pas préparé !

Il y a aussi tous les projets de longue date où on avait décidé de s'investir ensemble qui s'effondrent brusquement : il ne reste alors que dépit et frustration...

Il est certain qu'on ne peut s'empêcher de ressentir ce qu'on ressent ! Pour l'instant, la colère est présente et il faut en tenir compte ! Si le chemin de son deuil passe par elle, c'est qu'elle a manifestement sa raison d'être. Elle peut révéler beaucoup sur la nature et les enjeux de la relation au défunt. La colère est parfois révélatrice de tout ce qu'on avait jusqu'alors préféré ignorer...

Il n'est pire colère que celle qu'on s'adresse à **soi-même**. Colère de n'avoir pas su faire ce qu'il fallait faire... Colère de n'avoir pas su comprendre ce dont le défunt avait besoin... Colère de se sentir aussi vulnérable, au point de devoir demander de l'aide car on ne parvient pas à s'en sortir seul... Colère d'être ce que l'on est, avec ses limites, ses failles, sa tristesse et son désarroi... Colère d'avoir osé aimer, de s'être attaché... et d'en payer aujourd'hui le prix...

La colère contre soi-même renvoie à quelque chose en soi qu'on refuse ou qu'on condamne et il est clair que son moteur est souvent une culpabilité qui attend qu'on la reconnaisse pour ce qu'elle est véritablement.

On pourrait définir **deux types de colère**. Il y a celle qu'on parvient à relier facilement à des circonstances où la révolte est légitime et appropriée. Elle peut être liée à la lenteur des démarches administratives ou à un conflit avec un médecin, ou encore au comportement déplacé d'un membre de la famille. Cette colère est de courte durée ; elle s'éteindra souvent d'elle-même, sans laisser de trop profondes cicatrices...

Et il y a cette colère qui émerge et paraît tellement disproportionnée, tellement envahissante qu'on ne parvient pas à la contenir, ni à lui trouver une raison d'être valable. Même si on prend conscience de son caractère excessif, on ne peut s'empêcher de la ressentir sans pouvoir y faire quoi que ce soit.

Là, qu'on ne s'y trompe pas, cette colère n'est alors

que l'arbre qui cache la forêt. Elle jette un voile uniforme sur une multitude d'émotions souvent très différentes et ce n'est qu'en grattant son fragile vernis qu'on découvre la véritable nature de ce qu'elle dissimule... La colère émerge souvent comme un moyen de se protéger contre quelque chose de plus douloureux : ainsi, si on renonce à aller voir *au-delà*, on prend le risque de devenir sourd à une souffrance beaucoup plus intérieure et on se retrouve, alors, l'otage de sa propre rancœur.

La colère actuelle n'est peut-être pas celle que l'on croit ; elle trouve parfois sa véritable source ailleurs, et cette prise de conscience peut apporter un éclairage différent sur ce qu'on est en train de vivre aujourd'hui, dans son deuil.

Un homme de 48 ans avait perdu sa mère. C'était un homme dynamique, entreprenant, qui menait sa vie avec entrain et facilité... et pourtant, depuis l'enterrement de sa mère, il sentait monter vis-à-vis d'elle une sourde colère. Sans pouvoir expliquer pourquoi, une incompréhensible rancœur ne cessait de croître au fil des mois, le laissant coupable et déprimé.

Il était en voyage d'affaires quand sa mère était décédée brusquement d'une rupture d'anévrisme et, dès l'annonce de sa mort, au téléphone, il avait ressenti ce malaise qui allait évoluer, avec le temps, sous la forme d'une rage contenue... En psychothérapie il fut invité à « entrer » dans cette colère et à en ressentir toute l'intensité. C'est alors qu'une image du passé surgit de sa mémoire : il avait six ans, il venait d'avoir un problème à l'école et voulait en parler à sa mère, mais elle n'avait pas le temps de l'écouter, elle était pressée... Puis à ce souvenir oublié en succéda un autre : il était adolescent et venait de connaître son premier chagrin d'amour, il avait besoin d'en parler mais sa mère n'avait toujours pas de temps à lui consacrer, il fallait qu'elle parte, car, semble-t-il, elle avait des choses plus importantes à faire.

Ainsi, les souvenirs s'enchaînèrent les uns aux autres et tous avaient en commun le désarroi et le sentiment d'abandon de l'enfant, de l'adolescent puis du jeune adulte, face à cette mère si peu disponible. En évoquant ce passé, c'est toute sa quête d'amour et de reconnaissance qui, par-delà les années, émergeait, il retrouvait toute la souffrance de n'avoir jamais pu établir cet échange avec cette mère qui comptait tant pour lui et dont il avait besoin. Ces frustrations accumulées nourrissaient aujourd'hui sa colère, car il réalisait que jamais plus il ne serait possible de réparer le passé... L'intensité de son ressentiment n'avait d'égale que l'amplitude de sa douleur quand il comprenait qu'il avait désormais perdu toutes les chances de réaliser son désir d'enfant : recevoir l'amour dont il avait besoin de la part de sa mère.

En en prenant conscience, il a pu restituer au passé ce qui lui appartenait et franchir une étape de son deuil. Alors, la rancœur a fait, pour lui, progressivement place à un sentiment plus doux, plus profond et plus authentique, qui l'a remis en communication avec l'enfant qu'il était et dont il apprend aujourd'hui à soigner les blessures...

La culpabilité

« Je n'étais pas là quand elle est morte »
« Je n'ai pas eu le temps de lui demander pardon »
« J'aurais dû m'apercevoir qu'il n'allait pas bien »
« Je n'ai pas pu lui dire que je l'aimais »...

La culpabilité fait corps avec le travail de deuil. Elle en est presque indissociable. La culpabilité, c'est le fait de se sentir coupable : de ce qu'on a fait ou de ce qu'on a omis de faire, de ce qu'on a dit ou pensé, pas dit ou pas pensé. La culpabilité du deuil s'appuie sur le fait qu'il est trop tard pour revenir sur un vécu qu'on regrette amèrement. Le processus de deuil étant une relecture du passé, on rencontre immanquablement des choses qu'on a refusé de faire ou des actes qu'on a accomplis, en sachant qu'ils n'étaient pas en faveur de l'autre. Et aujourd'hui, on se reproche l'impossible. L'impossible, ce serait d'avoir tout fait, tout compris, le moindre regard, la moindre parole, le moindre signal qui aurait pu – qui sait ? – tout changer...

La culpabilité au cours du deuil tourne autour de grands thèmes qu'il est important d'identifier :

• « Je me sens coupable par rapport à la maladie »

Si la personne disparue souffrait d'une maladie, on se reproche parfois de ne pas avoir su interpréter à temps un signe d'alerte ou un symptôme ou de ne pas avoir vu qu'elle n'allait pas bien. On a banalisé ou minimisé ce qu'elle disait et on se sent coupable d'avoir peut-être retardé le diagnostic. Du coup, on redoute d'avoir indirectement contribué à sa mort. Certains se reprochent de ne pas avoir assez pris soin de la personne malade, de ne pas avoir été assez attentifs à ses besoins ou encore de s'être énervés et d'avoir été blessants dans leurs propos. D'autres se reprochent d'avoir abandonné émotionnellement la personne au cours de sa maladie.

• « Je me sens coupable par rapport aux circonstances du décès »

On se repasse en boucle le film des derniers moments, on se demande si on aurait pu faire autrement : « J'aurais dû appeler plus vite les secours », « J'aurais dû insister pour qu'elle mette sa ceinture de sécurité », « J'aurais dû répondre immédiatement à son coup de téléphone », etc.

On peut se reprocher de ne pas avoir fait les bons choix pour ce qui est du médecin ou de l'hôpital où la personne est décédée, on peut estimer que les soins n'ont pas été à la hauteur et qu'elle a trop souffert. Alors que la maladie progressait vers son stade ultime, certains avouent parfois avoir un jour souhaité la mort du malade, parce qu'elles étaient épuisées et n'avaient plus la force de l'accompagner. Mais la plus grave culpabilité reste de ne pas avoir été présent lors des derniers instants.

Sans compter la terrible culpabilité qui fait suite au suicide d'un proche[1].

- « Je me sens coupable d'être vivant »

C'est ce qu'on appelle la « culpabilité du survivant » : on a réchappé de l'accident ou de la catastrophe naturelle et on se demande pourquoi l'autre est mort – et pas soi. On se condamne d'être toujours vivant, on se dit qu'on ne le mérite pas.

- « Je me sens coupable d'être soulagé(e) »

À la mort de la personne, on a éprouvé du soulagement. C'est difficile à admettre, mais parfois on peut être légitimement soulagé : elle était très malade et son décès a mis fin à ses souffrances ; néanmoins, on se sent coupable de ressentir cela. On peut aussi être soulagé que s'achève une vie faite de violence ou d'abus divers comme l'alcool ou la drogue ; mais, en même temps, on se sent coupable qu'un tel apaisement ait la mort pour prix…

La vraie question au cœur de la culpabilité

Même si la culpabilité prend de multiples formes, au centre se trouve une seule et unique question : la mort

1. Je n'y reviendrai pas ici car j'y ai consacré un ouvrage, *Après le suicide d'un proche*, Albin Michel, 2007.

de mon enfant, de mon conjoint ou de mon parent était-elle inévitable ? Donc, **suis-je d'une façon ou d'une autre responsable de ce qui s'est passé ?** Il n'y a pas d'autre fondement à la culpabilité. Inlassablement, quand on se retrouve seul(e), dans le silence pesant de l'absence, on passe des mois et des mois à reprendre le film des événements à l'affût de ce qui pourra confirmer ou non sa responsabilité dans la souffrance, et la mort de l'autre. Cela peut tourner à l'obsession, épuisante, qui happe le cœur et l'esprit pendant un temps infini. La racine latine de « culpabilité », *culpa*, signifie « faute ». C'est donc cela, la culpabilité : la conviction qu'on a commis une *faute* et que cette faute est en lien plus ou moins direct avec le décès.

La notion de *faute* est associée à l'idée de *punition*, très présente dans notre tradition judéo-chrétienne : « J'ai fait une faute, je dois donc payer. » Ainsi, la culpabilité amène à porter sur soi des jugements d'une extrême dureté : on ne se passe rien et cette sévérité entraîne une vision très négative de soi, altérant profondément l'estime de soi. On s'en veut, on se déteste et cela peut conduire à des attitudes d'autosabotage dans de nombreux secteurs de sa vie, que ce soit au niveau affectif ou professionnel. Même si on a conscience qu'on se fait du mal, on n'arrive pas à agir autrement. Lorsqu'elle est très intense, la culpabilité peut conduire à une véritable dépression.

Mais ça ne s'arrête pas là. La punition est en effet parfois très subtile et surtout très inconsciente : on en vient à s'interdire tout bonheur ou toute possibilité de retour à une vie heureuse. On se condamne quand on se surprend à rire ou à prendre un peu de bon temps avec des amis. On pense qu'on va devoir payer toute sa vie les fautes commises. Si on n'y prend pas garde, la culpabilité peut véritablement enfermer dans le retrait, la solitude, l'extinction volontaire de tout plaisir ou désir, l'auto-exclusion. Pire encore, on peut même en arriver à bloquer activement toute possibilité d'aide extérieure : on s'estime indigne d'être aidé parce qu'on a été incapable d'aider ou de faire du bien à la personne disparue.

Une fonction particulière de la culpabilité au cours du deuil

La culpabilité n'est paradoxalement pas que vecteur de souffrance au cours du deuil, elle revêt parfois l'étrange fonction de préserver le lien avec la personne disparue. En effet, avoir mal *à cause de (ou grâce à)* la culpabilité permet de maintenir une relation étroite avec le défunt. Or rester en lien est précisément ce dont on a besoin au cours du deuil ! Pourquoi, alors, prendre le risque de se départir d'une culpabilité qui est le rappel constant de la personne disparue ? On redoute même d'aller mieux car, si la culpabilité s'estompe, on court le risque de perdre le lien et le mieux-être qu'on ressent sera vécu comme une trahison. C'est pourquoi certains refusent farouchement qu'on les aide à les alléger du poids de leur culpabilité : ils s'y plongent avec douleur, mais cette douleur est, dans leur esprit, synonyme de lien et pour rien au monde ils ne voudraient y renoncer. Il y a donc des culpabilités qu'il faut laisser tranquilles… Mais si la culpabilité peut constituer un lien utile et (presque) nécessaire pendant un certain temps, ce lien *doit* évoluer et prendre une autre tonalité, il faut accepter progressivement de renoncer à cette culpabilité.

Tout comme la colère, la culpabilité peut se résorber d'elle-même, une fois qu'on aura pris un peu de distance par rapport aux événements. Elle s'apaisera relativement facilement car elle n'est pas profondément enracinée.

Mais il y a cette culpabilité qui persiste et dont on ne parvient pas à se dégager. Elle finit par occuper toutes les pensées et peut stopper dans son élan la dynamique du travail de deuil : c'est la culpabilité liée aux conflits relationnels avec le défunt.

Un jeune homme avait pris quelques jours de vacances pour souffler et prendre un peu de recul pendant l'accompagnement de sa mère en phase avancée d'un cancer généralisé. Une complication soudaine emporta brutalement la vieille femme sans que son fils puisse être prévenu à temps pour se rendre à son chevet. Pendant plusieurs mois, il fut tourmenté par l'idée que sa mère, sur son lit de mort, ait pu croire qu'il l'avait abandonnée.

En explorant ce sentiment de culpabilité, il retrouva des souvenirs de son enfance. Après le divorce de ses parents, il avait assuré auprès de sa mère un rôle de mari de substitution, en s'investissant d'une responsabilité qu'il se sentait incapable d'assumer, mais dans laquelle elle le maintenait. Chaque fois qu'il essayait de reprendre son indépendance, sa mère replongeait dans la dépression, ainsi étouffait-il son aspiration à vivre sa vie pour être toujours à la hauteur de ses attentes. Son absence auprès d'elle, le jour de sa mort, hurlait qu'il avait « failli à sa tâche ». Il lui faudrait donc payer très cher cet impardonnable manquement...

Ce retour sur le passé l'aida à comprendre que sa culpabilité actuelle tirait sa source bien plus profondément que de sa simple absence, le jour du décès, mais davantage de la relation complexe avec sa mère. La réponse à son malaise ne se situait pas nécessairement là où il croyait la trouver...

Cette histoire montre clairement qu'il existe mille et une raisons de se sentir coupable après la mort d'un être cher et il est essentiel de toujours s'interroger sur la place qu'on accorde à cette culpabilité : sur quoi repose-t-elle *vraiment*? Quelles en sont les ramifications ? Est-ce que je m'impose de porter seul(e) la responsabilité de *tous* les conflits ou de *toutes* les tensions qui ont pu exister dans ma relation à la personne disparue, dans une idée de toute-puissance, sans considérer mes limites d'être humain ?

Quand on est happé par la culpabilité, il est capital de mesurer le *caractère inflexible*, presque déshumanisé, de ce ressenti, et de se demander ce qu'on est réellement en train d'exiger de soi, quand on s'accuse avec autant de violence et de dureté. Il faut aussi revenir sur les circonstances qui sont, pour soi, porteuses de culpabilité : « À ce moment précis, pourquoi ai-je fait ce que j'ai fait ? Quelle était ma motivation profonde ? Mon intention était-elle un désir *délibéré* de nuire à cette personne ? » La réponse est clairement non.

Partant de là : jusqu'où doit-on se faire payer ? Jusqu'où doit-on se faire violence ? Pourquoi ? Dans quel but ? Quel sens cela a-t-il ? Est-ce que la personne disparue exigerait qu'on paie un tel tribut en son nom ? Accepterait-elle qu'on se fasse tant souffrir en son souvenir ? Lui serait-il tolérable de nous voir honorer sa mémoire, en s'agressant soi-même pour des erreurs qu'elle serait la première à pardonner ? Ces questions sont essentielles. Elles invitent à regarder la culpabilité droit dans les yeux et à prendre conscience des accusations que l'on s'adresse et de la violence qu'on s'inflige. Elles permettent de percevoir cette volonté farouche et implacable, en soi, qui pousse à devoir se punir parce qu'on n'a pas été parfait.

Ce regard lucide sur les fondements de la culpabilité va tout d'abord permettre d'apprécier directement *sa responsabilité* dans les actes qu'on a accomplis, en percevant la réalité des faits ; cela conduira progressivement (mais aussi douloureusement) à accepter ce qu'on ne peut pas changer. C'est à cette condition qu'on consentira au pardon de soi. En effet, si on se dit

« Non, je ne suis coupable de rien », alors que l'on est, en fait, intimement convaincu(e) du contraire, on reste dans un conflit intérieur. Or l'apaisement de la culpabilité est en relation avec le pardon. Mais il ne faut pas tomber dans l'erreur de croire que se pardonner, c'est s'en tirer à bon compte. Le pardon authentique est une démarche de sincère humilité et de courage. C'est refuser la guerre et la violence intérieure et faire le choix de la paix, ce qui est très difficile à atteindre !

Tendre vers un apaisement

Il n'y a pas de solution toute faite pour apaiser la culpabilité car c'est une émotion complexe qui renvoie à une multitude de situations. Faire face à la culpabilité, c'est d'abord et avant tout se donner la possibilité d'en parler à quelqu'un. Cela suppose quelques précautions, car les interlocuteurs auront toujours tendance à vouloir déculpabiliser la personne en deuil en pensant que c'est la bonne façon de procéder. Or ils se trompent ! La culpabilité doit être écoutée et entendue, et non désamorcée par un raisonnement logique. La plupart du temps, elle n'est tout simplement pas accessible à la raison.

La clef est de chercher à mettre des mots sur ce que l'on ressent, car nommer la culpabilité, c'est se libérer petit à petit de son emprise. L'objectif n'est pas de s'en débarrasser à tout jamais (c'est impossible), mais plutôt de revenir, *encore et encore*, sur ce ressenti douloureux, d'en parler autant de fois que nécessaire, afin d'en « user » progressivement l'intensité. C'est ainsi qu'on parviendra à la mettre à distance.

Réparer ce qui peut l'être

Quand on parle de culpabilité, on parle de faute. S'il y a eu faute, effectivement, y a-t-il une possibilité de réparation ? Est-il possible de faire quelque chose qui puisse réparer, d'une façon ou d'une autre ? Certes, rien ne pourra annuler ce qui a été fait ou dit, mais accomplir certains actes peut apaiser le poids de la culpabilité. Si on estime avoir été trop dur ou trop négligent envers la personne disparue, on décidera par exemple d'être plus attentif et ouvert aux personnes qu'on aime. Si on se reproche de ne pas avoir assez parlé avec elle, on communiquera plus en profondeur avec ceux qui comptent pour nous.

La réparation peut passer par des actes symboliques, comme créer un rituel personnel pour dire ses regrets ou demander pardon. Il est possible aussi de mettre ses regrets ou ses remords par écrit, peut-être par le biais d'une lettre destinée à la personne disparue. Si on souhaite aller plus loin, il est utile de lire cette lettre à d'autres car la portée de cette démarche symbolique de réparation sera d'autant plus forte que l'on prend autrui à témoin. Quand on expose au grand jour ce dont on se sent coupable, on constate que la culpabilité perd de son intensité.

Enfin, d'autres ont besoin de faire des choses beaucoup plus concrètes et tangibles pour marquer leur besoin de réparation, par exemple s'engager dans un bénévolat au sein d'une association de lutte contre le cancer si un proche est décédé de cette maladie.

Quand on parle de réparation de la culpabilité, il faut toutefois veiller à ce que cette réparation ne devienne pas une punition déguisée. Elle ne doit être ni un fardeau ni une souffrance : elle doit soulager intérieurement et rendre un sincère hommage. La frontière entre punition et réparation est parfois très mince. Par exemple, se rendre tous les dimanches dans la famille de son frère depuis son suicide pour réparer d'anciens manquements en se privant de week-ends relève davantage d'une punition, comme de renoncer à une partie de son héritage au profit d'un autre membre de la famille dans le besoin, alors qu'en réalité on se sent coupable et indigne de recevoir cet argent.

Parfois, un travail psy est nécessaire

Comme nous l'avons vu, la culpabilité ne se nourrit pas seulement des circonstances du décès ou de la fin de vie ; elle est parfois reliée à des difficultés ou des conflits très anciens avec la personne disparue qui n'ont pas pu être réglés de son vivant. On pense que le décès mettra fin à ces tensions, mais on comprend vite que c'est faux : les conflits perdurent et ressortent sous la forme d'un mal-être, d'une anxiété latente ou même d'une dépression. Ces problématiques sont souvent difficiles à dépasser seul, le recours à un psy peut alors être nécessaire. Nous y reviendrons au chapitre consacré à l'aide professionnelle que l'on peut recevoir au cours du deuil.

Le vécu dépressif

La phase de déstructuration marque, au cours du deuil, cet intervalle de temps où le vide et l'absence prennent une acuité accrue. Il n'y a plus rien à l'extérieur et à l'intérieur, tout reste à reconstruire... et c'est là que le vécu dépressif du deuil s'installe, *plusieurs mois après le décès*. Pour le comprendre, il faut explorer plusieurs niveaux : on lutte depuis des mois, *avant* le décès, dans l'accompagnement et, *après* le décès, dans le travail de deuil. Pour faire face à un stress constant, on doit puiser dans ses réserves psychiques... mais on puise parfois tellement largement en soi qu'on arrive « au fond du bocal », on est au bout du rouleau. C'est à ce moment-là, quand on parvient à une saturation de ses capacités d'adaptation au stress, que les symptômes dépressifs commencent à émerger. Ils traduisent un épuisement physique et psychologique. C'est un premier niveau de compréhension du vécu dépressif.

Un second niveau renvoie au processus même de deuil : le vécu dépressif en est une étape, non seulement normale et prévisible, mais aussi hautement souhaitable.

En effet, c'est quand ce vécu dépressif *n'apparaît pas* qu'il y a un problème dans le déroulement du deuil. *Le vécu dépressif est la marque d'un processus de deuil en bonne voie de résolution.* Il signe la première étape du rétablissement, car il marque le succès du désinvestissement libidinal que nous avons évoqué plus haut.

Plus on va mal, plus cela signifie qu'on avance sainement dans son travail de deuil : cela paraît absurde et paradoxal mais c'est pourtant ce qui se passe !

Il est vrai que peu de gens se disent déprimés alors que bon nombre des symptômes qu'ils rapportent appartiennent à la définition du vécu dépressif. En effet, on en a une vision trop étroite et restrictive. On pense qu'il se limite uniquement aux pleurs et à la tristesse : on est loin de la réalité.

Le vécu dépressif regroupe un cortège de symptômes dont l'intensité varie dans le temps et selon les personnes. Pour résumer, on retrouve principalement : des troubles du sommeil, des troubles de l'appétit, des manifestations physiques diverses, un ralentissement psychomoteur, une perte d'intérêt avec un retrait social, une baisse de l'estime de soi, une hypersensibilité avec une grande variation des émotions, une tristesse de l'humeur avec parfois des idées suicidaires.

Un des premiers signes du vécu dépressif est une **perturbation du sommeil**, tant en qualité qu'en quantité : on éprouve des difficultés à s'endormir ou on se réveille au petit matin, vers 4-5 heures, en n'ayant dormi que quelques heures. Ce sommeil est superficiel, peu réparateur, et on se sent déjà épuisé à l'idée de se lever pour débuter la journée. On est toujours fatigué, sans jamais avoir l'impression de récupérer.

L'**appétit** est également perturbé, la plupart du temps dans le sens d'une perte d'appétit : on n'a tout simplement pas faim, on ne prend plus aucun plaisir à s'alimenter et il faut vraiment se forcer pour manger quelque chose. Ceci peut, de fait, entraîner une perte de poids.

Le corps s'exprime également au cours du deuil. Il réagit, à sa façon, à l'onde de choc de la perte. Ainsi, on retrouve des **douleurs** multiples, des maux de tête, des crampes, des tremblements, des sensations d'essoufflement ou de pincement au niveau du cœur, une impression de gorge serrée, des nausées, des vertiges, des palpitations, une faiblesse musculaire, etc. Ces symptômes peuvent être très directement reliés à une dépression sous-jacente dont ils sont les seules manifestations visibles : on parle d'ailleurs de dépression « masquée ».

Comme on le verra plus loin, au chapitre « S'aider » (p. 239), quand le cœur ne parle pas, le corps, lui, prend le relais et exprime, haut et fort, ce deuil qu'on ne peut nommer. Cela peut aller très loin... En effet, sans qu'on ait de preuves formelles établissant une relation directe entre les deux, on est néanmoins étonné par la surprenante fréquence des cancers qui apparaissent chez la personne en deuil, peu de temps après le décès d'un être cher. On constate, par exemple, une augmentation du nombre des cancers du sein chez les veuves quelques mois après la perte de leur mari. Cela suggère de toute évidence la nécessité d'un suivi médical soigneux chez les personnes « à risque » de pathologie tumorale.

Quoi qu'il en soit, toutes les manifestations physiques citées plus haut sont autant de motifs de fréquentes visites chez le médecin et c'est souvent par leur biais que le généraliste a accès au deuil et au vécu dépressif qui l'accompagne. Il sera important, pour lui, de faire alors le lien entre les symptômes physiques que la personne amène dans son cabinet et le processus de deuil en cours. Il pourra profiter de la consultation pour accorder à la personne la possibilité de parler de sa perte et de sa souffrance. Il ne doit jamais oublier qu'il est peut-être la seule et unique personne à qui son patient peut se confier à cœur ouvert, sans crainte de jugement. Si un rapport de confiance s'établit, des consultations de soutien psychologique pourront même être très explicitement proposées.

Quand on est déprimé, on constate aussi, parallèlement à un **ralentissement physique** qui se manifeste par une lenteur à l'action et une fatigue tenace, une **baisse de ses compétences intellectuelles** : elle se traduit par une impression de tête vide, le rythme des pensées paraît ralenti et on s'irrite d'avoir perdu sa vivacité d'esprit. Se concentrer sur son travail, sur un livre ou sur un film devient plus difficile, voire impossible, et on se trouve sans cesse piégé par des trous de mémoire qui imposent de tout mettre par écrit si on ne veut rien oublier.

Dans de telles conditions, il est évident que les premiers temps du deuil s'accompagnent d'une baisse de rendement au niveau professionnel. On redouble d'effort pour une qualité de travail qui n'est pas proportionnelle à l'énergie qu'on y investit Or, cela n'est pas toujours bien compris par le milieu professionnel qui tolère seulement quelques semaines de « flottement » après le décès d'un proche. Les collègues de travail et les supérieurs hiérarchiques s'étonnent que, deux mois plus tard, la productivité ne soit pas revenue à son niveau antérieur, alors qu'il est clair que de telles attentes ne sont pas compatibles avec la réalité psychologique du processus de deuil.

Il faut souligner néanmoins que l'activité professionnelle a un rôle essentiel à jouer en temps de deuil car, d'une part, elle aide à « canaliser » les pensées dans une activité concrète et, d'autre part, elle constitue une structure de référence stable qui contraste avec la fragilité du milieu familial ébranlé par le décès. Le réseau de soutien et de solidarité qui s'organise parfois autour de la personne en deuil peut faire la différence pour quelqu'un qui est isolé socialement ou qui possède peu de famille ou peu d'amis, à l'extérieur de son cadre professionnel.

Le vécu dépressif du deuil peut également modifier la perspicacité du jugement. C'est un phénomène fréquent qu'il est important de souligner, afin de le pallier pour préserver l'avenir : *il invite, dans la mesure du possible, à éviter de prendre toute décision majeure durant les premiers mois du deuil.* Ainsi, même si on est convaincu du bien-fondé de sa décision, il est important d'y réfléchir à deux fois et d'essayer de la différer de quelques mois. Qu'il s'agisse d'un déménagement soudain à l'autre bout de la France, de la vente de sa maison « car elle est trop chargée de souvenirs », d'une démission qu'on décide sur un coup de tête ou de la signature d'un contrat qu'on n'a pas pris soin de lire soigneusement, il est souhaitable d'attendre d'être psychologiquement plus disponible pour envisager l'avenir : en effet, le deuil occupe, pour l'instant, le devant de la scène. On ne peut pas se disperser et servir deux maîtres à la fois, car on prend alors le risque de s'en mordre les doigts, plus tard, pour avoir pris une décision catastrophique qui paraissait pourtant pleine de bon sens sur le moment.

Dans le vécu dépressif, **plus rien ne fait plaisir**. Tout ce qui provoquait de la joie, de l'intérêt ou du plaisir, comme la lecture, les sorties, la musique, les hobbies, le sport, etc., perd désormais son attrait. On se sent tellement vide à l'intérieur qu'on se trouve incapable de tirer du plaisir de la moindre activité. On s'en inquiète, on en souffre, car on redoute que tout ce qui était un moteur pour soi se soit définitivement éteint. Ce n'est, Dieu merci, qu'une impression, car tout se remettra progressivement en place, mais l'intensité de son vide intérieur est telle qu'on est persuadé aujourd'hui que plus jamais la vie ne présentera le moindre attrait... On éprouve d'ailleurs la plus grande difficulté à envisager l'avenir de façon sereine : il apparaît terne, bouché et menaçant, tant et si bien qu'on n'ose plus élaborer le moindre projet. De toute façon, le cœur n'y est pas...

Ainsi, en naviguant entre sentiment d'impuissance ou d'inutilité, on en vient à douter de soi-même, de sa propre valeur et de l'estime qu'on a de soi. C'est souvent dans ces brèches que la culpabilité s'engouffre, en affectant encore davantage l'image dévalorisée qu'on peut avoir de soi. On cède à la tentation de se replier sur soi, dans un mouvement de retrait par rapport au monde. On ne sort plus, on ne veut plus voir personne, on préfère le silence et on ne tolère que sa propre présence. L'entourage doit apprendre à accepter ces temps d'isolement, car la personne en deuil a besoin, de temps à autre, d'un retour sur elle-même. Le rôle des proches est, ici, à la fois de respecter la personne en deuil dans son désir d'être seule et de lui assurer sans cesse la force de leur présence et de leur amour. Mais ils doivent aussi veiller à ce qu'elle ne se perde pas elle-même dans sa propre solitude.

La **tristesse** est la pierre d'achoppement du vécu dépressif. Elle peut être intense, déchirante ou, au contraire, sourde et lancinante. Quoi qu'il en soit, elle est souvent omniprésente, dès qu'on ouvre les yeux le matin, et on la traîne en soi tout au long de la journée. Parfois, les pleurs et les sanglots aident à l'apaiser pour quelque temps, mais c'est sa persistance, au fil des semaines, qui finit par épuiser et par faire douter sérieusement qu'on puisse, un jour, être à nouveau heureux et insouciant. On arrive parfois à envisager le *suicide* pour mettre fin à cette souffrance. On éprouve le désir viscéral de retrouver l'autre, par-delà la mort, car la douleur de l'absence devient intolérable : c'est cet appel que l'entourage, effrayé, doit pouvoir entendre. Un temps d'écoute et de partage est souvent là indispensable pour « désamorcer » la dynamique suicidaire. Néanmoins, si ce désir semble persister et s'il devient une des préoccupations centrales de l'endeuillé, il ne faut pas prendre à la légère ces idées de mort, contrairement à l'idée fausse que « ceux qui parlent de suicide ne le commettent jamais ». On redoublera également de vigilance si on retrouve, dans son histoire, des antécédents de tentatives de suicide ou si le deuil présent fait suite à un suicide d'un proche.

Au moindre doute, il est justifié de faire appel à un professionnel de santé mentale pour évaluer la gravité de la situation. Peu importe en effet si, au bout du compte, les inquiétudes n'étaient pas fondées : négliger une personne qui énonce clairement un désir de mort est un risque qu'on ne peut pas se permettre de courir.

Le vécu dépressif a, au cours du deuil, sa dynamique propre : il n'évolue pas d'un seul bloc, mais plutôt par vagues successives. Au début, celles-ci sont extrêmement fréquentes et d'une incroyable intensité. Ainsi, pendant deux jours, on se traîne littéralement torturé de douleur et, le lendemain, on a la surprise de se réveiller plus calme et plus paisible, sans qu'il se soit passé quelque chose de particulier... Ce répit peut durer une heure, ou un jour... et, brusquement, une nouvelle vague déferle et à nouveau balaie tout ce qu'on avait timidement recommencé à construire.

Et pourtant, au fur et à mesure que le temps va passer, la fréquence et l'intensité de ces « assauts dépressifs » vont aller en s'atténuant... Combien de temps cela va-t-il durer, nul ne peut le dire... mais de toute façon, cela s'étalera sur plusieurs mois. Il faut le savoir et ne pas désespérer. Le processus est en cours ; la cicatrisation lentement s'opère et, tôt ou tard, on réalisera qu'on est en train de sortir du tunnel. Il faut tenir bon : on est sur la bonne voie.

La décroissance du vécu dépressif n'obéit pas à une évolution constante et linéaire. Elle connaît pendant des mois des hauts et des bas imprévisibles. Il existe d'ailleurs une multitude de circonstances où on ressentira à nouveau (et même plusieurs années après le décès) la poigne de fer du vécu dépressif. C'est le cas par exemple des fêtes de Noël, des anniversaires ou d'autres fêtes de famille qui réactiveront pendant quelques instants la douleur, en soulignant une nouvelle fois l'absence. On retrouvera également des échos de sa peine quand, quelques mois ou quelques années plus tard, on tombera, par hasard, sur un jouet de son enfant ou une photo oubliée.

Vécu dépressif et dépression clinique

Vous avez certainement remarqué que, dans les pages qui précèdent, je n'ai pas parlé de dépression mais de vécu dépressif. En effet, « vécu dépressif au cours du deuil » ne signifie pas « dépression clinique » ; cette dernière en est une complication. La différence entre les deux est souvent difficile à établir car vécu dépressif et dépression s'inscrivent dans un continuum psychique, et cette confusion est à l'origine de prescriptions médicamenteuses la plupart du temps inappropriées. Mais vécu dépressif et dépression sont différents, comme le montre le tableau suivant.

Vécu dépressif	Dépression clinique
Éléments communs Troubles du sommeil et/ou de l'appétit – fatigue prolongée – perte d'intérêt globale – tristesse – difficultés de concentration, de mémorisation (impression de « tête vide ») – baisse de la libido, etc.	
	Les symptômes ci-dessus sont d'une **intensité particulièrement marquée**. De plus, il existe un vécu intérieur douloureux lié à : • une culpabilité très intense, envahissante, infondée ou démesurée par rapport aux événements ; et/ou • une baisse sévère de l'estime de soi avec des idées d'indignité, de dévalorisation importante ; et/ou • un sentiment durable et profond de perte radicale du sens de la vie.
Le vécu dépressif concerne **toutes les personnes en deuil**. Il est normal, et même nécessaire au processus de deuil.	**Certaines personnes seulement** font l'expérience de la dépression au cours de leur deuil (à ma connaissance, il n'existe pas encore d'études définissant sa fréquence).
La possibilité d'un **désir suicidaire** existe (pour retrouver la personne disparue, par exemple), mais sa mise en œuvre reste peu élaborée. De plus, ce désir fluctue selon les circonstances.	On retrouve souvent des **idées suicidaires persistantes**. Le risque de passage à l'acte est d'autant plus important qu'un scénario précis est élaboré et que la personne en deuil travaille activement à sa mise en œuvre (achat de médicaments, mise en ordre de ses affaires, etc.). Ces signes ne sont pas toujours visibles pour l'entourage.

Même au cœur du vécu dépressif, il persiste toujours **un minimum de fonctionnement affectif, social, professionnel**. Il est relativement satisfaisant, en dépit des efforts qu'il nécessite et de la lourdeur à y faire face au jour le jour.	On observe une **perturbation importante – voire une inhibition complète – du fonctionnement** intellectuel, affectif, social, professionnel, avec toutes les conséquences qui en découlent (isolement majeur, incapacité professionnelle avec menace de licenciement…). Malgré ses efforts, on ne parvient plus à reprendre le dessus.
Le vécu dépressif **évolue par vagues successives**, faisant alterner des phases de désespoir et des temps de répit où on parvient à faire face (ces vagues tendent à décroître en fréquence et en intensité au fil du temps, même si elles persistent parfois pendant des mois ou des années).	Le vécu douloureux de la dépression est la plupart du temps **continu, sans rémission** ; il a tendance à s'aggraver avec le temps. Les instants d'apaisement sont très rares et on se sent incapable de les apprécier.
Même si la tonalité générale est triste et pesante, on reste **sensible et « réactif » aux événements heureux** qui nous arrivent. La capacité à envisager l'avenir et à construire des projets persiste.	Dans la dépression, il existe une **indifférence profonde** (et douloureusement vécue) ou une **perte de toute réactivité** face aux événements heureux. L'avenir semble irrémédiablement bouché, sans issue possible.
Réaction « normale » au cours du deuil, le vécu dépressif **se gère le plus souvent seul, avec l'aide de l'entourage et/ou d'associations**. Il ne nécessite pas de traitement médicamenteux spécifique.	La dépression ne part pas d'elle-même. Elle nécessite un **suivi psychologique et souvent médicamenteux**.

Les idées suicidaires au cours du deuil

La souffrance du manque et de l'absence est parfois si aiguë qu'elle entraîne des idées suicidaires. Elles n'ont pas toutes la même signification et il est important d'en comprendre le sens.

• Le désir d'arrêter la souffrance

Depuis le départ de la personne qu'on aime, la vie paraît absurde et vide. On se sent comme amputé et on ne parvient pas à imaginer un avenir sans elle. On est aussi tourmenté par des émotions chaotiques qui semblent ne jamais s'apaiser. On a mal, on est épuisé et la mort est perçue comme le seul moyen de mettre fin à cette épreuve. Certaines personnes pensent même qu'elles sont un poids pour leur entourage. Mieux vaut alors disparaître que d'imposer aux autres sa peine...

• Le désir de retrouver la personne disparue

Retrouver la personne disparue est aussi un moteur très puissant du désir suicidaire. Rappelons-nous la deuxième étape du deuil : c'est un temps où tous les moyens sont bons pour rétablir le lien elle. On a, par exemple, besoin de porter ses vêtements ou encore de mettre ses photos partout dans la maison. Si on pousse cette logique à l'extrême, on peut avoir envie de mourir à son tour pour retrouver cette personne dans l'au-delà. Certains espèrent qu'un accident ou une maladie vont les emporter, tandis que d'autres pensent très directement au suicide.

• Le cas particulier du deuil après suicide

Il est reconnu qu'un suicide augmente le risque de tentatives de suicide dans l'entourage. Comment expliquer cela ? Aux raisons déjà évoquées, il faut ajouter une véritable *identification* de la personne en deuil au destin du suicidé, avec lequel elle se confond : elle pense qu'elle aussi est condamnée à se suicider. Elle peut vouloir s'engager sur le même chemin afin de comprendre ce passage à l'acte; le besoin de savoir obsède les personnes en deuil après un suicide.

Enfin, un dernier paramètre intervient : la personne suicidée indique une voie jusque-là interdite. En se tuant, elle brise l'ancestral tabou social et psychologique du suicide, comme si un verrou avait été levé. Pour la personne en deuil, le suicide devient alors une option envisageable pour arrêter sa souffrance. C'est ce qu'on appelle la « contagion suicidaire ».

Quels sont les signes d'alerte ?

Plusieurs signes doivent alerter. Il est essentiel de n'en négliger aucun car la spirale suicidaire est souvent insidieuse. Référez-vous aux tableaux comparatifs du vécu dépressif et de la dépression clinique; si vous vous reconnaissez dans l'un des symptômes de la dépression ou si vous avez le moindre doute, n'attendez pas et allez consulter votre médecin.

De même, si vous pensez tous les jours au suicide, ou si vous regardez des sites internet sur le suicide et sur les manières de s'y prendre, ou encore si vous mettez toutes vos affaires en ordre et que vous commencez à distribuer à vos proches des biens auxquels vous tenez, vous êtes en danger et il faut vous faire aider. C'est la même chose si vous stockez des médicaments ou si vous achetez des moyens de passer concrètement à l'acte, comme une corde ou une arme à feu. Il ne faut pas attendre un seul instant pour consulter : il s'agit d'une urgence[1].

Quelles que soient les raisons d'envisager le suicide, on aurait tort de croire que disparaître puisse rendre ses proches à leur tranquillité et les libérer du poids de la souffrance qu'on leur impose. L'expérience montre que ce raisonnement est totalement faux. Le geste sui-

1. Pour la France, Suicide Écoute : 01 45 39 40 00, et SOS Suicide Phénix : 0 825 12 03 64.

cidaire plonge l'entourage dans un véritable enfer. Être convaincu du contraire, c'est se tromper gravement. En se donnant la mort, on condamne ses proches à être hantés par la culpabilité et la détresse pour des années. Ils se sentiront toujours coupables de n'avoir pas su aider ou de n'avoir pas pu comprendre. Si le suicide peut sembler le moyen de trouver enfin la paix, il faut garder à l'esprit que c'est précipiter ceux qu'on aime dans un malheur dont on n'imagine ni l'intensité ni la profondeur.

Les équivalents suicidaires

Ce qu'on appelle les équivalents suicidaires mérite toute notre vigilance : il ne s'agit pas de tentatives de suicide à proprement parler mais de comportements allant dans le même sens. On se met plus ou moins en danger, que ce soit physiquement, psychologiquement, socialement ou professionnellement. Par exemple, en conduisant à toute allure sur une route de campagne en état d'ébriété. En arrêtant un traitement médical indispensable pour son diabète ou son hypertension artérielle. Certains sombrent dans l'alcool, d'autres se mettent délibérément en situation d'échec professionnel, en démissionnant sur un coup de tête, sans solution de repli. Ils se sabotent…

Toutes ces situations ont en commun le désir *inconscient* de « lâcher la rampe » et d'arrêter de vivre mais sans pour autant se tuer. Si on se reconnaît dans ces comportements, il est important de s'arrêter quelques instants et de considérer la violence qu'on est en train de s'infliger. Que se passe-t-il ? De quoi est-on en train de se punir ? Au nom de quoi ? Très souvent, en effet, ces comportements sont motivés par la culpabilité : elle est un moteur puissant du désir suicidaire, c'est sur elle qu'il faut se pencher.

La place des médicaments au cours du deuil

Il existe trois familles de médicaments qui peuvent être prescrits au cours du deuil. Mais n'oublions pas que notre pays détient le triste record de la consommation de tranquillisants et d'antidépresseurs ! Il faut donc faire preuve de discernement dans la prescription et la prise de ces traitements :

• Les **anxiolytiques** (Tranxène, Lysanxia, Lexomil, Xanax, Valium...)

Ils sont prescrits pour lutter contre les manifestations pénibles de l'angoisse ou de l'anxiété ; ils sont aussi utiles dans certains troubles du sommeil (difficultés à s'endormir, par exemple).

• Les **somnifères** (Imovane, Stilnox, Rohypnol, Donormyl...)

Ils sont utilisés pour permettre le sommeil. Le deuil est un processus psychique épuisant ; dans certains cas, il est bénéfique de prescrire un somnifère – pour un temps court – afin d'obtenir un sommeil réparateur.

D'autres approches sont à envisager pour traiter les troubles du sommeil ou les troubles anxieux : l'acupuncture, l'homéopathie, les huiles essentielles, la phytothérapie, les massages, etc. Ils ne présentent aucun effet secondaire néfaste, dans la mesure où ils sont prescrits ou recommandés par des gens compétents qui en ont l'expérience.

• Les **antidépresseurs** (Prozac, Déroxat, Zoloft, Anafranil, Effexor...)

Ils ont pour objectif de traiter les symptômes dépressifs. Ils ne traitent évidemment pas la cause de la dépression. Il faut insister sur le fait que l'antidépresseur ne permet jamais d'*enlever* la peine. Il ne joue que sur les *manifestations* dépressives qui en découlent.

Quand prendre un antidépresseur ?

Il n'y a pas de réponse univoque à cette question car chaque situation est particulière. Cependant, on peut dire, en gros, que la dépression clinique justifie une prescription d'antidépresseurs, alors que le vécu dépressif n'en nécessite pas a priori.

Mais, bien entendu, il faut nuancer. Prenons l'exemple d'une jeune femme, avec trois enfants en bas âge, qui doit reprendre une activité professionnelle après le décès brutal de son mari. Pour elle, il est urgent de gagner de l'argent pour payer son loyer et nourrir ses enfants car le couple n'avait rien prévu en cas de coup dur. Il est possible que, quelques mois après le décès, elle présente des éléments dépressifs modérés (de l'ordre du vécu dépressif), suffisamment intenses, néanmoins, pour entraver de façon préoccupante sa réinsertion professionnelle : elle dort mal, ne mémorise rien, n'a pas d'énergie pour faire face au stress de sa nouvelle situation, se sent irritable, fragile et rapidement submergée par les événements. Elle n'est peut-être pas « dépressive », mais sa situation demande des mesures particulières en accord avec ses priorités : elle a besoin d'être « opérationnelle » professionnellement. Si elle consulte, il serait pertinent que le médecin discute avec elle de l'opportunité d'un traitement antidépresseur *transitoire*, parallèlement à un soutien psychologique, pour l'aider à franchir ce cap difficile.

Une autre personne présentant les mêmes symptômes mais n'étant pas dans la même urgence pourrait tirer plus de bénéfices d'une prise en charge uniquement psychologique – dans le cadre d'un suivi de deuil ou d'un groupe d'entraide.

Le médecin prescripteur doit donc faire preuve de bon sens et procéder à une analyse de la situation dans sa globalité : les circonstances du décès, le lien avec la personne décédée, les antécédents de dépression, la qualité du réseau de soutien de la personne en deuil, etc. Cela lui permettra d'évaluer les éventuels facteurs de risque de dépression clinique. La prescription systématique de médicaments ne se justifie pas.

Les effets des médicaments

Il existe peu de données concluantes sur l'effet des antidépresseurs au cours du deuil. Certains affirment qu'ils ralentissent le processus, voire l'inhibent, et que celui-ci réapparaît de plus belle à leur arrêt – ce qui n'est pas encore prouvé scientifiquement. Ce qui est sûr, c'est que certaines personnes en deuil sous antidépresseurs (à tort ou à raison) décrivent des difficultés à vivre pleinement les émotions du deuil : « Je n'arrive pas à pleurer, alors que je sens que ça me ferait du bien. Je me sens loin de ma peine et je ne parviens pas à l'approcher ! » Face à un tel émoussement des émotions naturelles du deuil, l'antidépresseur peut être un obstacle plutôt qu'une aide.

L'antidépresseur aura forcément un effet sur le vécu dépressif d'une personne en deuil (puisque le vécu dépressif et la dépression ont des territoires communs). Cependant, le danger est de médicaliser un processus qui, en soi, n'a pas besoin de l'être. Ce qui est à proscrire, c'est la prescription systématique d'un antidépresseur, dès les tout premiers temps du deuil (lors des obsèques, par exemple) – à la rigueur, un anxiolytique léger serait beaucoup plus indiqué. La difficulté est que, une fois l'antidépresseur prescrit, le patient refuse souvent de l'arrêter car il redoute d'être submergé par la douleur. Cela risque d'amener le médecin à reconduire inutilement une prescription pendant des mois, alors qu'elle n'était pas justifiée initialement...

Il ne faut pas non plus tomber dans l'autre extrême, qui serait de refuser tout antidépresseur à une personne en deuil en souffrance parce qu'elle ne présente pas tous les critères de dépression clinique ! On vient de le voir avec l'exemple de la jeune femme qui doit reprendre son travail. Dans tous les cas, s'il y a prescription de médicaments, elle doit obligatoirement s'intégrer dans une *démarche globale de prise en charge du deuil*. La première composante de cette approche est l'accueil de la parole, l'écoute attentive et répétée de ce cœur qui a mal. C'est accorder son plein espace au travail de deuil et à l'expression des émotions qui en sont la trame. Si l'antidépresseur rend possible ou accompagne cette verbalisation de la peine, alors il remplit sa fonction ; il est un outil dans la palette des aides disponibles pour les personnes en deuil – pas une fin en soi.

Ainsi, si votre médecin vous a prescrit un antidépresseur quelque temps après le décès, il est utile d'en parler avec lui pour bien comprendre le sens de cette prescription. De plus, il ne faut pas arrêter brutalement votre traitement de votre propre initiative. Cela ne peut se faire que progressivement, sous le contrôle de votre praticien. Il est important d'envisager la durée du traitement avec votre médecin pour ne pas partir sur des années de prescription et de définir les modalités de son arrêt. Cette conversation peut être aussi l'occasion d'explorer les autres formes d'aide : associations, groupes d'entraide, entretiens individuels... Ce n'est qu'à l'issue d'un réel échange et d'une écoute authentique que le médicament trouvera – ou pas – sa raison d'être.

La peur

Avec la mort de la personne à laquelle on tenait, c'est tout un ensemble de repères essentiels qui disparaît et, quand on perd les éléments qui ont aidé à structurer son existence, la peur lentement s'installe. Une peur qui peut parfois aller jusqu'à une sorte de panique et qui broie véritablement l'estomac pendant des semaines et des mois.

Il est vrai que, parfois, on n'en a même pas conscience et, comme pour la dépression, il est possible que la peur ou l'angoisse ne s'exprime qu'à travers le corps : on a alors sans cesse la gorge serrée au point que la respiration devient courte et haletante ou qu'il soit soudain impossible d'avaler quoi que ce soit. On subit toute la journée un mal de tête ou une migraine que rien ne peut apaiser. On ressent des palpitations ou une « pointe » au niveau du cœur. On est pris de nausées, de vertiges ou de malaises accompagnés de bouffées de chaleur ou d'une poussée de sueur froide, etc.

Ces symptômes sont quelques-unes des manifestations de l'anxiété. Il est important de les reconnaître et de les identifier, car il existe des médicaments qui permettent d'en atténuer les effets. Là encore, si la personne est amenée à consulter, le médecin pourra faire le lien entre les symptômes anxieux et le travail de deuil en cours, et un espace de parole, autour du deuil, pourra alors se créer pour accorder un peu de place à l'expression de cette peur.

La peur et l'anxiété se nourrissent à des sources diverses et il est souvent utile d'en dépister les différentes composantes pour éviter de se laisser écraser par la masse uniforme d'une peur non explorée. On retrouvera alors deux grands axes principaux : l'un renvoie à une peur au niveau pratique et matériel, l'autre à une dimension plus affective et émotionnelle.

« Comment puis-je désormais vivre seul ? En suis-je même capable ? Pendant dix… quinze… trente ans, j'ai partagé ma vie avec la personne qui vient de mourir. J'ai totalement oublié comment être autonome et me débrouiller seul. » Il est évident que cette **angoisse du quotidien** renvoie au degré de dépendance à la personne disparue qu'on a évoqué plus haut. Dépendance matérielle, par exemple, quand le conjoint subvenait à tous les besoins : à sa mort, on se retrouve soudain sans revenu, sans ressource et tout est à reconstruire ! Comment faire quand on n'a jamais travaillé ? Comment maintenir son niveau de vie antérieur ? C'est la peur de l'inconnu, du manque et de la précarité financière qui vient insidieusement parasiter le cours des pensées.

Un autre exemple : il se peut que ce soit un fils qui assurait le complément de retraite de sa mère âgée. S'il vient à mourir, la vieille femme se retrouve devant la menace d'une maison de retraite, car sa maigre pension ne lui suffit plus pour conserver son domicile...

C'est la même angoisse de déracinement qu'exprime cette femme : « J'habitais avec mon mari dans cette grande maison, perdue au milieu de la campagne... Et maintenant que je me retrouve toute seule, j'ai peur ! Je ne veux plus vivre ainsi, aussi isolée. Je crains pour ma sécurité ! »

Il y a aussi la crainte de ne pas être à la hauteur quand la mort du conjoint nous laisse avec la lourde responsabilité de l'éducation de ses jeunes enfants. Que faire ? Comment les élever ? Avec quels moyens financiers ? Comment leur apporter l'amour et l'affection dont ils ont besoin ?

L'ampleur et l'**intensité des manifestations de deuil** peuvent à elles seules être à l'origine de la peur : on craint de « devenir fou » tellement on se sent enlisé dans sa propre souffrance. On redoute de ne plus jamais pouvoir en sortir ! On est parfois terrifié par l'émergence de ses propres idées suicidaires et par la responsabilité de passer, un jour, à l'acte. Certains même paniquent à l'idée de ne jamais être capables de reconstruire leur vie après un tel traumatisme. Ces appréhensions trouveront leurs réponses, au fur et à mesure que le travail de deuil progressera et, même si on n'y croit pas vraiment pour l'instant, il faut sans cesse affirmer et se rappeler que ce travail conduira à l'apaisement et qu'il porte la promesse qu'on n'en sortira pas complètement détruit.

Enfin, à un autre niveau, on est, au fil du temps qui passe, confronté à la peur d'oublier ; à la peur de ne plus se souvenir du son de la voix de la personne qu'on aimait, de son odeur, de l'éclat de son regard... Il y a parallèlement la peur qu'autrui oublie cette personne. On se retrouve alors avec la responsabilité écrasante de porter seul le souvenir de quelqu'un dont plus personne ne pense à honorer la mémoire...

Les pages qui précèdent ne laissent pas de doute sur la potentielle violence psychique du processus de deuil. Il n'a heureusement pas toujours cette intensité, mais ce serait une erreur de méconnaître combien la phase de déstructuration peut être profondément déstabilisante. Les proches de quelqu'un en deuil ne mesurent pas toujours le bouleversement intérieur qui s'opère quand ils ont en face d'eux une personne qui paraît, pourtant, relativement calme, voire souriante et paisible. Ils ont besoin de savoir ce que vit l'autre dans le silence de son deuil, car la méconnaissance de cette réalité expose parfois au risque d'une incompréhension devant des comportements qu'ils jugent, à tort, comme morbides ou inquiétants...

Combien de temps durera cette phase de déstructuration ? Il n'y a pas de véritable réponse, car on se rappellera qu'« à une personne donnée, correspond un deuil donné ». Il n'y a pas de règle établie. On retrouve même parfois dans cette phase des échos des étapes précédentes qui persistent encore : ainsi, la recherche ou le déni peuvent toujours être présents, à un degré ou à un autre, des mois voire des années plus tard... Il ne faut pas s'en inquiéter. La notion de temps ou de durée a ici peu de sens, car la phase de déstructuration n'évolue pas non plus en un seul bloc : il existera des intervalles de répit (souvent totalement inattendus et inespérés) sans qu'on puisse vraiment savoir pourquoi. Ces moments de répit sont comme l'œil du cyclone, lorsque, brusquement, tout se calme, au plein milieu de la tempête. Ce sont des temps de « respiration » dans le processus : on parvient à reprendre son souffle, malgré l'appréhension d'une nouvelle vague de souffrance...

Et pourtant, la cicatrisation est en cours, aussi aberrante que cette idée puisse paraître à celui ou celle qui se débat dans sa douleur... Car, au-delà des valeurs qui s'effritent, au-delà des repères qui s'effondrent sous les assauts de la colère, de la peur ou de la dépression, la reconstruction déjà s'annonce...

Il est vrai qu'elle paraît tellement illusoire, tellement insignifiante ou hors de portée qu'on ne parvient pas à y croire : cela fait déjà six mois, un an, deux ans... que l'on souffre, comment espérer qu'un jour tout cela prenne fin ? On en arrive à méconnaître les premières lueurs de son rétablissement intérieur. Car, si le deuil a pour fonction de détruire, il est là aussi pour reconstruire, d'une autre façon, ce qui a été brisé. Rien ne sera comme avant : on le sait déjà et pourtant, à un moment donné, on se surprendra à croire timidement qu'il est possible de continuer à vivre, malgré tout.

Cette première pensée est le reflet, encore ténu et fragile, de la phase de restructuration.

La phase de restructuration

C'est une étape qui commence à bas bruit. Le rugissement assourdissant des émotions et des sentiments masque pendant longtemps son discret murmure. Et pourtant, aussi inexorable que les étapes précédentes, la phase de restructuration s'impose, lentement, sans même qu'on en prenne conscience ! Elle a, en fait, débuté depuis longtemps. Elle est en filigrane (parfois...) dans les étapes précédentes. En vérité, les phases de déstructuration et de restructuration se chevauchent et s'interpénètrent. On est en pleine déstructuration à des niveaux de son être alors qu'à d'autres on se trouve déjà en voie de restructuration.

Dans certaines circonstances, le début en est extrêmement précoce, parfois *avant même* que le décès survienne, si on a eu le temps (ou la chance) d'un accompagnement de fin de vie : on a peut-être alors pu parler de ce qui était en train de disparaître, et on a déjà pu commencer à construire ensemble cet avenir qu'on va être amené à vivre seul... Un pont sur le futur est construit pour le temps où on continuera seul son voyage. Ce qui fait tout son prix est que c'est un pont qu'on a bâti à deux.

Ainsi, voilà déjà des mois et des mois qu'on se débat dans ce deuil qui ne correspond pas à ce qu'on attendait. Il dure bien plus longtemps qu'on l'aurait imaginé. On a découvert une souffrance que jamais on n'avait éprouvée avant. Et on est fatigué, épuisé, alors même que s'amorce l'incontournable nécessité de reconstruire sa vie. On continue encore à investir dans ce deuil plus de temps et d'énergie qu'on croyait nécessaire, alors que l'entourage et les amis considèrent que « tout est réglé » depuis très longtemps...

Eh bien non ! Tout n'est pas « réglé ». Et on se demande si finalement ce deuil aura, un jour, une fin ? Mais que peut bien signifier « fin de deuil » ? Est-ce que cela existe vraiment ?

On sait aujourd'hui que si un jour on parle de « deuil terminé », cela ne voudra certainement pas dire qu'à *tout jamais* on n'éprouvera plus la moindre parcelle d'émotion, de souffrance ou de nostalgie. On a de plus en plus conscience qu'on portera à vie cette cicatrice intérieure. Elle sera toujours là, on devra sans cesse la prendre en compte et veiller à ne pas se faire trop de mal si on la stimule trop brutalement.

On sait aussi très bien que, malgré les années qui vont passer, on ressentira toujours la douleur de l'absence quand la vie fera qu'on se retrouvera seul à vivre des événements qu'on aurait souhaité partager avec celui ou celle qui est parti.

C'est ainsi… et on commence à l'accepter.

On l'a déjà dit : le travail de deuil, mené avec soin, se porte garant du « non-oubli ». Grâce à lui on ne perdra pas toute relation avec le défunt. Mais le deuil ne sera jamais terminé une bonne fois pour toutes. Il est désormais impossible que tout redevienne comme avant.

Lentement, avec de nombreuses hésitations et maints retours en arrière, on va entrevoir la possibilité d'un retour à la vie. Ce constat est loin d'être évident à intégrer en soi. On le combat, on le repousse, car on se sent presque coupable de reprendre goût à la vie : « Il est mort, elle est morte… et moi qui croyais ne pas lui survivre, je suis encore là, certes vulnérable et encore fragile, mais je continue pourtant à vivre. Je peux continuer à découvrir ce monde qu'il ou elle a quitté et même, qui sait, réapprendre à être, un jour, heureux… »

Cette idée ne s'impose pas du jour au lendemain. Elle oscille et fluctue au gré des émotions de l'instant. Elle ne s'implante pas non plus sans une certaine résistance intérieure qui fait appel à un sourd sentiment de culpabilité, c'est ce qu'on appelle la « culpabilité du survivant » : on se sent coupable d'être vivant alors que l'autre est mort.

C'est pour cela qu'on peut avoir besoin, inconsciemment ou non, de l'autorisation tacite de son entourage pour sortir de son deuil, car il n'est pas si évident de prendre par soi-même une telle décision. Accepter de voir son deuil s'estomper au fil du temps a, pour certains, des allures de trahison : renoncer à son deuil reviendrait à trahir le défunt. Une jeune femme ayant perdu son mari quatorze mois auparavant s'exprimait ainsi : « J'ai peur… J'ai peur, avec le temps, de ne plus avoir aussi mal qu'aujourd'hui. »

On peut avoir aussi la conviction confuse que l'intensité et la durée du deuil sont proportionnelles à la profondeur de son amour et à l'authenticité de son attachement à l'autre. Il s'agirait d'une sorte de fidélité à l'autre qui imposerait de rester dans la souffrance. Mais il ne faut pas méconnaître que cet état interne a, lui aussi, une fonction : *cette souffrance aide à garder le lien*, et même après quatorze mois, comme dans l'exemple précédent, ce lien est encore trop précieux pour qu'on puisse y renoncer.

Il faut prendre aussi en considération qu'on s'est étrangement habitué à ce vécu du deuil. On l'a finalement apprivoisé (ou, du moins, on vit avec) et on peut arriver à la situation paradoxale où on a peur de le quitter : on a appris à connaître ce deuil, on s'y est installé, non pas pour s'y complaire, mais parce que c'était tout simplement nécessaire… Et il faut maintenant quitter ce très relatif confort où on avait finalement trouvé ses marques et ses repères. On est dorénavant en territoire connu, et il peut être effrayant, pour certains, d'envisager l'avenir en prenant des distances par rapport au cadre difficile, mais néanmoins familier de ce deuil. Devant soi il y a l'inconnu… et on n'a pas nécessairement envie d'aller l'explorer !

Et pourtant, si on prend le temps de regarder en arrière, on est en mesure d'apprécier le chemin parcouru. Il s'évalue par la somme de tous ces petits ajustements qu'on a été amené à apporter dans son existence. Certains paraissent dérisoires, et d'autres plus importants ; mais, quoi qu'il en soit, on est bien obligé de constater qu'on est en train de changer et qu'une métamorphose intérieure et extérieure s'opère au fil des semaines.

Ainsi, la phase de reconstruction correspond, en fait, à une période de redéfinition à plusieurs niveaux : redéfinition de la relation à autrui et au monde ; redéfinition de la relation au défunt ; redéfinition de la relation à soi-même.

Avant d'aller plus loin, il convient d'ouvrir une parenthèse : « reconstruction » ne veut malheureusement pas toujours dire « reconstruction *harmonieuse* ».

Nous avons tous, autour de nous, des personnes qui, après un deuil particulièrement éprouvant, ont rebâti leur vie de façon dysfonctionnelle : l'un peut s'enfermer dans une vision très négative de l'existence et ne percevoir les événements qu'au travers de ce filtre déformant ; l'autre peut se reconstruire à un niveau de fonctionnement très en deçà de ce qu'il était avant l'épreuve du deuil, et sa vie s'en trouve freinée ou considérablement limitée ; telle personne va développer des traits de caractère ou de comportement qui vont, au long cours, nuire à ses relations avec autrui ; telle autre va s'enliser dans une culpabilité qui interdira toute évolution personnelle ultérieure, etc. La liste est longue et renvoie à l'individualité de chacun et à ses incapacités intérieures à se reconstruire soi-même.

C'est quand quelqu'un parvient à ce type de réorganisation de sa vie, qu'il est souvent souhaitable de se faire aider par un professionnel de santé. Il ne faut jamais oublier qu'on se reconstruit avec ce que l'on est et avec les matériaux intérieurs dont on dispose.

Redéfinition de la relation avec autrui et le monde

Comment apprend-on à vivre dans ce monde où l'autre n'est plus ? Quelle est désormais la place qu'on s'accorde dans une existence où tout vient d'être dévasté ? Les rôles au sein de la famille ont besoin de se redéfinir. Qui fait quoi maintenant ? Qui prend en charge les responsabilités ou les obligations qui incombaient à celui ou à celle qui est morte ? Très concrètement, où en est-on de l'apprentissage de ces nouvelles « compétences » que l'absence de l'autre impose comme une nécessité : la gestion d'un patrimoine ou l'éducation des enfants, ou encore l'apport régulier de ressources financières ? Cette redistribution des rôles de chacun se fait souvent spontanément sans même qu'on ait besoin d'en faire mention... mais ce remaniement tacite peut cependant exposer à des attributions inappropriées de responsabilités.

À long terme, cela n'est pas sans conséquence : ainsi, par exemple, si un petit enfant de huit ans perd son père et se voit attribuer (ou s'attribue lui-même) la responsabilité d'être le petit homme de la maison et le « mari » de sa mère, la charge psychologique est écrasante pour lui : cela peut le propulser de façon artificielle et néfaste dans le monde des adultes, alors qu'il a encore des besoins d'enfant. Il peut, au fil du temps, développer la tendance à prendre autrui en charge tout en négligeant ses propres besoins et ceci jusque dans l'âge adulte.

La redéfinition par rapport au monde passe également par la façon dont on est perçu socialement : qui suis-je maintenant dans mon environnement social et professionnel ? comment me regarde-t-on ? Il est possible qu'on réalise seulement aujourd'hui qu'une grande partie de son identité sociale dépendait fortement de la personne qu'on a perdue : si on faisait référence à moi comme à la femme du médecin/au mari de la fleuriste/à la maman du petit Ludovic que les autres mères retrouvaient tous les après-midi au jardin public, que se passe-t-il quand le médecin décède dans un accident, la fleuriste meurt d'un cancer ou que le petit Ludovic est emporté par une leucémie ? Le regard qu'autrui porte sur soi change. Quelle place a désormais la maman dans le jardin public ? Quelle est sa légitimité auprès des autres mères ? Un ajustement est nécessaire. Quelle que soit la situation, on se trouve dans la nécessité d'exister dorénavant aux yeux des autres *par soi-même*, en tant qu'individu à part entière. C'est peut-être quelque chose qu'on n'a jamais appris à faire auparavant.

Il est vrai que le retour à une vie affective ou amicale demande une somme considérable de courage et d'énergie. Entre la peur de ne plus savoir se débrouiller seul en société et celle de devoir affronter les questions et les regards furtifs et curieux, on se sent, de toute évidence, un peu bizarre ou mal à l'aise lors des premiers dîners ou des premières sorties où on retrouve des gens qu'on avait tenus à distance durant son deuil. Par ailleurs, l'aide extérieure qu'on a reçue ou non de ses proches contribue à procéder à un certain « écrémage » de son cercle d'amis et de son entourage : on sait qui a répondu présent quand on était dans la détresse ; on a vite repéré ceux qui n'appelaient plus, ceux qui nous évitaient, ceux qui n'ont jamais proposé le moindre soutien quand on était au plus mal. Il y a certaines personnes qu'on a rayées de son carnet d'adresses. Tout comme d'autres ont pris une place qu'on n'aurait jamais soupçonnée auparavant…

Qu'en est-il maintenant de sa vision du monde ? Recommence-t-il à exister, dans le sens où il redevient progressivement une source d'intérêt, d'étonnement, voire de plaisir ou de gratification ? Accepte-t-on de se laisser à nouveau tenter par ce qu'il a à offrir ? Le monde est-il au contraire devenu un lieu menaçant, où l'imprévu peut frapper à chaque coin de rue ? Faut-il désormais s'en protéger et réduire au maximum la confrontation avec l'extérieur ? A-t-on même envie de le réinvestir ? Certains ne se reconstruiront-ils pas dans un univers étriqué, où toute croissance est définitivement arrêtée ?

Finalement, dans ce monde de vitesse, de stress et d'impermanence, accepte-t-on sans colère ni amertume que la vie continue ? Accepte-t-on le fait que le monde n'a pas à s'arrêter dans sa course folle parce qu'on a perdu un être auquel on tenait par-dessus tout et qu'il faut, soi-même, remonter dans un train qui n'a jamais pris le temps de ralentir parce qu'on était en deuil ?

Le constat est parfois cruel, car il met souvent en évidence l'implacable réalité d'un monde où l'on ne fait que passer, et où on ne laisse que quelques fragiles traces avant de disparaître. Au début du deuil, on a été violemment agressé par l'indifférence ou l'insensibilité de ce monde : aujourd'hui, peut-on faire la paix avec cela aussi ?

Tout est différent maintenant : sa place, son rôle, la façon d'être perçu par autrui, la manière d'accueillir ou de rejeter ce que l'extérieur apporte. Rien ne sera comme avant et, pourtant, force est de réaliser qu'il existe potentiellement un espace de vie où on peut recommencer quelque chose d'autre. Les dernières étapes du deuil résident peut-être dans la quête et dans l'élaboration de ce nouvel espace.

Redéfinition de la relation avec le défunt

On comprend, au fur et à mesure que le processus de deuil se déroule, que la relation qu'on entretenait avec la personne disparue ne s'est pas tout simplement interrompue, mais qu'elle continue à évoluer, à un autre niveau. Le comprendre est rassurant car c'est, en partie, une réponse à la question angoissante de l'oubli. C'est d'ailleurs dans sa capacité à redéfinir sa relation avec la personne décédée qu'on est à même de mesurer le chemin parcouru et la « qualité » de son travail de deuil.

Après tant de mois de silence, après tant d'années d'absence, que reste-t-il, dans mon cœur, de celui ou de celle que j'ai aimé ? Alors que, au début, pendant des mois, ce n'étaient que les images terrifiantes de sa fin de vie qui surgissaient spontanément dans mon esprit, ai-je pu enfin me reconnecter à des souvenirs heureux ou à des moments de bonheur commun sans être dévasté de douleur ? Ai-je retrouvé, dans mes rêves et dans mes pensées, son aspect d'avant la maladie ? Puis-je passer quelques heures ou quelques jours sans penser à lui ou à elle et sans que je m'en sente coupable pour autant ? D'ailleurs, en quels termes suis-je en train de penser maintenant à la personne disparue ?

Il existe des pièges, comme on l'a vu dans le chapitre consacré à la culpabilité : l'idéalisation du défunt est l'un d'entre eux. Redéfinir « sainement » sa relation à l'autre impose de se le restituer en tant qu'être humain avec ses qualités, certes, mais aussi avec ses défauts et toutes ses imperfections. C'est véritablement quand on parvient à percevoir l'autre comme ayant été capable du meilleur comme du pire qu'on trouve un terrain d'égalité où le deuil peut harmonieusement poursuivre son cours.

La phase de recherche des premiers temps du deuil avait déjà mis en place certains mouvements d'**identification au défunt**. Avec le temps, certaines identifications se sont estompées et d'autres ont persisté et se sont consolidées.

L'identification, c'est le processus qui consiste à s'approprier certains traits ou certains comportements d'une autre personne. C'est, en fait, un processus naturel où on fait « siens » des comportements qui appartiennent à autrui, et ils deviennent une partie intégrante de sa personnalité. Par exemple, le petit garçon s'identifie à son père en copiant certains de ses gestes pour construire sa propre identité masculine. Ainsi, il y a des traits de la personne disparue qu'on va s'approprier et qui vont se fondre avec ce que l'on est en tant qu'individu. L'identification va dans les deux sens : dans le positif et dans le négatif ; on peut s'identifier et intégrer des défauts comme des qualités ! C'est une façon, la plupart du temps inconsciente, de maintenir le lien et de faire perdurer une relation au travers de gestes quotidiens.

Une femme raconte qu'un jour, elle a fait pour la première fois de sa vie… une tarte aux abricots ! Ce détail apparemment très anodin revêtait une grande importance pour elle : il n'y avait que sa mère, aujourd'hui décédée, qui faisait les tartes aux abricots à la maison. Maintenant, c'était à son tour d'offrir ces tartes à sa propre famille. En préparant ce gâteau, elle retrouvait les gestes qu'elle avait vu exécuter devant elle depuis son enfance. Le lien se reconstituait par des gestes aussi simples. Quelque chose se transmettait et trouvait finalement sa juste place en elle.

La redéfinition de sa relation au défunt passe par une **redéfinition de son rapport au temps**, du moins par rapport à certaines dates clefs du calendrier. En effet, il y a certaines périodes de l'année qui vont prendre à tout jamais une signification particulière. Une de ces dates charnières est le jour anniversaire du décès.

Le premier anniversaire revêt une importance fondamentale : c'est un temps où tout ce qu'on a vécu un an auparavant va se trouver réactivé. On se retrouve plongé dans le même état d'esprit que l'année précédente. On a l'impression de revivre les événements comme si c'était hier.

Une femme avait fait hospitaliser son mari atteint du sida en septembre. Il mourut trois mois plus tard en décembre, sans avoir jamais pu quitter l'hôpital, tellement son état se dégradait.

Un an plus tard, tout se réactiva. Dès que l'été toucha à sa fin et que le mois de septembre approcha, elle fut de nouveau hantée par les images de l'hospitalisation : les médecins, les infirmières, la détresse de son mari et son propre désarroi. Pendant trois mois, elle eut l'impression de retrouver intactes toutes les émotions de l'année précédente, en redoutant l'approche du 20 décembre, date du décès de son mari. Les vitrines de Noël lui devenaient insupportables, l'excitation ambiante des fêtes lui était intolérable, car cela la replongeait dans la même tonalité affective que l'année passée.

Le jour anniversaire fut une terrible épreuve... Tout revint : la colère, la souffrance, la peur, l'abandon et la crainte que plus jamais elle ne puisse vivre « normalement » cette période de l'année.

Et puis, quelque chose s'est passé... Quoi ? On ne sait pas vraiment, mais, comme on a coutume de le dire, « quatre saisons étaient passées », et elle continuait à vivre. Ce premier anniversaire a marqué une étape : il a signifié irrémédiablement l'absence et la nécessité de poursuivre sa vie seule.

Aujourd'hui, la souffrance s'est faite moins lourde, même si elle sait très bien qu'elle reviendra encore en force... dans un an, dans trois ans, chaque fois que Noël approchera. Le mois de décembre sera toujours un temps où la cicatrice de son deuil fera un peu plus mal.

Il est important de le comprendre, il est important de le savoir, pour soi-même et pour autrui. Si on connaît dans son entourage quelqu'un qui approche de la première année de son deuil, une petite lettre, un coup de téléphone peuvent être importants pour lui montrer que soi-même on n'oublie pas...

Il faut être vigilant à cette horloge intérieure qui annonce la venue de ce jour plusieurs semaines à l'avance : en effet, on se sent triste ou mal à l'aise sans savoir pourquoi et c'est brusquement qu'on réalise que, l'an passé, à cette même époque, son proche s'acheminait vers la fin de sa vie.

Ce qui est vrai pour le jour anniversaire du décès est également vrai pour toute date ayant un rapport direct avec la personne qu'on a perdue. Chaque fois, on expérimente un sursaut de tristesse qui, même s'il perd progressivement son intensité, reste cependant toujours présent. Ce sera Noël, le jour de l'An, son anniversaire, le jour du mariage de son fils alors que son père n'est pas là, le jour de la naissance de son enfant alors que son frère a disparu depuis deux ans...

Parvenu à ce point, il est important d'évoquer une réaction particulière, appelée **phénomène de correspondance** : il s'agit de toutes ces circonstances de la vie qui vont réactiver le deuil sans que parfois on en ait vraiment conscience.

On le retrouve, par exemple, chez les frères ou les sœurs qui ont perdu leur aîné. Quand ils parviennent eux-mêmes à l'âge qu'avait leur grand frère ou leur grande sœur quand ils sont décédés, ils peuvent éprouver un sentiment étrange. Ils parviennent, à cet âge, à une sorte de tournant, à un point de rupture, où ils comprennent que dorénavant ce qu'ils vont vivre, leur frère ou leur sœur ne le connaîtra jamais : ils vont vivre un temps que la mort lui a volé...

Certains parlent de cet âge charnière comme s'il leur fallait vivre pour deux et nourrir de leurs propres expériences le souvenir et la relation intérieure établie avec le frère ou la sœur. Pour d'autres, cet âge marque l'absence de façon définitive : ils réalisent qu'ils sont désormais seuls alors qu'auparavant leur aîné(e) les avait toujours précédés dans la vie, comme s'il préparait le chemin et que maintenant ils n'ont plus personne pour marcher devant eux.

« Je faisais du parachutisme avec mon frère, confie un homme, il sautait toujours le premier, pour me donner du courage. Il est mort à quarante ans et, le mois dernier, j'ai moi-même fêté mon quarantième anniversaire. Maintenant, quand l'avion décolle, je suis seul et c'est aussi seul que je dois sauter dans le vide. Je comprends seulement aujourd'hui que moi aussi, je vais mourir un jour. »

Le phénomène de correspondance se rencontre également chez des parents qui ont perdu leur père ou leur mère dans l'enfance. Les enfants qu'ils étaient ont grandi, se sont mariés et ont eu des enfants... Quand leurs propres enfants arrivent à l'âge qu'ils avaient eux-mêmes quand leur parent est décédé, quelque chose en eux se réactive : sans qu'ils comprennent pourquoi, ils se sentent troublés lorsqu'ils voient leur enfant. De la tristesse émerge, ainsi que des pleurs ou de la déprime. Il est important pour eux d'explorer cette émotion car ils peuvent alors la relier au passé : le trouble qu'ils ressentent aujourd'hui est l'écho de leur propre souffrance d'enfant quand ils ont perdu leur parent. Le message est clair : l'adulte du présent reçoit un signal de son « enfant intérieur » qui demande qu'enfin la souffrance du passé soit aujourd'hui prise en compte. Il doit prendre le temps d'un retour intérieur sur lui-même pour apaiser la douleur de l'enfant du passé, une douleur qu'il n'a jamais eu, peut-être, l'occasion d'exprimer.

Chacun, en fonction de son histoire, va être confronté au phénomène de correspondance : une musique, une chanson, un événement particulier, vont stimuler la cicatrice du deuil et réactiver un peu de la douleur du passé. C'est aussi par ces liens-là que la relation à l'autre reste vivante.

Redéfinir la relation à la personne disparue, ce peut être aussi la considérer comme *un guide intérieur* ou même une sorte d'ange gardien qui veille sur nous et nous protège. Devant une décision importante à prendre, au sujet des enfants ou du travail, on pense à ce qu'aurait été sa décision ou son avis et on agit en fonction.

C'est encore une façon de **poursuivre un dialogue intérieur** avec elle. Toutes les personnes en deuil, ou presque, le font. À l'occasion de travaux dans la maison, par exemple, on peut s'entendre demander à son compagnon disparu : « Mais où est-ce que tu as rangé la perceuse ? Je ne la retrouve pas ! » Ou bien, en vacances, on parle intérieurement à son enfant : « Tu aurais adoré venir ici. La neige est comme tu l'aimais. » Cela peut être une manière de vivre ces vacances avec lui, à travers son regard, comme si on partageait ensemble ces instants. Ces attitudes n'ont rien de négatif, même plusieurs années après la disparition : le but du deuil étant de créer un lien intérieur avec la personne disparue.

La personne disparue peut aussi avoir laissé quelque chose en suspens : un projet qui n'a pu aboutir ou un travail inachevé. La question de donner suite à ces projets se pose alors, comme une façon d'honorer sa mémoire. Le fait de pouvoir terminer ce qui était en suspens est un signe positif que le deuil suit un cours harmonieux. Certains choisiront de faire du bénévolat pour défendre une cause chère au défunt, d'autres feront un don régulier à une association qui comptait à ses yeux. On peut trouver mille autres cas de figure.

Redéfinition de la relation avec soi-même

Le travail de deuil jette sur soi un éclairage cru, violent et sans concession. Il impose finalement de porter un regard nouveau sur soi. Il met à l'épreuve tout ce que l'on croit de la vie et de la mort, tout ce qu'on pense de soi et du monde. Il interroge l'amour qu'on se porte à soi-même et celui que l'on porte à autrui. Il remet en question la valeur de ce qu'on croit être et de ce qu'on croit mériter : il conduit, au bout du compte, à une inévitable redéfinition de soi-même et de toutes ses valeurs.

On a touché du doigt la fragilité de l'existence et le rapport à la carrière professionnelle, à l'argent, au pouvoir s'en trouve modifié. Des choses qui avaient de l'importance en ont moins aujourd'hui ; d'autres jugées secondaires prennent maintenant de la valeur. Pour certains, ces changements de priorités peuvent aller jusqu'à de profondes transformations dans leur existence. Ils développent souvent une plus grande capacité à relativiser, prennent plus de distance par rapport aux événements de la vie.

On sait aujourd'hui que tout peut s'arrêter, du jour au lendemain. Il est possible que les idées qu'on avait sur la justice et l'ordre des choses ou sur la maîtrise des événements de la vie soient remises en question. Cela peut créer un climat de peur ou d'inquiétude : il y a des choix qu'on n'ose plus faire ou des risques qu'on n'ose plus prendre car on a perdu confiance. On devient un peu plus angoissé face à l'existence. Mais ces prises de conscience peuvent aussi constituer un véritable tremplin. Elles se transforment en sagesse et amènent à développer un regard très différent sur la vie. On s'entend dire : « Le pire m'est arrivé, rien ne me menace désormais : je peux tout tenter maintenant » et cela donne le courage de se dépasser ou de se donner de nouveaux objectifs.

Les choses peuvent encore se passer de façon plus calme et plus intime. En développant une philosophie de vie plus douce, tranquille, en essayant de vivre de façon plus authentique, en apprenant à apprécier la simplicité de l'instant. Au bout de leur chemin, certains renouent avec la nature, découvrent la beauté de la musique ou la richesse du silence. Ils prennent le temps de vivre et apprennent à chérir ce qu'ils ont…

La quatrième étape du deuil est aussi un temps où on fait l'étrange constat de gains intérieurs. Cela peut paraître étrange, alors que l'on parle de la perte d'une personne aimée. Pourtant, l'expérience montre que de tels acquis existent, après quelques années, une fois qu'on souffre moins. Ces gains intérieurs et psychologiques, qui consistent à se sentir plus en paix avec soi-même ou à apprécier l'existence d'une façon totalement nouvelle, ne nient en rien l'intensité du deuil qui a été vécu et ne comblent pas le manque – ils sont là, et on les accepte. Par exemple, un homme réalise qu'il n'aurait jamais pu créer la même qualité de relation avec ses enfants du vivant de son épouse. Il ne se réjouit pas de sa disparition, mais il apprécie cette nouvelle proximité avec eux. Il ne la combat pas mais l'accepte avec une joie mêlée de nostalgie.

À l'issue du deuil, un autre gain – ou plutôt une autre prise de conscience – est possible : on a traversé un ouragan ; on est allé au bout du désespoir, en pensant ne jamais pouvoir en sortir. Aujourd'hui, quand on regarde sa vie, on s'étonne parfois de se qu'on a pu reconstruire. C'est à ce stade que l'on comprend *l'incroyable force de guérison* qu'est le processus de deuil. On réalise que chaque être humain a potentiellement en lui une force insoupçonnée qui lui permet de traverser cette épreuve parmi les plus difficiles de l'existence. On réalise alors que l'on est beaucoup plus que ce qu'on croyait être. À l'image de cette femme qui affirme, quelques années après le décès de son mari :

> « Je me sens aujourd'hui plus forte que je ne l'ai jamais été. J'ai traversé l'enfer et j'en suis sortie. Il y a en moi des ressources que je ne connaissais pas. Si je suis fondamentalement une telle personne, je dois apprendre à me respecter et à me traiter avec égard. »

Bien sûr, tout n'est pas toujours aussi positif ; mais ces changements et prises de conscience sont réels et émanent de personnes qui, au cœur de la violence du deuil, ne pensaient ne jamais pouvoir s'en relever. Elles savent aujourd'hui qu'elles se trompaient, même si elles en étaient convaincues au moment où elles le vivaient.

La quatrième étape du processus de deuil contraint à des questions fondamentales : qui suis-je vraiment ? Qui ai-je jamais été ? Grandi ou au contraire écrasé, on ne ressort pas, de toute façon, indemne du travail de deuil. Tout ce que je crois, tout ce que je dis, tout ce que je pense, tout ce que je fais a été, à un niveau ou à un autre, touché par l'onde de choc de la perte. À la lumière de ce que je viens de vivre, comment vais-je dorénavant me traiter ? Avec respect et tolérance, en m'accordant le pardon pour ce que j'ai fait ou que je n'ai pas fait et qui a porté préjudice à l'autre ? Avec amour en prenant conscience de ma dimension humaine, dans tout ce qu'elle a de grand et de médiocre à la fois ? Avec attention, en ayant réalisé combien il m'était indispensable d'exprimer mes sentiments et mes émotions et de leur donner leur juste place ? Avec soin, en prenant le temps de m'occuper de moi pour panser mes blessures et m'ouvrir des chemins sur lesquels j'ai le droit de m'engager ? Ou bien avec haine, amertume, mépris, indifférence, colère, manipulé par la force destructrice de ma culpabilité ou de ma peur ?

Il n'y a que le parcours de mon travail de deuil, sous-tendu par les événements de ma propre histoire de vie, qui pourra apporter une réponse. Les réponses que je recevrai ne correspondront pas toujours aux questions que j'aurai posées mais il y aura une question qui restera toujours : pourquoi ? pourquoi cette mort ?

pourquoi lui ? pourquoi elle ? pourquoi ainsi ? pourquoi maintenant ?

Car, au-delà de tout ce que j'ai pu vivre ou penser jusqu'à maintenant, c'est bien dans la **question du sens** que réside l'essence même de mon deuil. Sa résolution et son intégration dans ma vie dépendront étroitement du sens que je parviendrai à donner à ce que je viens de vivre. Il me faudra peut-être un an, deux ans, cinq ans, dix ans. Ce sera peut-être le travail intérieur de toute une vie : il est possible même que jamais je ne puisse le trouver…

Mais si je parviens à en saisir ne serait-ce qu'une parcelle, alors je trouverai les moyens de poursuivre ma route. Quand je réaliserai que je ne lutte plus contre le fait que cette personne que j'ai aimée est bel et bien morte et que je ne cherche plus à me protéger de cette réalité, je comprendrai que le plus gros de mon deuil se trouve derrière moi. Ce sera seulement quand je serai parvenu à inscrire ma perte dans l'histoire de ma vie que je commencerai à saisir la véritable nécessité d'avoir eu à accomplir ce travail de deuil.

III

QUEL DEUIL ?

Le deuil du conjoint

Quand bien même on s'y prépare depuis des mois, quand bien même on sait qu'il n'y a plus rien à attendre, on ne peut imaginer que la mort puisse, un jour, prendre les traits d'un visage aussi familier que celui de cette personne avec laquelle on vivait depuis tant d'années.

On s'est soudain laissé surprendre et tout s'est brusquement accéléré : l'hôpital, les médecins, les questions sans réponse, les instants d'intimité salis par la douleur, le découragement, une main qu'on n'ose plus lâcher, l'illusion de croire qu'on a toujours le temps de se dire l'essentiel, les derniers moments de conscience, puis les derniers regards et, enfin, la torpeur après le silence qui fait suite au dernier souffle…

Là, le temps s'arrête, le temps suspend son cours comme une inspiration qu'on retient, de peur de briser quelque chose, et la lente prise de conscience de ce qui vient de se passer commence à infiltrer les mailles serrées de son incrédulité.

Que les mots « pour le meilleur et le pire » aient, ou non, été prononcés un jour, on avait accueilli avec joie le meilleur et on avait tenté de s'accommoder du pire, mais on avait vite oublié ce « jusqu'à ce que la mort vous sépare » qui marquait déjà une frontière qu'on ne pensait jamais devoir franchir... Aujourd'hui, on se retrouve de l'autre côté, seul, fatigué, mutilé d'une partie de soi-même que la mort a entraînée avec elle. Car, au-delà du compagnon ou de la compagne, on comprend avec une acuité exacerbée que c'est véritablement un pan entier de sa propre vie qui soudain s'effondre et disparaît à tout jamais.

Cette perte se conjugue à tous les temps, et le travail de deuil qui s'initie jette son dévolu sur un passé, un présent et un futur qu'on avait décidé de partager. Le deuil du présent impose le deuil de ce qui a été et le renoncement à ce qui aurait pu être...

Le deuil du passé

Le passé est le gardien de toutes les mémoires. Il porte les souvenirs de tout ce qu'on a été et c'est parce que ces instants du passé sont partagés par plusieurs personnes qu'ils continuent d'exister. Ces souvenirs sont le garant d'une partie de l'identité actuelle de chaque personne. Ils en sont le fondement. Ils constituent ce que chacun appelle son « histoire ». On y fait sans cesse référence, seul ou avec autrui, et, dans ce partage d'événements du passé, on peut davantage se définir soi-même et se repérer dans son présent...

Que se passe-t-il quand une des sources où l'on puisait le souvenir vient à se tarir ? quand la partie de son histoire qui était inscrite dans la mémoire de son ami(e) de toujours disparaît dans la mort ?

Pour qui existe-t-on, quand on reste seul à savoir qui on a été ? Qui peut désormais dire : « Je l'ai connu autrefois et je comprends mieux qui il est aujourd'hui car j'ai le souvenir de ce qu'il a été : je connais son chemin. »

Reste-t-il beaucoup de gens qui se souviennent du temps où on s'est rencontrés ? Qui se souvient de ses vingt ans et de cette jeunesse qui rendait fort et insouciant ? Qui, mieux que son compagnon, pouvait se rappeler de cette jeune fille qu'on était et qui se laissa troubler par sa présence sur les bancs de la fac ? Qui mieux que la mère de ses enfants pouvait décrire ce regard fou et stupéfait quand on a su qu'on allait devenir père ? Ces images du passé, aussi fugitives et insignifiantes qu'elles soient, avec qui pourra-t-on les évoquer maintenant ?

Alors, on a peur d'oublier, on est envahi par la crainte de ne pas pouvoir garder vivant ce qui ne peut plus être partagé.

Ce passé commun qu'on se renvoyait en écho a parfois légitimé le fait de rester ensemble. On s'en est nourri, on a construit une partie de ce que l'on est autour de lui et c'est aussi un fragment de son identité qui meurt et dont on doit également apprendre à faire le deuil.

C'est aussi de cela que s'alimente le sentiment d'absence. On réalise que cette personne dont la présence allait tellement de soi était en fait celle avec laquelle on avait partagé ses plus intimes pensées. Elle connaissait parfois les rêves les plus fous qu'on caressait au fond de son cœur sans que jamais on n'ait osé les réaliser. Elle avait perçu les défauts les moins avouables, toutes les petites manies, toutes les zones noires qu'on dissimulait au reste de son entourage ; en revanche, elle avait aussi été la seule à déceler et à mettre en évidence des qualités qu'on ne se reconnaissait pas à soi-même.

On s'était laissé mettre à nu, dans un abandon et une confiance que seules les années de vie commune avaient pu rendre possibles et il paraît aujourd'hui inimaginable de pouvoir, un jour, reconstruire une telle relation d'intimité avec une autre personne.

Mais au passé appartient également le souvenir de la mésentente ou de la discorde. Trop souvent, on s'est mal compris ou mal aimé sans toujours savoir pourquoi. À plusieurs reprises, on a cru que la meilleure solution était de partir et de mettre fin à cette relation où finalement on n'était plus heureux. Mais, en fait, on est resté : pour les enfants ? pour la maison ? ou parce qu'on ne savait pas où aller et qu'on a eu peur de franchir le pas vers l'inconnu ?

Certes, il était inévitable et prévisible de goûter à l'amertume que distille toute relation humaine, mais cela importait peu alors. On tolérait les conflits et les imperfections car on pensait qu'on aurait toujours le temps de mettre à jour tous les compromis et d'effacer tous les non-dits.

Aujourd'hui, on réalise que ce temps-là, aussi, on l'a perdu : la mort l'a emporté avec elle et on comprend qu'il faudra, au cours de son deuil, faire de la place à ce temps volé pour tenter de faire la paix avec tout ce qui reste encore en suspens entre soi et le défunt.

Le deuil du conjoint invite à explorer avec un regard différent ce passé partagé, car il recèle en lui une multitude de clefs pour comprendre la douleur du présent. Ce n'est que lorsque l'on identifie précisément ce qu'on a perdu qu'on accepte plus facilement d'y renoncer... même si paradoxalement on réalise dans un deuxième temps que ce lâcher-prise sera la condition pour se réapproprier ce qu'on croyait perdu...

Le deuil du présent

Le présent est lourd de l'absence, une absence qui arrive à faire mal physiquement, tant elle signe la privation brutale de besoins fondamentaux. C'est une **absence physique** concrète, immédiate, que tout rappelle dans l'appartement. C'est l'odeur de son eau de toilette par laquelle on est assaillie, par surprise, en ouvrant la porte de la pharmacie, c'est la vue de ses vêtements suspendus dans l'armoire... on ose à peine y toucher, car on craint ce que ce contact pourrait provoquer. Dans la chambre à coucher, dans la salle de bains et dans chaque pièce de la maison, on retrouve autant d'objets qui soulignent l'absence...

Au fil des années partagées avec son compagnon ou sa compagne, on avait lentement appris à exister également par son toucher. Le corps devenait encore plus vivant sous ses caresses et sa seule présence, de l'autre côté du lit, pouvait apaiser simplement en prenant doucement contact avec lui. C'est par son toucher qu'on s'était aussi permis de découvrir qui on était, en prenant conscience de cette enveloppe charnelle qu'on avait peut-être complètement négligée avant lui ou avant elle. Les caresses de l'autre signifiaient : « Tu es là, tu existes aussi comme cela, pour moi... » et on s'endormait le cœur léger et rassuré.

Le corps ignore le deuil. Il ignore ce processus psychologique dont il ne comprend pas la nécessité. Il passe outre à toutes les explications que lui adresse l'esprit et réclame « à cor et à cri » ce dont il a besoin sans pouvoir le trouver. Au fur et à mesure que le temps passe, son attente devient lancinante, obsédante et sa frustration ne cesse de grandir : on y répond partiellement en portant des vêtements qui ont appartenu à l'autre : un pull, une écharpe peuvent parfois suffire pour recréer le lien... Certaines personnes choisissent de dormir dans les pyjamas encore imprégnés de son odeur. Ce sont autant de petites stratégies pour apaiser un corps qui réclame son dû.

Mais ce corps a besoin de bien plus, il a besoin de faire l'amour, il a besoin de ce plaisir que l'autre lui donnait, même si ce désir entre en conflit avec la morale qui ne le tolère pas (ou ne le comprend pas) en période de deuil…

Même si cette notion reste étouffée sous un monceau de préjugés sociaux, il n'est pas rare d'observer, chez certaines personnes en deuil, un surcroît étonnant de libido. Cette émergence d'énergie sexuelle est vécue de façon extrêmement culpabilisante car elle ne correspond en rien à l'image du deuil qu'on se fait, où tout désir doit être absent.

Pourtant, il n'y a rien de pervers, rien de malsain à s'accorder du plaisir sexuel en période de deuil. Au premier niveau, c'est une réponse à cette frustration du corps qui se trouve privé de toute sensation et il est vrai que, par ce biais, on s'offre la possibilité de libérer un trop-plein de tension nerveuse et émotionnelle. Au second degré, l'impact est tout aussi puissant. Jouir de son corps, c'est reprendre contact avec lui, c'est se sentir exister en un temps où tout semble anesthésié à l'intérieur de soi… C'est, pour certains, une façon de se sentir vivants, ancrés dans leur corps et leur réalité, alors que tout autour d'eux semble si fragile et si précaire. Loin de tous les tabous, c'est en toute légitimité qu'on a le droit de se donner ce dont on a besoin et on ne trahit personne (et surtout pas le défunt) pour autant.

Un corps meurt de ne pas être touché. Même si on n'en a pas l'habitude ou si on ne sait pas trop comment s'y prendre, il peut être précieux de toucher une personne en deuil dans la mesure où elle accepte ce type de contact. On peut lui prendre la main ou la prendre dans ses bras, cela suffit parfois… Mais il est vrai qu'on peut être effrayé quand ces gestes dépassent l'intention initiale et s'imprègnent d'une tendresse inhabituelle qui fait craindre que les choses aillent trop loin. C'est à chacun d'être clair sur les limites à se fixer, c'est à chacun de définir jusqu'où on peut aller. Celui qui aide cette personne en deuil doit bien mesurer l'impact de son toucher : il a près de lui quelqu'un qui souffre tellement dans son corps que tout message d'affection est reçu de façon amplifiée. Il faut bien le comprendre et c'est alors à celui qui aide de mesurer avec soin ce qu'il s'autorise à transmettre en étant clair sur ses intentions, tant pour lui-même que pour l'autre...

Le corps ressent l'absence avec une intensité exacerbée, mais à d'autres niveaux on se sent menacé dans l'intégrité de son être. Le deuil remet pour un temps en question ce qu'on perçoit comme étant sa « sécurité de base », car celle-ci semble être attaquée sur plusieurs fronts à la fois. La sécurité du corps renvoie à la sécurité du cœur, celle des émotions et des sentiments. On a perdu son confident, celui ou celle qui savait réguler le trop-plein des émotions, avec une réciprocité où chacun trouvait son compte. L'échange intime de ce qu'on éprouvait permettait de préserver l'équilibre intérieur... Maintenant, plus rien ne vient en écho, justement à ce moment précis de son existence où on craint d'être submergé par ses émotions. Cette absence de garde-fou ne permet plus de ventiler ce qui est ressenti, et c'est bien là que la présence d'un ami ou d'un parent est utile car il peut servir (si la personne en deuil ne le rejette pas) comme réceptacle des émotions dont on a besoin de se libérer. Celui qui offre son écoute tente de pallier l'interruption du courant de partage avec le défunt, cette rupture créant une situation de véritable **manque psychologique**.

Mais l'échange ne se limitait pas à la circulation et à la régulation mutuelle des sentiments ; la communication s'établissait également au niveau intellectuel. On existait également, pour l'autre, par la finesse de son jugement, par la précision de son raisonnement ou encore par la pertinence de ses remarques. En retour, on se définissait par rapport à son compagnon ou à sa compagne par la reconnaissance de cette richesse intellectuelle qu'on se voyait accordée par lui. On existait aussi dans son regard, respectueux de ce qu'on était capable d'accomplir : on pouvait préciser ses positions, fortifier sa détermination, consolider ses décisions grâce à la confrontation avec la critique constructive de l'autre.

Ce type de lien était peut-être déterminant, voire primordial, dans la dynamique quotidienne du couple. On mesure dans ce cas combien la disparition de cette communication est au premier plan de la souffrance de celui qui reste. D'autant plus qu'il doute de pouvoir jamais retrouver avec quelqu'un d'autre une telle complicité d'esprit.

La **sécurité matérielle** et financière elle aussi se trouve ébranlée sur ses bases.

Même dans les couples où chacun contribuait, par son activité professionnelle, au confort matériel du foyer, la disparition du conjoint implique une réduction, parfois significative, des revenus de la famille. Le problème se pose d'autant plus lorsque celui qui reste n'avait jamais travaillé et était dépendant de la retraite ou de l'apport d'argent du conjoint.

Et ainsi, au stress de perdre son compagnon, s'ajoute celui de devoir subvenir à ses besoins et, éventuellement, à ceux de ses enfants.

Il faut parfois déménager pour un appartement plus petit, car on ne peut plus faire face, avec son seul salaire, à un loyer élevé. On doit renoncer à un lieu où on a écrit une partie de son histoire, à cette maison chargée de souvenirs qui a vu grandir les enfants et où on a été heureux. C'est aussi ce deuil-là qu'il faut apprendre à faire...

On s'impose une réduction de son train de vie, afin de le réajuster à sa nouvelle situation financière, et le renoncement volontaire à certains plaisirs majore encore davantage le sentiment de perte...

La nécessité de reprendre une activité professionnelle peut également apparaître si, par le passé, on avait décidé d'interrompre son travail pour élever les enfants… On se retrouve alors dans une situation difficile : on se trouve plongé dans la confusion que génère le deuil tout en devant s'immerger dans le courant effréné de la vie active. Le risque est là de se laisser emporter par l'urgence des événements, en oubliant de prendre, pour soi, le temps indispensable à la résolution de son deuil…

Cet impératif de devoir redéfinir sa position dans le monde du travail et dans son milieu social met en avant les différences qui opposent les hommes et les femmes dans leur façon respective de « gérer » leur période de deuil. Cette notion demande d'ailleurs à être très largement étendue, car elle ne se limite pas au milieu professionnel.

De fait, la différence de sexe intervient également au niveau du deuil. Le vécu de l'homme semble, d'emblée, différent de celui de la femme pour des raisons qui puisent à la fois dans le psychologique, le social et le culturel : les attitudes que chacun tend à adopter sont autant de facteurs qui vont faciliter ou, au contraire, faire obstacle au déroulement du travail de deuil.

Au risque d'établir des distinctions caricaturales dans une société en pleine mutation sur les rôles de chacun, il reste cependant vrai que culturellement l'homme se définit davantage lui-même en référence à son activité professionnelle, à sa position sociale, à ses occupations ou à ses loisirs. A priori, il a moins tendance, en première intention, à se définir en tant que mari ou père.

La femme, en revanche, se situera plus volontiers, en première instance, en tant qu'épouse ou en tant que mère, même s'il convient de nuancer considérablement ce propos du fait que de plus en plus de femmes ont une situation professionnelle qui occupe la première place dans leur façon de se définir à autrui. Ses priorités seront plus souvent que pour l'homme axées sur le foyer, sur l'harmonie de la vie familiale, sur les enfants. Son identité (jusqu'au niveau de l'état civil) est fortement liée à son statut marital.

Cette distinction dans la façon de se percevoir est à la base d'une partie de la « crise d'identité » que l'homme et la femme traversent au cours de leur deuil. Au regard de ce qui a été énoncé plus haut, on peut penser que la femme, en fonction des priorités qu'elle accorde à sa qualité d'épouse ou de compagne, sera plus fortement touchée dans sa définition d'elle-même que l'homme qui place ailleurs les éléments qui le définissent. M. Stéphane Durand demeurera toujours M. Stéphane Durand mais Mme Sophie Durand doit accomplir un chemin psychologique où elle accepte que son propre nom soit un rappel constant de sa perte...

Notre société est encore sous l'emprise de représentations qui conditionnent l'expression des émotions de l'homme et de la femme. C'est **l'homme**, en l'occurrence, qui se trouve ici le moins bien loti. On attend de lui qu'il soit solide dans l'épreuve, qu'il fasse preuve de courage et de dignité. Ses larmes et ses manifestations de désespoir sont tout juste tolérées et on lui demande de « reprendre le dessus » au plus vite, sans s'épancher dans une langueur et une souffrance « toutes féminines ». Imprégné de ces interdits, il aura donc souvent des difficultés à se laisser aller à l'intensité de sa douleur. Il ne s'autorisera à pleurer que dans la solitude de son domicile, loin des regards de ses collègues de travail et il s'épuisera à faire bonne figure. Il sera souvent réticent ou incapable d'exprimer et de partager avec autrui ses sentiments les plus intimes – conscient ou non que leur nature ne correspond pas à l'image qu'il souhaite donner de lui. Ainsi, il ressentira une certaine résistance intérieure à demander de l'aide ou à recevoir celle qu'on lui propose, même s'il reconnaît après coup qu'il en a besoin comme tout un chacun.

Quoi qu'il en soit, comme l'homme doit, à un moment ou à un autre, être confronté à toutes les émotions qui font surface au cours de son deuil, c'est plutôt dans l'action qu'il en recherchera la résolution. Il trouve dans le « faire » tout ce à quoi il n'a pas accès dans l'« être »... On observe alors, chez certains, un surinvestissement de leur activité professionnelle : ils croulent sous une tonne de travail, pour finalement rentrer chez eux écrasés de fatigue et incapables de penser. D'autres se lancent dans de multiples activités qu'ils mènent à un train d'enfer comme pour fuir quelque chose qui, de toute façon, les rattrapera.

À l'extrême, certains peuvent trouver dans l'alcool ou la succession des aventures sexuelles un moyen détourné de faire taire leur souffrance.

La femme, quant à elle, bénéficie à cet égard d'une plus grande liberté d'action. On lui reconnaît le droit à l'expression des sentiments. On respecte davantage ses larmes car elles sont en accord avec ce qu'on s'imagine être la « sensibilité féminine ». Elle peut plus librement se montrer vulnérable et il lui est plus facile de recevoir l'aide que son entourage lui propose, car cela ne portera pas atteinte à l'intégrité de l'image qu'elle a d'elle-même. Ainsi elle possède un atout qui fait souvent défaut à l'homme et qui lui permet de progresser plus facilement dans son travail de deuil.

Ce qui est vrai au niveau émotionnel ne l'est plus, en revanche, au niveau social, et c'est peut-être là que se situe l'un des gouffres qui, dans notre société, séparent le deuil de l'homme de celui de la femme. L'image du veuf est relativement positive et valorisée dans l'esprit de beaucoup. Il bénéficie d'une aura particulière qui n'éveille aucune crainte.

On le reçoit plus aisément qu'une veuve à sa table et ce mouvement conditionne une réintégration plus rapide de l'homme en deuil dans la vie sociale.

Il arrive également que le veuf se trouve très vite convoité et sollicité. En effet, la proportion des veuves dépasse largement celle des veufs et cela explique vraisemblablement que la plupart des veufs trouvent de plus nombreuses opportunités de « refaire leur vie » que les veuves, qui se résignent souvent à une vieillesse solitaire. Il n'y a qu'à comptabiliser le nombre impressionnant de réponses qu'un veuf reçoit après une annonce matrimoniale pour se convaincre de la place privilégiée qu'il occupe par rapport à la femme dans la situation de veuvage...

La veuve attire un regard tout différent (et qui n'est pas très loin du regard que l'on porte sur une femme divorcée). Sans en faire une généralité, la femme seule est souvent perçue comme une sorte de menace potentielle par son entourage féminin et c'est semble-t-il d'autant plus vrai que cette femme est encore jeune... Le mythe de la « veuve joyeuse » hanterait-il inconsciemment les esprits ? Ne redoute-t-on pas qu'elle vienne déstabiliser les couples par sa présence, maintenant qu'elle est affranchie des liens et des conventions du mariage ? N'est-ce pas finalement faire entrer le loup dans la bergerie ?

Une jeune femme de quarante ans s'étonna de la réaction de son entourage après la mort de son mari. Elle remarqua, au fil des mois, que ses amis (dont la plupart vivaient en couple) l'invitaient de moins en moins chez eux, même si, extérieurement, leurs rapports semblaient inchangés. Elle apprit un jour qu'ils partaient souvent ensemble en week-end sans l'inviter à se joindre à eux, alors qu'autrefois elle et son mari étaient les premiers conviés à partager les bons moments...

« Je ne comprenais pas, confie-t-elle avec amertume, je me suis soudain sentie différente parce que j'étais veuve et seule alors que j'étais toujours la même personne qu'ils avaient connue auparavant... Ils me faisaient comprendre que je n'avais plus ma place, je n'avais plus le choix... Alors, de moi-même, j'ai pris mes distances, même si je savais que, pour un temps, cela signifierait la solitude. »

Si toutes les situations ne sont pas aussi tranchées, il n'est cependant pas rare d'observer de subtiles attitudes d'exclusion envers la femme seule, et cela ne fait qu'accroître un sentiment d'abandon déjà très douloureusement vécu...

La place de l'un se définit souvent par la position de l'autre, et la disparition d'un des éléments du couple remet parfois en question, pour celui qui reste, une partie de son identité. On était peut-être connu comme « la femme de M. X » ou « le mari de Mme Y » bien plus que par ce qu'on était soi-même, indépendant de l'existence de son compagnon ou de sa compagne... et il est probable que l'entourage social n'accorde pas autant de prix ou de considération à celui ou à celle qui reste et qui, en fait, n'a fait que partager la vie de la personne décédée, à laquelle ils s'intéressaient en premier lieu.

« J'ai réalisé, raconte une femme de quarante-cinq ans, que mon entourage n'était constitué que de gens qui étaient attirés par le charisme de mon mari. C'était un homme brillant et plein d'humour et nous ne cessions d'être invités partout tant sa présence était appréciée. À sa mort, tout s'est brusquement arrêté... J'ai reçu quelques appels pendant deux ou trois semaines et puis plus rien... Le vide s'est fait très vite autour de moi et cela a été très pénible de comprendre que je n'avais d'existence, pour ces prétendus amis, qu'au travers de la personnalité exceptionnelle de mon époux. »

Et, au fil du temps, on prend lentement conscience qu'on a tout oublié de cette vie de célibataire où on se trouve soudain plongé. Tout cela paraît si loin, on ne sait plus comment on s'y prenait autrefois pour se faire de nouveaux amis. Maintenant que le deuil se fait moins intense et que naissent de nouveaux désirs, où aller ? qui rencontrer ? Comment se comporter sans se montrer trop maladroit et inexpérimenté ? On oscille entre le désir de retourner dans la vie et la peur de s'y perdre...

Le deuil du futur

Aux deuils du passé et aux renoncements du présent, s'ajoutent les pertes du futur. Le futur, c'est tout ce qu'on avait projeté de construire ensemble et qui prenait sens du fait même qu'on était là, tous les deux, pour le réaliser. On avait espéré bâtir une famille, avoir des enfants, construire une maison, faire des voyages... On s'attendait à vieillir ensemble, chacun comptait sur l'autre pour l'accompagner jusqu'au bout...

La mort de son compagnon ou de sa compagne brise ces ponts sur l'avenir et le deuil de ces espoirs sans lendemain s'ajoute au poids de tout ce qui reste à accomplir. On ose à peine porter le regard sur cet avenir devenu incertain et on réalise qu'il sera tellement différent de ce qu'on attendait qu'on ne sait plus quoi en attendre, ni quoi espérer.

Si une famille avait déjà été constituée avant la mort de son conjoint, on se retrouve subitement seul avec, entre ses mains, non seulement son propre devenir, mais aussi celui de ses enfants... On comprend également qu'une **réorganisation de la famille** devient indispensable car chacun avait un rôle plus ou moins bien défini et il faut apprendre à vivre différemment...

Certains parents reconnaissent que cette remise en question de leur petit cercle a donné lieu à de surprenantes découvertes. Ils ont perçu pour la première fois qui était véritablement leur fils ou leur fille. Ils s'étonnent de traits de caractère qu'ils n'avaient jamais remarqués auparavant et oscillent entre l'émerveillement et la consternation.

Tel père qui investissait une partie importante de son temps dans son activité professionnelle s'aperçoit que le rôle de sa femme était primordial car elle était le médiateur de la cellule familiale, elle était l'intermédiaire entre les enfants et lui. Et maintenant que ce chaînon de communication vient à manquer, chacun se voit contraint de réinventer un autre type de rapport pour trouver un nouvel équilibre... ce qui ne se fait pas toujours sans heurt. Le père se retrouve confronté à des tâches qui lui sont étrangères : comment trouver les mots justes pour consoler sa fille qui connaît son premier chagrin d'amour ? Comment donner toute cette douceur et cette tendresse que seule sa femme était capable d'apporter aux enfants ? N'a-t-il pas d'ailleurs, lui-même, cruellement besoin de cette affection dont il se nourrissait chaque jour ? Comment devenir le confident de ses enfants quand on ne l'a jamais été ?

Si c'est le père qui meurt, on se voit attribuer, en tant que mère, des rôles qu'on avait toujours pris soin de déléguer à son époux : il était le garant de l'autorité, celui qui savait poser les limites et faire respecter le cadre de ce qui était permis ou non... Il apportait aux enfants un amour tout particulier qui différait de celui qu'on était, soi-même, capable de donner. Comment établir aujourd'hui cette complémentarité ? Comment même trouver le temps d'apporter aux enfants cette affection dont ils ont besoin alors qu'il faut envisager une nouvelle activité professionnelle pour faire vivre sa famille ?

On pouvait, autrefois, prendre un avis ou un conseil auprès de son conjoint. La responsabilité était d'autant mieux assumée que les options avaient été discutées en profondeur et qu'on était parvenu à ce qu'on pensait être le meilleur choix pour le bien des enfants. Mais seul(e), est-on sûr de prendre les bonnes décisions ? Avec qui peut-on maintenant partager ses doutes et ses interrogations ? Peut-on se faire confiance quand on se sent, soi-même, si indécis ?

Et la responsabilité du parent qui progresse lentement hors du deuil ne se limite pas à l'éducation de ses enfants, ni à leur sécurité matérielle et psychologique. Elle intervient également quand renaît, après plusieurs années, le désir de reconstruire sa vie avec un autre homme ou avec une autre femme.

Aimer à nouveau

Les premiers mois après le décès, l'idée même d'aimer à nouveau est absurde ; il semble totalement inconcevable de pouvoir un jour réinvestir une autre personne. Ce ne sera plus jamais pareil. Néanmoins, le processus de deuil est à l'œuvre au plus profond de soi dans un indéfectible mouvement de cicatrisation intérieure et l'expérience de milliers de personnes ayant perdu un conjoint montre qu'*après un délai allant d'un à trois ans*, de nombreux veufs et veuves se sentent prêts pour une nouvelle relation, alors qu'ils étaient convaincus du contraire.

D'autres chemins sont possibles : il y a ceux qui trouvent la paix dans la relation intérieure qu'ils établissent avec leur partenaire disparu(e). Ceux qui découvrent, dans leur nouveau célibat, une tranquillité ou une liberté que la vie de couple ne leur apportait pas et qui ne souhaitent pas renouveler l'expérience. Ceux qui font des choix excluant une nouvelle relation : se consacrer à leurs enfants ou s'investir dans une cause, dans une vie plus contemplative ou davantage ouverte aux autres. Ceux, enfin, pour qui c'est l'occasion de laisser exprimer, en solo, des désirs ou des besoins qui n'avaient pas été satisfaits jusque-là.

Il est donc important de *prendre son temps* et de s'assurer que l'on est prêt(e) intérieurement. En effet, lorsqu'un être aimé disparaît, qu'on ne sent plus son regard se poser sur soi, cela peut être d'une douleur insupportable. On cherche alors à annuler cette souffrance au plus vite, en se mettant très rapidement en quête d'un(e) autre partenaire. Parfois, cela fonctionne et on a la surprise de retrouver une relation d'amour peu après le décès. Mais, la plupart du temps, ça ne marche pas. Pourquoi ? Parce qu'il s'agit davantage d'une fuite pour tenter d'éviter la souffrance du deuil que d'un amour authentique. Or rien ne peut venir abréger le deuil ; aucune étape ne peut être évitée. Le nouveau partenaire ne peut être utilisé comme un instrument. Une relation qui s'initie sur de telles bases a peu de chances de durer.

Il faut être conscient de ce qui se passe : est-ce que j'aime cette personne *pour elle-même* ou ne me sert-elle qu'à combler ma solitude, au point que toute personne ferait l'affaire ? Est-on certain de ne pas la confondre avec le conjoint décédé, que l'on retrouverait dans ses traits, dans sa façon de parler ou de se comporter, au point de ne plus faire la différence ? N'existe-t-il pas dans la nouvelle relation des circonstances en rapport direct avec ce qu'on avait déjà connu avec son conjoint ? Plus étrange encore : n'essaie-t-on pas, consciemment ou non, de retrouver les mêmes failles ou les mêmes difficultés que celles rencontrées avec le ou la partenaire disparu(e) ? Ne tente-t-on pas de réparer aujourd'hui des torts ou des erreurs du passé à travers cette personne ? Pourquoi une femme battue par un mari alcoolique recrée-t-elle, après son décès, une relation avec un homme souffrant de la même maladie ? Pourquoi un homme veuf épouse-t-il une femme malade et handicapée, pour finalement s'occuper d'elle avec autant de ferveur que de son épouse défunte ?

La nouvelle relation a besoin d'exister pour ce qu'elle est, affranchie du passé et résolument tournée vers l'avenir. Elle ne doit pas servir de béquille à un deuil qui ne parvient pas à se faire ou qui reste sous l'emprise de la culpabilité.

Quoi qu'il en soit, se surprendre à souhaiter une nouvelle relation d'amour après le décès de son conjoint est toujours troublant. Ce désir, normal et naturel, doit être accueilli avec humilité, sans se juger négativement. Ce n'est pas une trahison de la personne disparue. C'est simplement l'expression d'un *besoin légitime d'aimer et d'être aimé.*

Les premières rencontres sont souvent gauches, maladroites et même douloureuses ; elles aident pourtant à franchir un cap. On se sent à nouveau désiré(e) et cela fait du bien, après le vide des années précédentes. On peut voir ces individus qu'on rencontre comme des « passeurs » qui faciliteront la transition entre le vécu de solitude du deuil et le retour à une vie affective. Il est rare qu'on refasse sa vie avec eux, mais cette expérience marquera une étape importante dans le travail de deuil.

Être en deuil et être amoureux, en même temps ?

La plupart de ceux qui tombent amoureux pendant leur deuil, parce qu'ils continuent à souffrir de la disparition du conjoint, doutent de l'authenticité et de la profondeur du nouvel amour. C'est méconnaître un point essentiel : être en deuil de son ou sa partenaire et tomber amoureux ou amoureuse de quelqu'un d'autre n'est ni contradictoire, ni « contre nature » ! Le processus de deuil est toujours en cours, même si on s'engage dans un nouveau processus amoureux. Et ces deux processus ne sont pas en opposition, car ils ne se situent pas au même niveau psychique. Ils n'appartiennent pas aux mêmes territoires et peuvent donc parfaitement coexister, sans trop interférer l'un avec l'autre. La seule difficulté est de trouver un juste équilibre entre son propre travail de deuil (qui doit impérativement être poursuivi) et la construction du nouveau lien d'amour. Ce serait une erreur de croire que l'un va annuler l'autre : il faut mener les deux de front.

L'obstacle de la culpabilité

On peut se sentir coupable de trahir (ou même de tromper) la personne disparue car on éprouve de l'attirance pour quelqu'un d'autre. Des années après, on se sent toujours lié par un contrat de loyauté avec le ou la partenaire d'autrefois et il faut souvent très longtemps avant d'accepter de s'en désengager. On peut aussi se sentir coupable d'être heureux, comme si ce nouveau bonheur n'était possible que parce que son conjoint est décédé : on a alors l'impression d'un bonheur volé... Certains ne se sentent pas coupables d'aimer à nouveau, mais d'aimer à nouveau *trop vite*. Ils se sentent coupables aux yeux de leur belle-famille ou même de leurs enfants, ils craignent d'être accusés d'avoir trop rapidement oublié le défunt. C'est un obstacle très fréquent : on a l'impression qu'il est nécessaire de montrer à autrui que l'on souffre; souffrir devient la preuve de l'intensité de l'amour pour conjoint disparu. Pourtant, le délai entre le décès et la nouvelle rencontre ne dit rien de l'authenticité de l'amour qui existait dans le couple d'autrefois. On peut avoir adoré son époux pendant des années et retomber sincèrement amoureuse moins d'un an après son décès. Il faut toujours avoir à l'esprit qu'aimer à nouveau ne signifie pas que l'on est en train d'oublier. Et éprouver de la culpabilité ne signifie pas qu'on a tort d'aimer à nouveau.

Le piège de l'idéalisation du conjoint

Autre obstacle : l'idéalisation excessive du compagnon ou de la compagne décédé(e), la conviction que personne ne lui arrivera à la cheville... Si elle n'évolue pas au fil du temps, cette idée, même fondée, empêche de reconstruire une vie affective et condamne à la solitude. Quelqu'un qui découvrirait un véritable sanctuaire à la mémoire du conjoint disparu peut légitimement prendre peur : « Je ne pourrai jamais être à la hauteur de son mari ou de sa femme ! » Même chose si l'on entend parler sans cesse de la vie passée et des innombrables qualités du défunt. On peut craindre d'être toujours comparé à quelqu'un qui progressivement devient parfait dans le souvenir... La difficulté, pour l'endeuillé(e), est de faire exister la nouvelle personne pour ce qu'elle est, indépendamment de toute comparaison avec le ou la partenaire disparu(e). Cela prend parfois longtemps.

Il ne s'agit pas de supprimer tout rappel du disparu. Bien sûr que non. Mais il faut être attentif aux messages que l'on transmet malgré soi. Ils en disent beaucoup plus que les mots. Il faut pouvoir évoquer l'histoire d'amour d'autrefois sans se censurer, tout en prenant soin de ne pas blesser (ou de ne pas effrayer) la nouvelle personne. Si elle se sent respectée, elle acceptera, en retour, la « présence » du passé. Le nouveau ou la nouvelle partenaire arrive même parfois à éprouver une sorte de sympathie pour l'ancien compagnon ou l'ancienne compagne dont il ou elle prendrait le relais affectif.

La réaction des enfants

Face à l'homme ou la femme qui entre dans la vie de leur parent, les enfants sont partagés. Ils ont peur d'être moins aimés et de perdre le lien intime et privilégié qui s'est établi avec leur parent depuis le décès. Mais ils ont aussi envie de voir leur parent heureux à nouveau. Ils comprennent que la vie à la maison sera plus légère, comparée à la tristesse et la lourdeur des années précédentes. Il est également rassurant de voir son parent se stabiliser affectivement : certains enfants très investis émotionnellement sont soulagés que quelqu'un vienne les relayer. Enfin, les jeunes enfants qui ont besoin d'un modèle adulte ou d'un substitut parental du même sexe que le parent disparu sont rassurés qu'un adulte reprenne ce rôle.

L'idéalisation par l'enfant du parent décédé constitue le principal obstacle auquel se heurte le nouveau partenaire. Alors que les plus jeunes sont plutôt heureux du changement de situation, il arrive que les enfants rejettent « l'intrus » avec colère et mépris, en particulier les adolescents. Quand, par exemple, le père d'une jeune adolescente refait sa vie avec une nouvelle compagne, celle-ci sera comparée en négatif à la mère décédée, et l'adolescente sera d'autant plus agressive que la compagne est jeune.

L'enfant (ou l'adolescent) peut également mettre un point d'honneur à se faire le gardien de la mémoire. Outré et choqué, il peut alors s'opposer très violemment à son parent, l'accusant d'oublier – ou même de trahir – son parent décédé. Une telle accusation fait souvent mouche car le parent se sent lui-même coupable, vis-à-vis de l'enfant, de retomber amoureux.

Comment faire pour que les choses se passent au mieux ? Il n'y a malheureusement pas de recette miracle ! Parfois, on est très agréablement surpris de constater que tout se passe avec aisance. Mais c'est souvent beaucoup plus compliqué car chacun a du mal à trouver sa place. Plus que jamais, il faut faire preuve de patience, de respect, de tact et d'intelligence. Au début de la relation, il convient d'agir avec discrétion et pudeur, en donnant progressivement des indices aux enfants, afin qu'ils cheminent dans l'acceptation de cette nouvelle personne. Le ou la partenaire ne doit pas prétendre remplacer le parent décédé, pour éviter une opposition massive de la part des enfants, surtout quand ils sont adolescents. Cette idée leur est tout simplement inacceptable, car ils ne voient que l'usurpateur ou l'usurpatrice qui cherchera à exercer sur eux un pouvoir illégitime.

Quand cela est possible, il est précieux que le parent établisse, seul à seul, un dialogue avec chacun de ses enfants, même les plus jeunes. Cela leur permet de poser des questions, d'énoncer leurs peurs et d'exprimer leurs émotions. Si les enfants perçoivent clairement qu'on tient compte d'eux, qu'on leur consacre du temps, ils comprennent que, même amoureux, leur parent est toujours disponible et soucieux de leur bien-être.

S'il faut être doux et compréhensif, il faut aussi savoir fixer des limites : on ne doit pas accepter que les enfants se comportent comme des tyrans voulant régir la vie de leur parent, en jouant sur sa culpabilité. Il est important de revendiquer sans équivoque, auprès de ses enfants, son droit au bonheur. Il est possible de leur dire qu'un jour ils seront grands et quitteront la maison. Si on n'a pas rencontré un compagnon ou une compagne, on se retrouvera alors complètement seul(e) et on sera peut-être trop âgé(e) pour retrouver quelqu'un : souhaitent-ils à tout jamais la solitude pour leur parent ? Cela peut les aider à réfléchir sur la rigidité de leurs positions.

Parfois malheureusement, la situation reste bloquée : il n'y a aucune possibilité de dialogue, seulement de l'hostilité. Dans ce cas, on n'a pas d'autre choix que de s'en remettre au temps et à la patience de qui l'on vient de rencontrer. Une telle situation suscite colère et ressentiment de part et d'autre, sans qu'il y ait de solution immédiate. Mais une chose doit être claire : *les enfants n'ont pas autorité à s'opposer au nouvel amour de leur parent.* Il est essentiel qu'il ne sacrifie pas sa vie affective pour eux ! Des solutions alternatives peuvent être trouvées, en gardant le cap de la nouvelle relation et en lui donnant la possibilité d'exister ailleurs, en dehors du domicile. Avec du temps et de la détermination, les choses pourront évoluer.

Si la situation est vraiment trop conflictuelle, il est possible de proposer à l'enfant d'aller consulter un psy, auprès de qui il pourra dire ce qu'il a sur le cœur. Au besoin, une thérapie familiale peut être envisagée. Il est alors utile de demander conseil à son médecin qui pourra indiquer des thérapeutes qualifiés.

Un nouveau temps de vie

Deuil du passé, deuil du présent, deuil du futur... deuil du temps qu'on était appelé à partager ensemble et qu'on doit pourtant égrener seul aujourd'hui. Ce temps s'est inscrit dans un quotidien dont les exigences ont tantôt aidé en tant que points d'ancrage dans la réalité, tantôt écrasé par le poids qu'elles représentaient... Le jour où son compagnon ou sa compagne est décédé a eu un lendemain, puis un autre, puis un autre encore... Les enfants n'ont pas cessé d'avoir faim, d'avoir besoin de vêtements propres, ils n'ont pas cessé d'avoir besoin de cet amour qu'on était désormais seul à donner. On les a aidés, tant bien que mal, sur ce chemin aride dont on aurait tant souhaité les préserver...

En spectateur étonné de la versatilité humaine, on a vu des amis de toujours s'évanouir de son champ relationnel, alors que d'autres, fidèles et silencieux, ont pris la décision de rester, en acceptant de se sentir démunis devant une souffrance qui aurait pu les effrayer.

On a, soi-même, coupé des ponts. Certaines relations établies dans le passé n'étaient plus en harmonie avec le cheminement intérieur que le deuil a provoqué en soi, et ce décalage a conduit à remettre en question certains de ces points de repère essentiels.

On mesure alors combien le deuil a amené à une profonde redéfinition de soi-même, et l'incidence d'un tel bouleversement a rejailli sur les détails les plus infimes, mais aussi les plus significatifs... N'a-t-on pas, pendant des semaines, conservé sur le répondeur automatique le message enregistré par sa femme ou par son mari ? Il y avait dans ce « Nous sommes absents pour le moment » tout ce qu'on avait perdu et tout ce qu'on se refusait de perdre. Ce « nous » auquel on se raccrochait semblait dire que le temps pouvait revenir en arrière, qu'il était possible d'espérer, alors même que tout affirmait le contraire... Et il a fallu beaucoup de temps avant de franchir cette étape, apparemment insignifiante et pourtant fondamentale en termes de maturation du deuil, qui consiste à changer sur son répondeur ce « nous » en « je ».

Ce « je » signe sa solitude mais il revendique le fait d'exister en dépit de l'absence de l'autre. Ce « je » est aussi important pour autrui que pour soi-même. On parle là en son nom propre et, pour certaines personnes, c'est le cas pour la première fois de leur existence... Car c'est par les codes et les rituels sociaux qu'on a pu parfois, en tant qu'homme ou femme marié(e), se définir pleinement, sans rien connaître d'autre que cette identité-là...

Et maintenant tout a changé, même si, extérieurement, on garde une position que personne ne remet en cause. Ce changement procède d'un cheminement qui mène bien au-delà de ce qu'on aurait pu imaginer.

D'épouse, on est devenue veuve, puis on redevient, progressivement, femme... D'époux, on est devenu veuf puis, progressivement, homme...

Le cœur découvre un jour qu'il peut encore s'émouvoir. On s'étonne soi-même, mais on a traversé tant de confusion, tant de détresse, tant de désespoir, qu'on accepte avec gratitude ces nouveaux émois, conscient d'avoir payé son tribut au deuil et serein face au souvenir de la personne qu'on a aimée.

On se surprend à redessiner des projets, à reconstruire quelque chose. On ose, petit à petit, envisager ce que pourra être l'avenir sans la présence de l'autre et, après des mois et des mois d'obscurité, on est surpris d'en éprouver un certain plaisir. Par la force des choses, on en vient à accepter désormais une nouvelle indépendance, une nouvelle autonomie, même si on ne sait pas encore quoi en faire, même si elle fait encore un peu peur...

De fait, on ne peut nier qu'on se perçoit, qu'on se pense, qu'on s'exprime d'une façon si étrangement différente, et on est le premier à s'étonner de sa propre mutation.

Maintenant, que va-t-on faire de tout cela ? Vers quelle direction se diriger ? Comment utiliser les fruits de ce deuil pour, enfin, lui donner un sens ?... C'est une nouvelle responsabilité vis-à-vis de soi-même qu'on se voit ainsi attribuer.

Et pourtant, jamais, au grand jamais, on n'aurait souhaité qu'il en soit ainsi. Mais, encore une fois, on n'a pas eu le choix et on nous demande de recevoir les amers trésors qu'on a soi-même façonnés dans la perte de sa compagne ou de son compagnon.

Sans qu'on puisse en saisir le sens, la vie continue. Elle poursuit cette mystérieuse et cruelle alchimie qui réunit les êtres pour, un jour, mieux les séparer...

Mais, envers et contre tout, elle accorde à chacun sa place et laisse ouverte sa promesse de joie et d'accomplissement. Comment pourrait-on y renoncer ?

L'enfant en deuil

« Dis, maman, pourquoi papa ne rentre pas à la maison ? » Depuis quelques jours, quelque chose a changé. Quelque chose d'inquiétant flotte dans l'air sans qu'on puisse vraiment définir quoi. La maison s'est soudain remplie de visages inconnus ou de membres de la famille que l'on ne voit pratiquement jamais. Les regards sont graves. Des conversations chuchotées s'arrêtent brusquement lorsque l'enfant s'approche. Maman est inaccessible : elle ne cesse de pleurer, entourée de gens qui demandent à l'enfant de ne pas la déranger et d'aller jouer dans sa chambre.

Mais papa ? Où est donc papa ?...

Pendant très longtemps on s'est interrogé sur le deuil de l'enfant. Existait-il vraiment ? L'enfant était-il capable d'élaborer, comme l'adulte, ce complexe processus qu'est le travail de deuil ? On préférait penser qu'il ne comprenait rien à la nature des événements et qu'il était souhaitable de l'en tenir à distance.

On sait pourtant aujourd'hui que le deuil de l'enfant est réel, même si ses manifestations ne correspondent pas à ce que l'adulte s'attend à observer. En dépit des efforts pour le soustraire à la réalité de la mort, l'enfant *saura*. Il comprendra, à son niveau et avec les moyens dont il dispose, qu'un événement majeur vient de se produire.

L'enfant est en constante maturation psychologique et il est clair que son âge intervient dans le degré de compréhension de la situation. Il est donc important de s'arrêter quelques instants sur les différentes tranches d'âge et d'étudier comment, au fil des années, il comprend la mort et comment il s'y adapte.

L'enfant de moins de six mois

Peu d'informations sont disponibles pour évaluer l'impact du décès d'un parent sur le petit enfant. On ne sait pas exactement comment le bébé vit l'absence de son père ou de sa mère. En revanche, il semble au moins que l'enfant va être sensible à toute modification de son environnement. Si, par exemple, sa mère meurt et qu'une tante ou une grand-mère prend le relais des soins quotidiens, l'enfant va percevoir un changement dans les odeurs ou la façon de le toucher et va réagir en conséquence, en fonction de la qualité du maternage qu'on lui apporte. Si celui-ci est en continuité avec les soins de la mère, avec tout l'amour et l'attention dont il a besoin, on peut imaginer que l'impact du décès sera moindre, même si on peut difficilement se prononcer sur les répercussions à long terme.

Enfin, il est fort probable que l'enfant va percevoir, à un niveau ou à un autre, la détresse de sa mère ou de son père. Il peut faire l'expérience d'une certaine lourdeur affective dans son environnement ou une diminution de la qualité des soins qu'on lui prodigue, car le parent peut être trop déprimé pour être à la hauteur de ce dont l'enfant a besoin. Là encore, on ne connaît pas avec précision les véritables conséquences à long terme.

L'enfant de six mois à deux ans

Les tout premiers signes de l'ébauche d'un « comportement de deuil » se font jour. Dans cette tranche d'âge, la relation de l'enfant à sa mère est caractérisée par une intense dépendance à celle-ci. Sa disparition est potentiellement vécue comme dangereuse pour l'enfant, car sa survie psychique et matérielle en dépend. On ne peut pas dire que l'enfant a une véritable compréhension de la mort, mais il va, de toute évidence, réagir à l'absence du parent décédé. Il va, par exemple, le rechercher partout dans les lieux où il avait l'habitude de le voir et demander sans cesse où il se trouve. La phase de recherche est là, intense, souvent empreinte de colère ou de protestation à avoir été ainsi abandonné. L'enfant est d'ailleurs trop immature, psychologiquement, pour supporter le stress de la perte de façon continue et prolongée et, ainsi, il est possible qu'il adopte une attitude de retrait protecteur ou qu'il s'abandonne de façon presque frénétique à de prenantes activités de jeu, visant à nier l'intensité de sa confusion et à l'aberrante réalité du décès. Progressivement, il va renoncer à rechercher son parent disparu et doutera de plus en plus d'un retour possible.

Le petit enfant peut alors traverser une période dépressive qui a besoin d'être identifiée par l'adulte, pour ne pas le laisser s'installer dans un détachement à l'égard d'autrui et un repli trop important. Il faut, entre parenthèses, souligner que c'est à partir de cet âge que l'adulte commence à nier la réalité du deuil de l'enfant... peut-être parce qu'il est insupportable pour lui de s'identifier à sa détresse et qu'il est plus confortable de la nier...

L'enfant de deux à cinq ans

Le concept de mort est, à ce stade, en cours de maturation. La confrontation avec des insectes ou des petits animaux décédés a déjà amené l'enfant à se poser des questions sur la mort. On remarque, d'ailleurs, que le petit enfant de deux-trois ans a une réelle approche de la mort ; celle-ci exerce sur lui une certaine fascination et éveille sa curiosité. Ce qui pour lui reste encore difficile à comprendre est le caractère permanent de la mort. Il reste alors très longtemps dans l'attente du retour de la personne décédée.

L'enfant de cette tranche d'âge se caractérise par un fort égocentrisme. Tout ce qui se passe dans son environnement passe nécessairement par lui.

> Ainsi, une jeune femme raconte que, quand elle était toute petite, son grand-père est décédé. En arrivant de l'école, ses parents l'ont invitée à aller le voir dans sa chambre. « Dès que je suis entrée et que j'ai vu mon grand-mère mort, j'ai aussitôt pensé que tout était de ma faute ! Je n'avais aucune raison de penser cela, mais je me souviens d'avoir éprouvé une cuisante culpabilité comme si j'avais, d'une façon ou d'une autre, provoqué le décès de mon grand-père. Je n'ai, bien sûr, pas osé en parler à mes parents. »

L'enfant est également soumis au poids de ce qu'on appelle la « pensée magique » où tout ce qu'il dit ou tout ce qu'il pense existe vraiment ou se réalise. Ainsi il peut être terrifié par son propre « pouvoir » s'il a, un jour, dit à son père : « Je voudrais que tu sois mort »... et que le père meurt brutalement dans un accident de voiture ! La culpabilité est là énorme et il faut à tout prix la repérer et inviter l'enfant à l'exprimer pour ne pas qu'il s'y enferme.

À cet âge, l'enfant risque de prendre au pied de la lettre tout ce qu'on va lui dire. Le Dr Raphaël, psychiatre australien, rapporte l'histoire d'un petit garçon de deux ans et demi qui faisait des fugues à répétition en direction de l'aéroport voisin. Quand on lui demandait ce qu'il venait y faire, il répondait tout simplement qu'il voulait prendre l'avion pour rejoindre son papa... Ne lui avait-on pas dit que son papa était « monté au ciel » ?

Même si on ne lui explique rien sur le décès, cela ne va, en aucune façon, empêcher l'enfant d'essayer d'imaginer ce qui s'est passé. On ferait sûrement mieux de lui expliquer simplement les événements (et notamment les circonstances du décès). Dans le cas contraire, il va être contraint de reconstruire ce qui s'est passé, en recherchant à l'intérieur de lui-même les réponses qu'il ne peut recevoir de l'extérieur, et son imagination galopante prendra très rapidement le relais de ce qu'on n'aura pas osé lui dire. Dieu sait qu'il est capable d'imaginer des « scénarios » bien plus terribles et angoissants que le simple récit de la réalité.

On ne doit pas nier le stress auquel est confronté le petit enfant : non seulement le parent qui lui reste est totalement dévasté et indisponible, mais il règne, à la maison, un climat d'anxiété et d'étrangeté, avec une foule de personnes, souvent inconnues, qui défilent soudain dans l'appartement. De surcroît, à la recherche angoissée du parent décédé, s'ajoute la possibilité d'être envoyé « au loin » dans la famille proche, sans avoir reçu la moindre explication sur la nature des événements. La nouvelle est souvent remise à plus tard ou elle est abordée de façon inappropriée ou totalement incompréhensible pour l'enfant : « Maman est partie pour toujours en vacances », « Papa va être très longtemps malade », « Le petit frère s'est envolé au ciel »... Il va sans dire également que, la plupart du temps, l'enfant de cette tranche d'âge se voit exclu des rituels qui entourent le décès, en le privant ainsi de repères dont son imagination a besoin pour structurer ce qu'il est en train de vivre.

Les façons de réagir de l'enfant vont être très variées. Cependant on entend souvent les parents déclarer que leur enfant n'a pas vraiment compris ce qui s'est passé et ils perçoivent son comportement comme inadapté à la situation.

Par exemple, ils peuvent s'étonner de le voir jouer avec entrain « comme si de rien n'était » alors qu'ils viennent de lui annoncer le décès d'un petit frère. Ces périodes d'apparente insouciance ne sont, en fait, que l'expression d'un déni protecteur que l'enfant met transitoirement en place. Elles alterneront immanquablement avec des moments où l'enfant montrera sa détresse de façon plus manifeste, s'il sent qu'il peut le faire en toute sécurité. L'enfant peut également être véritablement « aux abois » face à une situation qu'il ne contrôle pas. Il peut adopter des attitudes « régressives » où il exprime le désir d'être traité comme un petit bébé avec une demande sans cesse croissante de soins et d'attention. Il peut réclamer le biberon ; il peut recommencer à faire pipi au lit. Il va demander encore et encore où se trouve son parent décédé, en harcelant presque les adultes de ses questions : « Où est-il ? », « Que fait-elle ? », « Pourquoi ne revient-il pas ? », « Est-il fâché ? », etc.

Il est possible que l'enfant manifeste son désarroi par une agressivité envers ceux qui l'entourent. Cette violence est souvent une réponse à la détresse du parent restant, soit par un effet « miroir » où l'enfant « met en acte » ce que l'adulte réprime en lui, soit parce qu'il en veut au parent d'être autant en retrait et incapable de le réconforter et de le rassurer.

C'est la conscience d'une atteinte, voire d'un effondrement, de sa sécurité de base qui met l'enfant dans un tel état d'anxiété. Il a, certes, encore des difficultés à se projeter dans l'avenir, mais il est tout à fait lucide sur le fait que l'équilibre de son petit univers est très sérieusement menacé.

L'enfant de cinq à huit ans

Le concept de mort se consolide. À huit ans il est assez proche de celui de l'adulte. La mort est désormais comprise comme un processus naturel et universel : elle est irréversible, elle concerne tout être vivant, y compris l'enfant lui-même. Comme dans les tranches d'âge précédentes, on retrouve ici des manifestations du déni, s'exprimant comme un comportement d'insouciance, de jeux, de rires, mais dont l'intensité quelque peu exagérée laisse deviner le trouble intérieur. D'ailleurs le petit enfant de cet âge est souvent beaucoup plus réservé et silencieux que l'enfant de deux à cinq ans. Il a tendance à ne pas poser beaucoup de questions. Il commence à cacher ses larmes et ses émotions, d'une part parce qu'il a sûrement peur de perdre tout contrôle s'il s'y abandonne, et d'autre part parce qu'il commence à subir le conditionnement des adultes concernant l'expression des émotions.

En regardant autour de lui et en copiant les attitudes des « grands » et leurs comportements, l'enfant commence à apprendre qu'il n'est peut-être pas approprié de montrer ce qu'il ressent : « Les adultes nient leurs émotions, ils ont nécessairement raison. C'est certainement ce que je dois faire aussi ! » Et c'est ainsi qu'on acquiert le réflexe de s'enfermer en silence dans la douleur de son deuil et que, devenu adulte, on se sentira incapable de se connecter à ses propres sentiments et à les vivre à leur juste valeur.

L'enfant de cet âge est déjà scolarisé depuis quelques années et il devient sensible aux exigences sociales que lui dicte implicitement son environnement. Ainsi il peut, par exemple, vivre comme un véritable stress le fait de faire face à ses petits camarades de l'école, en se sentant honteux ou même coupable d'être dorénavant « différent » car un de ses parents est décédé... L'enfant en âge scolaire (et jusqu'à l'adolescence) a un sens aigu de la « normalité ». Il perçoit comme trop déstabilisant le sentiment de différence qu'il assimile à une véritable exclusion sociale. Cette perception des choses passe souvent totalement inaperçue auprès des adultes. C'est pourtant dans la prise en compte effective de ces appréhensions que l'enfant comprendra combien l'adulte est attentif à ce qu'il ressent au plus profond de lui-même.

Il est possible de voir émerger chez l'enfant en deuil de cinq à huit ans des attitudes où il montre un désir quasi compulsif de prendre en charge. C'est, par exemple, cette petite fille qui se conduit comme une petite épouse vis-à-vis de son père après la mort de sa mère, en prenant à son compte les rôles et les devoirs de la parente décédée. On retrouve un même type de comportement chez cette autre petite fille qui prodigue à son petit frère des soins dont l'ampleur et l'intensité apparaissent, d'emblée, comme hors de proportion.

Même si ces rôles de « petite mère » ou de « petite épouse » sont perçus de façon positive par l'entourage, ils imposent à l'adulte de se pencher avec attention sur ce qui est réellement en train de se passer sous ses yeux. En effet, il est fort probable que l'enfant réponde, inconsciemment, à une pression familiale qui le pousse à devenir le substitut du parent décédé. C'est souvent le résultat de réflexions inconsidérées d'adultes qui ne mesurent pas la portée de leurs paroles : « Mon petit chéri, tu vas être fort pour ta maman maintenant que ton papa n'est plus là ; tu vas devenir le petit mari de ta maman. »

L'enfant prend ces injonctions pour argent comptant et il peut être terrifié par l'énorme responsabilité qu'on lui demande soudain d'assumer. Devoir devenir le « mari » de sa mère ou l'« épouse » de son père place l'enfant dans une situation inextricable. C'est du devoir de l'adulte de l'en faire sortir ou de faire en sorte qu'il ne s'y installe pas.

Il faut également souligner que la prise en charge, par l'enfant, de rôles autrefois attribués au parent décédé renvoie, en partie, à un besoin d'identification à ce même parent. Ce désir d'identification, on l'a vu, puise dans le désir de se réapproprier des éléments de la réalité que la mort vient d'interrompre. Un certain degré d'identification peut être considéré comme bénéfique dans la mesure où il aide l'enfant à se reconstruire après le décès du parent, mais en revanche il est clair qu'une identification complète à un rôle de parent ou de conjoint est inappropriée. L'adulte doit veiller à rétablir le cap si l'enfant s'engage sur ce dangereux chemin.

Enfin, on ne doit pas oublier que l'enfant peut adopter ces comportements de prise en charge pour mettre à distance, ignorer ou réprimer ses propres besoins d'être lui-même pris en charge. C'est d'ailleurs le message essentiel qu'il a à transmettre... Encore faut-il que l'adulte puisse le comprendre !

L'enfant de huit à douze ans

La compréhension de la mort est, à ce stade, quasiment identique à celle de l'adulte, même si certains concepts abstraits restent difficiles à appréhender. La prise de conscience de la possibilité de sa propre mort est implantée dans l'esprit du pré-adolescent, tout comme la capacité à se projeter dans l'avenir. C'est justement dans cette faculté à envisager le futur qu'il va saisir davantage les implications du décès à court terme et les répercussions que celui-ci aura dans les années à venir. Les attitudes de déni « comme si rien ne s'était passé », de détresse ou d'anxiété décrites plus haut se retrouvent ici, dans les phases initiales du deuil. Mais une détresse égale à celle de l'adulte devient rapidement manifeste. La position de l'enfant est précaire : il n'est plus aussi dépendant de l'adulte, mais son autonomie, par rapport à celui-ci, reste encore très fragile. Il a terriblement besoin de son parent décédé ; il voudrait l'exprimer, mais en même temps il redoute de tomber dans les comportements infantiles qu'il commence à peine à dépasser. En n'osant pas partager ce qu'il ressent de peur d'être taxé de « bébé », il tente de maintenir une façade de « grand », en s'interdisant l'expression de son impuissance et de son désarroi.

Là encore, le risque pour lui est de ne pas voir son deuil reconnu par autrui, tant son attitude peut laisser penser qu'il est peu affecté par le décès.

Un autre éclairage peut être apporté à cette absence transitoire de toute émotion qu'on rencontre, de temps à autre, chez l'enfant : avec une certaine clairvoyance, il pressent que le deuil qui se présente à lui va le rendre, pour un temps indéterminé, fragile et vulnérable. De même, il a saisi, de façon intuitive, que le décès va entraîner de profonds bouleversements dans sa vie de tous les jours… et devant une telle atteinte à sa sécurité, il fait le choix inconscient de « remettre à plus tard » ce deuil jugé pour l'instant comme trop menaçant. Qui sait, alors, si son absence de réaction à l'annonce du décès n'est pas, là encore, un moyen de se protéger, dans l'attente d'un environnement plus stable et plus sécurisant. Une fois le plus gros de l'orage passé, il sera, peut-être, moins périlleux pour lui de prêter le flanc à ce vécu du deuil auquel il pourra progressivement s'acclimater.

Il est vrai également que, dans certains cas, l'adulte accepte avec soulagement le peu de réaction de l'enfant à l'annonce du décès : il paraît si sage, si facile à vivre et si étrangement muet sur ce deuil qui pourtant le percute de plein fouet. La situation paraît confortable, mais il vaut mieux se demander ce qui se cache derrière ce silence et ce visage impassible.

En effet, devant le spectacle d'un père ou d'une mère dévasté par la douleur d'avoir perdu son conjoint, l'enfant peut s'effrayer et redouter que ce parent ne s'effondre et disparaisse à son tour… Le silence qu'il s'impose n'est-il pas le reflet de la peur qu'éveille en lui le deuil de son parent ? Ne préfère-t-il pas, inconsciemment, renoncer bel et bien à son propre deuil, quel que soit le prix à payer, si c'est pour protéger maman ou papa ?

Pour lui, le choix ne semble, peut-être, pas exister : ne pas prendre à son compte le deuil de son parent, c'est courir le risque que son père ou sa mère tombe « en pièces » psychologiquement. Ainsi, mettre son propre deuil à distance est presque une question de survie : l'enjeu en est sa sécurité.

Le parent trouvera certainement un réel réconfort auprès de ce petit enfant si prévenant et attentionné (c'est d'ailleurs le but recherché par l'enfant...). Mais il faut savoir se faire violence et ne pas accepter de le laisser faire. En aucune façon, un petit enfant ne peut et ne doit « réparer » les failles de ses parents. Il faut, au plus vite, aller le rechercher au fond de lui-même et l'aider à le remettre en contact avec ses propres émotions...

Un enfant est *avant tout un enfant*, avec tout ce que cela implique. Chacun doit être à sa place : on ne peut pas intervertir les rôles. C'est à l'adulte d'y veiller, aussi fort que puissent être le désir de l'enfant de l'aider... et celui du parent de se sentir protégé et consolé par son petit.

Dans ce contexte, on constate que ce n'est pas nécessairement au sein du cercle de famille que l'enfant trouvera les meilleurs « alliés » dont il a besoin pour confier sa peine. Un adulte de « référence » (un professeur, un ami des parents, le père ou la mère d'un camarade, etc.) peut lui fournir un cadre suffisamment rassurant pour qu'il ose parler à cœur ouvert car, à la maison, tout le monde est tellement choqué par l'impact du décès qu'il lui est impossible, pour l'instant, d'y être entendu.

De plus, au-delà du besoin d'échange, c'est bien un modèle que l'enfant recherche. Ce mouvement sera tout particulièrement présent dans le deuil de l'adolescent. Le besoin d'une figure d'identification est alors très prononcé : ainsi, il n'est pas rare de voir s'installer un véritable « culte » du parent décédé, avec un hyperinvestissement de tout ce que son père ou sa mère aimait, faisait ou était.

Que dire ?

On entend très souvent dire qu'il est préférable de taire, pour un temps, la réalité du décès à l'enfant : on espère ainsi le protéger… mais qui, en fait, essaie-t-on de ménager ?

Est-ce l'enfant qui attend qu'on lui dise de vive voix ce qu'il a, de toute évidence, déjà compris à demi-mot ?

Est-ce le parent anéanti par la disparition de son conjoint et qui ne se sent pas le courage d'apprendre la nouvelle à l'enfant ?

Est-ce l'entourage qui redoute d'annoncer ce que lui-même ne parvient pas à assumer ?

On peut se sentir incapable de faire face à la douleur de l'enfant, mais cela ne doit pas pour autant le mettre à distance d'une réalité qui lui appartient également.

L'enfant a une confiance sans bornes envers les adultes qui s'occupent de lui. Il est prêt à accepter et à comprendre beaucoup plus qu'on l'imagine, dans la mesure où on prend tout le temps nécessaire pour lui expliquer la situation. Pourquoi courir le risque inutile de briser cette confiance si, par exemple, il apprend de la bouche d'un petit camarade que sa mère est morte depuis une semaine alors qu'il est persuadé qu'elle se repose toujours à l'hôpital ?

Autrefois (et surtout dans les campagnes), les enfants étaient présents lors du décès des membres de leur famille. La mort appartenait davantage au quotidien et ils apprenaient, très tôt, à l'intégrer dans leur vie de tous les jours. L'enfant voyait naître un animal le matin et trouvait, le soir, un chien mort, un oiseau tombé du nid ou la carapace vide d'un insecte. Le rythme des saisons, avec son éternel recommencement, invitait à mieux comprendre et à mieux accepter le cycle de la vie et de la mort comme un processus naturel.

Aujourd'hui, les enfants ont perdu cette proximité. Les portes des hôpitaux leur restent closes, de telle sorte qu'ils sont quasiment toujours absents lors du décès d'un de leurs proches. Non seulement ils sont dépossédés d'une mort qu'ils auraient, peut-être, souhaité approcher, mais on considère de surcroît qu'environ 60 % des enfants entre deux et huit ans sont tenus à l'écart de tout rite funéraire, quand bien même ils manifestent le désir d'y participer.

Un homme de quarante ans se souvient encore de l'enterrement de sa grand-mère quand il avait sept ans. On l'avait envoyé, le matin, à l'école sans rien lui dire, alors qu'il savait que sa famille s'apprêtait à se rendre à l'église. Il se rappelle, comme si c'était hier, sa tristesse et sa colère, en entendant, de la salle de classe, sonner le glas de l'église du village et il perçoit encore aujourd'hui les échos de sa rancœur et de son ressentiment.

Tout, dans notre société moderne et aseptisée, efface la mort et le deuil : les enfants se trouvent aussi démunis que les adultes. Ceux-ci, d'ailleurs, ne leur sont parfois d'aucun secours, car bon nombre d'entre eux rencontrent aussi la mort en face pour la première fois de leur existence.

L'enfant ne gagnera rien à être « protégé », il a un travail de deuil à accomplir : il ne peut en faire l'économie, aussi intense et légitime que puisse être le désir de ceux qui l'aiment de le préserver de tout malheur. En de telles circonstances, le rôle de l'adulte est de le soutenir et de l'accompagner pour traverser cette épreuve. L'enfant a besoin d'une grande personne pour comprendre et parler ouvertement de ces choses de la mort qui parfois le dépassent. Il a besoin de quelqu'un d'attentif qui puisse repérer ses propres besoins ; des besoins, dont il n'a, peut-être, pas même conscience lui-même...

L'enfant va beaucoup demander à l'adulte. Il réclamera une **disponibilité** que le parent qui lui reste n'est pas toujours capable de lui donner... Car celui-ci est aussi en deuil ; lui aussi vient de perdre une personne essentielle de son existence et il ressent le besoin de se préserver. La perspective de devoir s'occuper des enfants peut lui paraître au-delà de ses forces. Il peut douter de sa capacité à assumer son rôle auprès d'eux, et quand bien même il se reconnaît, pour un temps, incapable de fournir tout effort supplémentaire, il ne manque pas de s'adresser d'amers reproches de ne pas être à la hauteur, reproches qui alimentent sa détresse et sa culpabilité.

Ainsi, d'un point de vue pratique, l'entourage immédiat peut, sans attendre, proposer de prendre les enfants quelques heures par jour, afin de permettre au parent de prendre un peu de distance et de se recueillir dans une retraite silencieuse que la présence des enfants rend difficile... Il est possible que les enfants, eux-mêmes, se sentent soulagés de se trouver, ponctuellement, dans un environnement moins « lourd » que l'atmosphère de la maison.

Il est important, en revanche, que les enfants ne soient pas coupés totalement de leur milieu familier, comme cela se voit encore lorsqu'on les envoie chez une lointaine cousine dans le souci de les mettre à distance de circonstances jugées comme trop traumatisantes pour eux. À en croire les adultes qui évoquent le souvenir de décès du passé, c'est bien dans cette rupture brutale et cet éloignement de leur environnement habituel que fut ressenti le véritable traumatisme. À leur retour, ils apprenaient, de façon détournée, que l'enterrement du père, de la grand-mère ou du petit frère s'était déroulé durant leur absence et qu'on les avait « dépossédés » d'un événement auquel ils auraient pu souhaiter prendre part.

N'est-ce pas faire preuve d'irrespect envers l'enfant que de le priver d'une confrontation à laquelle il a droit, s'il en revendique le désir ?

L'enfant ne se permettra que ce que son entourage s'accordera à lui-même. Cela interroge directement la capacité des adultes qui prennent soin de lui à faire face à la réalité de leur perte et à vivre leur deuil au quotidien. Lorsque le père ou la mère s'autorisent, eux-mêmes, à exprimer leurs émotions sans chercher à les dissimuler à l'enfant, ils lui font implicitement passer le message qu'il lui est possible de vivre ses sentiments, en toute sécurité, sans craindre d'être détruit par la violence qui est ressentie.

Il faut, bien sûr, faire preuve de discernement : il n'est pas question de tout lui dire, ni de tout lui montrer, sans retenue. C'est à l'adulte de faire preuve de jugement et d'apprécier au mieux ce que l'enfant a besoin de savoir pour se sentir confortable dans ce qu'il souhaite communiquer. Ce n'est certainement pas au petit enfant de faire le tri dans ce que le parent pourra lui livrer ; il en est bien incapable, car il accordera sans distinction une valeur égale à tout ce qu'on lui dira…

Il compte, plus que tout au monde, sur la stabilité de ceux qui restent auprès de lui. Il doit être certain qu'ils ne vont pas s'écrouler eux aussi, même s'ils expriment ouvertement leur chagrin devant lui.

Quand on s'occupe d'un petit garçon ou d'une petite fille en deuil, il ne faut pas perdre de vue qu'avant la disparition de son père ou de sa mère, il lui paraissait inimaginable de perdre un parent. C'était tout simplement impossible et inconcevable pour lui. Mais maintenant que c'est devenu une réalité, il en vient à se poser de sérieuses questions concernant la **sécurité** de tous ceux qui l'entourent. Plus personne n'est désormais invincible et il peut être terrifié à l'idée que le parent qui lui reste puisse également mourir.

Conscient alors de la subtile « ligne de crête » sur laquelle il s'engage, l'adulte doit tenter, dans la mesure du possible, d'être à la fois suffisamment « fort » pour que l'enfant soit rassuré et en même temps suffisamment humain pour que le petit n'oublie pas non plus qu'une grande personne peut aussi souffrir et avoir besoin de pleurer.

L'enfant, de lui-même, demandera rarement de l'aide, car il ne sait pas toujours comment la demander. Il en reste, bien souvent, à ce qu'on veut bien lui apporter même s'il est évident qu'il a besoin de beaucoup plus...

Et pourtant, en dépit de son silence, il est à l'affût de tout adulte qui acceptera de venir au-devant de lui. Il laissera rarement passer une telle opportunité. Dans le meilleur des cas, il sera soulagé de pouvoir partager ce qu'il ressent avec une grande personne attentive et il saisira l'occasion de poser les questions qui le préoccupent...

En effet, en fonction des tranches d'âge décrites plus haut, il faut s'attendre à tout : certaines confidences de l'enfant peuvent être déconcertantes, tant ses préoccupations paraissent parfois triviales ou « terre à terre », en contraste avec l'ampleur de l'événement :

– On ne va plus avoir à manger ? demande le petit garçon.

– Mais, pourquoi dis-tu cela ? rétorque le père.

– Parce que maman est morte et c'est elle qui faisait les courses avec l'argent qu'elle allait chercher à la banque.

Ou bien :

– Qui va me conduire à mon cours de danse du mercredi ?

Au premier degré, on se révolte devant l'aridité du cœur de l'enfant ; mais au second degré, c'est toute la menace qu'il sent peser sur son existence et sa sécurité qu'il cherche à exprimer. Il a besoin d'être rassuré même si, au premier abord, ses inquiétudes semblent égocentriques ou totalement hors de propos... Ces interrogations transmettent une angoisse qui échappe à l'adulte s'il ne prend pas soin de vraiment écouter l'enfant.

Mais il est vrai parfois que le dialogue a du mal à s'instaurer. Quand l'enfant ne parvient pas à mettre des mots sur ses émotions, il cherchera d'autres moyens pour montrer son malaise : par l'intermédiaire de ses jeux par exemple, ou par ses dessins. Ainsi, on doit faire une « lecture » attentive de ce qu'il crée car les bonshommes, les maisons, les animaux qu'il dessine racontent à sa place son histoire et procurent, si on l'invite à les expliquer, une somme considérable de renseignements sur ce qu'il est en train de vivre et ce qu'il ne parvient pas à dire autrement... Il faut savoir regarder car souvent tout est là, sous les yeux, et il n'y a qu'à lui demander ce qu'il a voulu exprimer, en restant extrêmement vigilant pour entendre ce qu'il a véritablement à dire.

Les obsèques

Quand survient le décès, il se pose, à un moment ou à un autre, la question de savoir s'il est approprié que l'enfant assiste aux obsèques du parent disparu...

On craint sa réaction et l'impact psychologique d'un tel événement. On a peur qu'il soit trop impressionné par la cérémonie religieuse, par la mise en terre et le déploiement de tant de souffrance... Là encore, le désir de protéger l'enfant fait hésiter sur l'opportunité de sa présence. Or il n'y a, a priori, rien de malsain dans le fait que l'enfant assiste à un enterrement. Il a, tout autant que l'adulte, besoin de ces rituels qui l'aident à rendre tangible la réalité du décès. Il en saisit d'autant plus l'importance qu'il en a suffisamment bien compris le sens. Être présent lors des obsèques l'aide à se percevoir comme une personne en deuil, à part entière, en dépit de son jeune âge. Il est également perçu comme tel par tout l'entourage, qui sera plus sensibilisé à l'idée de lui apporter, à lui aussi, le soutien dont il a besoin...

Il n'en reste pas moins vrai que le cercle de famille connaît l'enfant mieux que quiconque et on s'en remet à sa sagesse pour apprécier ce qui est bon pour lui. Il importe simplement que la décision prise tienne compte du désir de l'enfant. S'il exprime le désir d'être là, présent, on doit, dans la mesure du possible, respecter sa volonté. Il sait très bien qu'il ne s'agira pas d'une partie de plaisir, mais il accorde à sa présence une valeur qu'on ne soupçonne pas. Quoi qu'il en soit, il a besoin d'être préparé à cette expérience nouvelle : en lui expliquant le déroulement de la cérémonie, en lui disant qui y assistera et comment s'organisera le rituel, on dédramatisera quelque peu l'événement, en atténuant son impact. Il a besoin de savoir que les gens qu'il va rencontrer seront tristes et graves et que lui-même pourra éprouver de la peine ou avoir envie de pleurer. Ce minimum d'explications ménagera à l'enfant un espace où il lui sera plus facile de se repérer, car ce qui est connu de lui deviendra moins inquiétant.

Dans le meilleur des cas, l'enfant pourra être accompagné par un adulte (un oncle, une tante, un ami de la famille qui a toute sa confiance). Cette grande personne deviendra son référent privilégié qui s'occupera plus particulièrement de lui, au milieu de ces étrangers.

L'adulte sera cette oreille et ce regard attentif qui captent ce que l'enfant cherche à exprimer à demi-mot, il sera celui ou celle qui rassure quand l'enfant a l'impression que tout menace de s'écrouler autour de lui...

À l'inverse, pour des raisons qu'il faut également respecter, l'enfant pourra refuser d'assister aux obsèques. L'entourage immédiat de l'enfant pourra, de même, décider qu'il n'est pas souhaitable qu'il soit présent ce jour-là.

Même s'il est important de s'en tenir à sa décision, cela ne signifie pas pour autant que l'enfant ne sera pas curieux ou soucieux du déroulement de l'enterrement ou que, plus tard, il ne manifestera pas le désir de se rendre sur la tombe et d'entendre l'adulte lui raconter comment cela s'est passé.

Son refus, ou la décision qui a été prise à sa place, ne signifie pas nécessairement qu'il ne souhaite pas, non plus, participer au rituel, d'une façon ou d'une autre. On pourra ainsi lui proposer de choisir les fleurs. Il pourra, de sa propre initiative, ou à la suggestion de l'adulte, faire un dessin ou écrire un poème qu'on lui promettra de mettre dans le cercueil... L'adulte a, en fait, beaucoup à apprendre de l'enfant par la spontanéité de ses désirs, car ce dernier ne manifeste pas, à l'égard de la mort, cette répulsion qui pousse les adultes à porter, sur elle, un regard aussi morbide.

Au cours de ce lent cheminement qui le mènera au terme de son deuil, l'enfant sera extrêmement sensible à ce qui entretiendra le souvenir. Le souvenir, c'est la preuve qu'on reste « vivant » et c'est lui qui sert de référence quand on s'égare dans le présent... Les grands-parents sont, pour lui, le réceptacle du passé. Eux ont connu, enfant, ce parent disparu ; eux peuvent assurer le lien précieux entre un hier inconnu de l'enfant et un futur privé de la présence du parent décédé. C'est une chance qu'ont les grands-parents d'évoquer l'enfance des propres parents de l'enfant, car qui sait s'il ne recherchera pas, dans ces récits, les mémoires et les repères dont il a aujourd'hui besoin pour se construire intérieurement. Ne cherche-t-il pas à retrouver dans l'enfance de son parent un peu de lui-même, comme dans de vieilles photos, des livres, des disques, tout ce qui a appartenu au père ou à la mère disparu(e) ? L'enfant les utilise comme autant de moyens de restaurer le lien interrompu par la mort. Les objets préservent la continuité de la relation. Ils l'aident, par leur simple présence, à rebâtir le quotidien.

Il est également important et rassurant pour l'enfant d'entendre, au détour d'une conversation entre adultes, évoquer le nom de la maman disparue ou celui de la grand-mère ou du petit frère. Car il comprend qu'on ne meurt jamais véritablement quand on continue de parler et que les mots insufflent de la vie dans la mémoire de ceux qu'on a aimés. Il y sera beaucoup plus attentif qu'on ne l'imagine, car il a besoin de savoir que jamais on n'oublie et que les mots, tout comme les objets, sont les plus vigilants gardiens du souvenir...

Quelles conséquences pour l'enfant ?

Tout parent confronté à son enfant en deuil se pose un jour la question : quel avenir pour lui ? Comment va-t-il se construire après une telle épreuve ? Va-t-il avoir des séquelles ?

L'enfant portera à tout jamais en lui la mort de la personne qu'il a aimée, mais cela ne signifie *en aucune façon* qu'il en sera blessé jusqu'à la fin de ses jours. Il peut vous étonner par sa façon de comprendre et d'intégrer la réalité de la mort. On parle souvent de la résilience chez l'enfant : la capacité qu'il a de transformer positivement un événement de vie douloureux. Il faut donc lui faire confiance. Si on l'accompagne avec douceur et vigilance dans son deuil, il sortira grandi de cette épreuve. Il perdra certainement un peu de son insouciance et de sa naïveté, mais il gagnera en profondeur et en maturité, ce qui peut consistuer un atout précieux pour le reste de son existence.

Le processus de deuil de l'enfant va se prolonger à bas bruit tout au long de son développement psychologique. Ses capacités intellectuelles et émotionnelles évoluant au fil du temps, il sera amené à s'interroger sur son sentiment de perte d'une manière différente, à la recherche de réponses qu'on ne pouvait lui apporter quand il était plus jeune. Une fois adulte, il pourra avoir encore besoin de poser des questions au parent survivant. Il est important que celui-ci reste ouvert et disponible pour y répondre car on sait aujourd'hui que le deuil de l'enfant est un processus qui se construit sur plusieurs années.

L'adolescent en deuil

L'adolescent, avant même de connaître la douleur de la perte, est, presque par définition, en deuil. En deuil de lui-même et de l'enfant qu'il était. Il apprend à renoncer à l'univers de l'enfance et à l'illusion de parents tout-puissants. Il abandonne les formes enfantines d'un corps qui déjà se transforme. Il construit à chaque instant l'adulte qu'il va devenir. Toute son énergie, sa force vitale, toutes ses angoisses et ses espérances se trouvent engagées dans cette ambitieuse entreprise. Elle occupe tout le champ de sa conscience. Comment imaginer alors, dans ce monde en pleine mutation, que le deuil d'un parent puisse trouver sa place, si la mort vient à frapper ?...

La mort se pose comme une aberration et c'est avec toute la violence de l'adolescence que le jeune adulte tente de combattre cette absurdité. Ce qu'il a progressivement essayé de mettre en place, en dépit de tous ses doutes et de ses interrogations, se trouve soudain remis en question. Comment céder à ce besoin pressant de redevenir un petit enfant pour pleurer librement dans les bras de sa mère et, en même temps, ne pas trahir et rendre vains tous les efforts déployés pour devenir indépendant ? Comment se comporter en adulte alors qu'on se sent encore si enfant et qu'on sait maintenant que, de toute façon, les adultes non plus n'ont pas toutes les réponses ?

Il ne peut plus se fier à aucun modèle connu et lui qui a ce souci très aigu d'être « comme tout le monde » se perçoit soudain comme « différent » des adolescents qui l'entourent. Le deuil le place « en dehors » de son univers familier. Il lui usurpe cette possibilité de contrôler cet environnement qu'il commençait à peine à savoir manier.

Confronté à la nécessité, l'adolescent, tout comme l'enfant et l'adulte, va tenter d'utiliser tous les moyens dont il dispose pour faire face à son travail de deuil, de la façon la plus adaptée possible. La capacité à moduler les émotions n'est cependant pas l'apanage de l'adolescence où, très souvent, les extrêmes se rejoignent avec une déconcertante facilité. Il est tout aussi capable de s'enfermer à double tour dans son silence que d'exploser en un débordement émotionnel qu'il a parfois du mal à contrôler lui-même. Les mots, parfois, ne viennent pas, ou il se les interdit. Quand ils viennent à manquer, il cherche la manière la plus immédiate pour évacuer hors du corps une douleur qui lui fait trop mal, et le deuil s'exprime alors par la mise en acte de la souffrance. Il ne *dit* plus son malaise, il le *montre*. De façon inattendue, on le retrouve dissimulé derrière une explosion de colère, un refus de se rendre au lycée ou encore des conflits dans le cercle de famille...

« Agir » peut paraître à l'adolescent moins « dangereux » que de courir le risque de devenir vulnérable en ouvrant son cœur. Ici comme ailleurs, au-delà d'une possible émergence de violence ou d'agressivité, c'est bien l'opportunité d'un véritable échange qu'il recherche. Un échange où il donnera enfin les mots justes à sa souffrance. Il réclamera, sans relâche, cette communication... même si, paradoxalement il ne donne à autrui que peu de moyens de l'établir. Ce n'est là qu'une des multiples contradictions qui sont le propre de l'adolescence et qui rendent son approche parfois si difficile.

Qui, adolescent, n'a jamais ressenti la très ambiguë séduction de la mort et de la souffrance ? Cette exacerbation des émotions et des sentiments que suscite le deuil n'est-elle pas en ligne directe avec cette quête d'authenticité et d'absolu qu'on rencontre si souvent chez l'adolescent ?

La douleur du deuil est à la hauteur des tourments qui agitent l'esprit du jeune adulte. Il se reconnaît secrètement dans l'intensité de sa peine et celle-ci peut se charger alors d'une « aura » particulière. Elle le met « à part » et lui ouvre un champ d'expérience qui, de fait, lui fait toucher du doigt des aspects essentiels de la vie. Les interrogations métaphysiques qu'imposent le deuil vont dans le même sens que sa quête visant à donner du sens à son existence.

Ainsi, l'adolescent pourra être surpris par son ambivalence vis-à-vis de la douleur de son deuil. Il se révolte contre elle, mais il s'y abandonne parfois avec un plaisir étrange, par le fait même de la « richesse » qu'il y découvre... Il en est certainement troublé, d'autant plus qu'il est difficile de faire part à autrui de l'attrait paradoxal qu'il tire de sa souffrance.

Si ce plaisir existe, c'est qu'il a sa place dans le deuil de l'adolescent. Au lieu de perdre son énergie à tenter de le réprimer, l'adolescent, s'il parvient à s'en ouvrir à quelqu'un, a beaucoup à en apprendre.

Par le décès d'un de ses parents, le jeune adulte voit disparaître des repères importants dans l'édification de sa propre identité. Celle-ci ne sera certes pas menacée sur ses bases, mais il est vrai que l'adolescent en est à un stade de son développement psychologique où il a besoin de s'identifier au parent du même sexe et de redéfinir sa relation avec le parent du sexe opposé.

La disparition de l'un d'entre eux introduit une difficulté supplémentaire dans un processus qui, déjà par lui-même, est suffisamment délicat... Il peut se sentir injustement privé de ce « référent » adulte qui, par son comportement, sa façon d'être et de penser, servait de modèle (ou de contre-exemple) pour ce qu'il souhaitait s'approprier pour lui-même... Ainsi, que ce soit dans le domaine des relations affectives ou sexuelles, ou dans celui du comportement social ou professionnel, l'adolescent « ajustait son tir » et précisait ses choix en fonction de, ou en réaction à l'exemple qui lui était donné par ses parents. La perte de ces repères inaugure une période de grande **confusion** où l'adolescent doit s'en remettre à sa seule intuition pour évaluer, seul, ce qui semble être bon pour lui.

Ainsi, tout comme l'enfant plus jeune il éprouvera peut-être le besoin de trouver, hors du cercle de famille, celui ou celle qui pourra, de près ou de loin, faire office de « substitut » de ce parent disparu. On observe alors un rapprochement avec un oncle, une tante, un cousin, une amie de la famille ou même un professeur que l'adolescent identifie comme étant susceptible de lui apporter ce dont il a besoin. Il peut « s'identifier » à certains comportements ou à certains traits de caractère qu'il valorise particulièrement chez la personne désignée et puiser en elle les ressources qu'il souhaite s'approprier...

L'adulte choisi doit bien saisir l'enjeu de ce qui se met en place à son égard. Sa position est parfois difficile à tenir, car il peut être dérouté par le rôle que l'adolescent lui assigne. Il lui faut, de toute évidence, beaucoup d'intelligence et de respect pour établir avec l'adolescent la juste distance dont le jeune adulte a besoin dans cette relation.

L'adolescence, c'est aussi cette période de la vie où les sentiments et les émotions sont à fleur de peau. Les schémas conventionnels sont rejetés comme désuets et les valeurs du cœur dictent la conduite du jeune adulte. L'authenticité, la transparence et la loyauté sont portées au sommet des valeurs maîtresses. L'amour et la fidélité deviennent des idéaux que rien ne saurait remettre en question. La tolérance et la capacité à accepter les compromis n'ont pas toujours leur place dans cette quête d'absolu.

Ainsi, le jeune adulte pourra considérer d'un très mauvais œil l'ébauche d'une relation affective du parent restant avec une personne du sexe opposé. À la crainte de sentir menacé l'amour que lui voue l'adulte, l'adolescent ajoute l'indignation de voir un (ou une) autre prendre la place du parent disparu. Sa souffrance peut le conduire à opposer une farouche résistance à cette relation. Il s'attribue le rôle de celui qui va défendre, coûte que coûte, le souvenir du parent décédé. Il va montrer à « ces adultes qui ne respectent rien » que lui, au moins, n'a pas oublié, et son rejet de l'intrus est d'autant plus massif qu'il s'imagine qu'on porte atteinte ou qu'on néglige la mémoire du défunt...

Les adultes pourront, là encore, se méprendre sur la violence de ses propos et risquent de s'en tenir à une analyse superficielle... Car la révolte cache souvent une vive douleur et une telle situation demande, de leur part, beaucoup de tact, de patience et de respect pour les sentiments de l'adolescent. Il a besoin de s'entendre dire que le souvenir du parent décédé n'en est pas pour autant « évacué » parce que celui qui reste s'engage dans une autre relation. Le nouveau partenaire doit clairement se positionner afin que l'adolescent comprenne qu'il ne cherchera pas à se substituer au parent disparu. L'adolescent pourra comprendre que son parent, lui aussi, a besoin d'amour et que sa solitude lui pèse tant qu'il est apaisé par la présence d'un(e) nouvel(le) ami(e).

C'est un langage que l'adolescent peut accepter : n'est-il pas en parfait écho avec ce que, lui-même, recherche tant ? C'est bien là que s'ouvre la possibilité d'un partage réel de ce qu'il a jusqu'alors caché au fond de lui. Car, au bout du compte, ne pourra-t-il pas être rassuré par la venue d'une autre personne dans l'existence de son père ou de sa mère... aussi difficile que cela puisse être à accepter initialement ? Ne pourra-t-il pas être rassuré de ne devoir plus porter tout seul, à bout de bras, ce parent encore meurtri par la mort de son conjoint ? Ne sera-t-il pas rassuré de ne plus avoir à assumer la responsabilité de le « remplacer » dans le cœur et l'esprit de ce parent ?

Enfin, ne pourra-t-il pas voir, au-delà de sa douleur d'avoir perdu un parent, que la vie, en dépit de la mort et du deuil, peut continuer ?

Les parents en deuil

L'enfant a fait resurgir, du fond de la mémoire, la propre enfance de ses parents. Une enfance insouciante, avec ses joies et ses peines, ses réussites et ses errances, ses erreurs qu'une fois adultes, devenus à leur tour parents ils tentèrent de ne pas reproduire.

L'enfant a pu devenir pour eux source de courage, d'espoir et de détermination. Il a donné une raison de se battre quand tout le reste devenait vain. Grâce à lui, l'adulte a appris à aimer et à se faire aimer en retour... parfois plus que jamais il ne l'avait été par un autre être humain.

Le monde s'est transformé sous la lumière de son enfant et il a découvert en lui une confiance et une fierté légitime devant ce miracle quotidien qui se déroulait sous ses yeux et dont il était le maître d'œuvre étonné...

La douleur du deuil est à la mesure de ce que l'on perd et, quand l'enfant vient à mourir, la perte dépasse tout ce qu'on n'avait jamais pu imaginer. Par la mort de son enfant, c'est une partie du sens qu'on avait donné à son existence qui soudain disparaît et on n'ose penser ce que peut bien signifier alors la nécessité de se reconstruire sans lui...

Car peut-on jamais accepter que son enfant, un jour, meure ? Peut-on imaginer un seul instant que son petit puisse mourir et que s'évanouisse tout ce qu'on avait rêvé pour lui ? Aborder la mort de l'enfant, c'est toucher du doigt l'expérience la plus traumatique d'une vie de parent. Les mots se vident de leur sens.

Jadis, on acceptait avec résignation et fatalité la mort d'un enfant comme un événement presque inévitable. Dans les familles nombreuses, il n'était pas rare de perdre un enfant, dès son plus jeune âge. Aujourd'hui, alors que la médecine a fait considérablement évoluer les soins portés dès la naissance, la mort de l'enfant apparaît, encore plus qu'autrefois, comme une aberration : elle se pose en totale contradiction avec l'ordre des choses. Le message véhiculé par notre société est clair : l'enfant ne doit pas mourir.

Que la mort survienne au cours d'un accident, d'une urgence médicale ou à l'issue d'une longue maladie, la même question se pose : pourquoi ? Nous exigeons une réponse à une situation devenue aujourd'hui intolérable ; l'accepter sans rechercher une cause est tout simplement inacceptable.

Le deuil des parents se charge alors parfois d'un poids supplémentaire : c'est le regard qu'autrui portera sur eux. Si, par exemple, le décès est lié à un accident, une noyade, un accident domestique, une chute, on perçoit imperceptiblement l'ébauche d'un jugement, avec une note d'incompréhension. À l'extrême, la suspicion s'installe ostensiblement s'il existait antérieurement la notion de maltraitance ou de négligence envers l'enfant.

Ainsi, en échangeant des coups d'œil silencieux et lourds de sous-entendus, l'entourage est parfois tenté de s'interroger sur la responsabilité potentielle des parents dans cette tragédie... Et pour les parents, au poids de leur douleur, s'ajoute insidieusement celui du doute que leur impose autrui.

Mais, au-delà de ce que pense autrui, il n'est pire jugement que celui que l'on porte sur soi-même, car c'est la légitimité de son statut de parent qu'on peut être amené à remettre en question : « J'ai échoué là où tout le monde réussit », « Je n'ai pas pu garder mon petit vivant », déclarait une jeune mère à la mort de son petit garçon. Cette mort ouvre la porte à la condamnation de soi. On a honte, on se sent coupable, et un des enjeux de ce deuil sera de pouvoir s'accepter en tant que parent digne de ce nom et de se respecter, en dépit du cataclysme qui s'est abattu sur son existence.

La fausse couche

Hélène, une jeune femme de vingt et un ans, perd son premier enfant, après sept semaines de grossesse. Pour des raisons liées aux conflits qui l'opposaient à ses parents, elle avait préféré cacher encore quelque temps la nouvelle de cet enfant à venir… Ainsi, après la fausse couche, personne ne peut comprendre sa détresse. Le père de l'enfant l'avait laissée, dès qu'il avait appris qu'elle était enceinte, et elle se retrouve seule, face à elle-même… Son esprit est hanté de questions sans réponse… « Mon bébé était-il normal ? Pourquoi cette fausse couche ? Est-ce une punition ? Est-ce que je voulais vraiment cet enfant ? »

La fausse couche d'Élise est survenue après six semaines : « Je ne sais même pas si mon mari a ressenti quelque chose… On n'a *jamais* parlé de ce qui s'est passé. Il s'irrite facilement, il ne supporte pas que je ne sois pas toujours en bonne santé, et j'étais complètement épuisée, autant physiquement que psychologiquement. C'était ma troisième fausse couche. J'avais peur pour l'avenir. Je n'avais personne avec qui partager mes craintes. J'ai essayé d'en parler à ma mère : elle m'a répondu, avec désinvolture, que c'était *seulement* une fausse couche, qu'il fallait passer à autre chose. Il ne fallait pas en faire toute une histoire ! »

La perte d'un enfant, après seulement quelques semaines de grossesse, est rarement reconnue comme telle par autrui. Elle est souvent considérée comme « un mauvais moment à passer » alors que la mère avait déjà commencé à prendre conscience qu'un bébé vivait en elle. L'impression d'échec est présente, et cela d'autant plus que cette fausse couche peut ne pas être la première. Le doute et la crainte de ne jamais pouvoir mener à terme une grossesse s'installent, et font sournoisement émerger l'idée que son corps de femme n'est pas « normal », et qu'il est peut-être incapable de procréer comme toutes les autres.

La tristesse est l'émotion qui prédomine, une tristesse méconnue, car beaucoup vont affirmer que « ce n'est pas grave ». « Tu vas avoir rapidement un autre bébé ! » Comme si l'enfant perdu n'avait, en fait, aucune importance.

Il faut souligner également que la mère peut ressentir une sourde culpabilité si cette grossesse spontanément interrompue n'avait pas été vraiment désirée, et qu'elle avait même pensé à un avortement. On peut imaginer qu'elle relie la fausse couche à son non-désir d'enfant, et, ainsi, il lui sera sûrement très difficile d'exprimer à quelqu'un de telles pensées, où coexistent soulagement et culpabilité.

Comment vivre le deuil d'un enfant qui, pour beaucoup, n'a jamais vraiment existé ? Qui peut vraiment comprendre les doutes, les peurs et les espoirs déçus, surtout si c'est la première fois ? Qui peut vraiment savoir ce que représente ce petit enfant qui commençait, dès la découverte de sa conception, à vivre dans les pensées de sa mère ? Ce n'est pas seulement un enfant qui disparaît : c'est également une constellation d'attentes non formulées, de souhaits et de désirs. La disparition de l'enfant met soudain un terme à ces projections vers l'avenir... et c'est au nom de ces renoncements que le couple (la mère et le père) doit reconnaître la nécessité d'un authentique travail de deuil.

L'avortement

On est parfois amené à prendre des décisions à son corps défendant. Quoi qu'on dise, quels que soient les discours qui menacent et qui condamnent, il y a des circonstances où on ne voit pas d'autre choix : on accepte de mettre un terme à une grossesse qu'on ne désire pas ou qu'il est impossible de mener à terme, pour mille raisons qui ne regardent que soi...

Mais comment peut-on penser que le sentiment de perte n'existe pas malgré tout ? Qui peut oser dire que, du fait même qu'on a pris la décision volontaire de choisir l'avortement, on n'a pas le droit à la reconnaissance d'une blessure intérieure? Décider d'avorter n'est *jamais* anodin, quand bien même ce choix se fait en toute connaissance de cause.

La jeune femme rentre chez elle, bouleversée, triste, fatiguée, en colère, et coupable. Perdue dans le traumatisme des heures précédentes, elle ne réalise pas encore qu'un véritable deuil vient là de se mettre en route. On attend d'elle qu'elle soit soulagée ou reconnaissante. C'est le message implicite qu'elle reçoit de ceux vers lesquels elle se tourne : « Tu devrais être contente, c'est bien ce que tu voulais, n'est-ce pas ? »... et ainsi on ferme la porte à l'expression légitime de sentiments et d'émotions souvent ambivalentes ou contradictoires : qu'on le veuille ou non, il y avait un début d'attachement à ce petit être et il a fallu beaucoup de détermination et de déni de sa tendresse naissante pour aller jusqu'au bout de sa démarche. La culpabilité est quasiment toujours présente, quel que soit le niveau de soulagement. Le regard qu'on porte sur soi peut devenir très sévère, en portant atteinte à l'estime de soi. On se force à affirmer : « Arrête de pleurer, c'est toi qui l'as voulu. Tu as fait ce que tu devais faire. »

Il y a pourtant là un deuil qui revendique son expression. Il est non seulement légitime mais il est surtout nécessaire pour permettre à la jeune femme d'intégrer cet avortement dans son histoire, sans qu'il devienne une zone d'ombre dont elle n'osera jamais parler. Elle ne peut pas se comporter comme si de rien n'était, même si son entourage tolère peu, en de telles circonstances, les manifestations de sa détresse. Elle doit pourtant reconnaître qu'elle a été blessée, même si elle a pris la décision de l'avortement en toute conscience. Cette blessure a besoin d'être reconnue afin qu'elle puisse se cicatriser.

L'enfant mort-né et la mort néo-natale

Quand la mort frappe avant, pendant ou après la naissance, une seule question s'impose : « Que s'est-il passé ? » Il y a certes des réponses que la médecine est capable de fournir, mais, en allant plus loin, c'est souvent à un autre niveau que les parents s'interrogent : « Qu'avons-*nous* fait pour en arriver là ? Y a-t-il quelque chose qui nous a échappé et qui aurait pu empêcher ce drame ? » Voilà les véritables questions qui assaillent les pensées, car il y a toujours une petite voix qui répète sans cesse que tout aurait pu se passer autrement... et que, quelque part, on a failli à sa tâche...

> « Pendant plusieurs mois après la naissance de mon bébé, raconte une jeune femme de vingt-huit ans, j'ai détesté mon corps ; il me dégoûtait car il avait conçu un enfant qui n'avait pas été capable de vivre. Je me sentais tellement coupable de ne pas avoir réussi ce qui semblait si naturel pour les autres. J'étais convaincue qu'il y avait quelque chose de mauvais en moi... »
>
> Une autre jeune femme exprime le même sentiment : « C'était une vraie obsession. Il fallait qu'on me dise que j'étais normale. J'ai demandé à mon médecin tous les examens et prises de sang possibles et imaginables. Et même ça ne parvenait pas à me rassurer ! J'avais tellement peur d'avoir pu être responsable de la mort de mon enfant. J'étais angoissée à l'idée que jamais je ne pourrais en avoir, et j'avais aussi tellement honte vis-à-vis de ma famille et de mes amis. Ils ne me disaient rien, bien sûr... mais j'ai toujours l'impression de les avoir déçus. »

La « phase de recherche » du processus de deuil prend là une autre dimension : les parents examinent, jour après jour, minute après minute, le déroulement de la grossesse. Chaque détail est exploré et remis en question... « Tu es sûre que le médicament que tu as pris n'était pas dangereux ? », « On n'aurait jamais dû faire ce voyage en avion, c'était trop fatigant », « J'aurais dû arrêter de fumer »... On cherche, souvent en vain, un semblant d'explication, un petit quelque chose qui prouverait qu'on n'a pas, d'une façon ou d'une autre, provoqué la mort de son enfant.

Et le corps, lui non plus, n'a pas compris. Il refuse d'admettre que le fruit d'une aussi longue attente ne soit plus : les seins sont gorgés d'un lait désormais inutile, le corps portera longtemps les marques de la grossesse et tout cela ne fera que souligner, chaque jour, l'absence. Le corps a besoin de porter l'enfant, de le toucher, de le sentir, de le goûter. La douleur de son absence crée une véritable tension physique. La clinique ou le service hospitalier est plein de femmes radieuses portant leur enfant dont la seule vue est intolérable à la mère en deuil, car elle renvoie à son propre vide... Elle se sent tellement différente, tellement à part... elle n'a pas, elle n'a plus sa place ici...

Que répondre à ce corps qui demande à tenir l'enfant serré contre lui ? Comment lui faire comprendre que ce bébé qu'il attend a cessé de vivre ?

Il faut sortir de cette impasse et, de là, découle une question essentielle : faut-il montrer l'enfant à ses parents ou doit-on, au contraire, le soustraire à leurs yeux ? Pour certaines équipes médicales, il existe une réelle *réticence à montrer l'enfant mort.* « Non, il ne faut pas voir votre bébé, affirme le médecin, cela va vous traumatiser. Il ne faut pas emporter avec vous des images pénibles. Il faut plutôt oublier au plus vite ce qui s'est passé et penser à l'avenir... »

La mère est parfois complètement anesthésiée par les tranquillisants qu'on lui a donnés. On pense étouffer la douleur et les pleurs par l'action des médicaments. C'est parfois la seule réponse qui est proposée pour « gérer », dans le service hospitalier, une douleur qui « dérange » aussi bien les soignants que les autres mères...

La réalité psychologique du deuil est souvent niée : on évacue la souffrance, on annihile les émotions avec le vain espoir que tout va rentrer dans l'ordre au plus vite. Pourtant, il existe des équipes soignantes de maternité qui ont bien compris que la décision de montrer ou non l'enfant ne leur appartenait pas. Car c'est aux parents de décider. Il n'y a, là encore, aucun dogme, aucune recette, aucune « bonne » ou « mauvaise » façon de procéder.

Si les parents ne se sentent pas capables de revoir l'enfant décédé, il est inutile de leur imposer ce qu'ils ne souhaitent pas. Il faut respecter leur désir, tout en gardant à l'esprit qu'ils pourront revenir sur leur décision. Il est important que l'équipe soignante prenne conscience de ce possible changement d'avis, en s'assurant que l'enfant pourra être facilement accessible aux parents s'ils revenaient à la maternité. On peut citer l'exemple de ce qui est fait dans certains hôpitaux, en Angleterre, où l'enfant est gardé plusieurs jours en chambre froide, au cas où ses parents manifesteraient le désir de le revoir. Lors de la visite, l'enfant est enveloppé dans une couverture chauffante, il est confié aux parents, dans un lieu approprié, où ils peuvent prendre le temps de se recueillir avec lui.

Le désir de revoir l'enfant n'a rien de morbide ; c'est une erreur de croire qu'on cherche ainsi à se plonger dans une souffrance malsaine. Bien au contraire, cela aide à remplir deux impératifs du travail de deuil : premièrement, on « intègre » en soi l'enfant comme un objet d'amour et par là même, dans un second temps, cela rend possible le fait de s'en séparer. Voir l'enfant, le porter dans ses bras lui donne une réalité tangible. Cela rend concret neuf mois d'attente. La mère comprend qu'elle a dans ses bras un petit enfant qui, même mort, existe réellement à l'extérieur d'elle-même.

Il a désormais un visage, une présence dans sa vie que rien ne pourra plus effacer. Voir l'enfant lui permet de renoncer à cet « enfant imaginaire » qui a grandi dans ses pensées au cours de sa grossesse. Elle n'a plus seulement dans son esprit la représentation d'un enfant « idéalisé », elle a également sous les yeux le réel produit de sa grossesse. C'est la concrétisation de l'existence de ce petit être qui a vécu à l'extérieur d'elle qui va l'aider dans son travail de deuil. La mère réalise qu'elle tient dans ses bras un enfant qu'elle peut aimer et dont elle pourra se souvenir.

> « C'est un réel réconfort, confie un jeune couple, d'avoir pu voir notre enfant. Nous avons compris que c'était notre unique chance de pouvoir lui dire un véritable au revoir. Il a pris soudain une véritable existence. Il est devenu une vraie personne et non plus "quelque chose" de trop abstrait pour qu'on puisse vraiment en faire le deuil. »

Le père a aussi sa place. On oublie trop souvent qu'il vient, lui aussi, de perdre un enfant. Il se voit immédiatement désigné, par l'entourage, comme celui qui doit prendre les choses en main : il est le protecteur, celui qui doit « assurer » et soutenir sa femme dans l'épreuve qu'elle traverse. Parfois, sans en avoir conscience, il se prive (ou on le prive) de l'aide et du soutien dont il a également besoin. Il ne pensera pas, ou n'osera pas, revendiquer l'écoute et l'attention qui lui sont nécessaires. Ainsi, voir l'enfant, se confronter à cette partie de lui-même est peut-être l'unique occasion qu'il a de s'identifier, en tant que *père*, surtout s'il s'agit d'un premier enfant. Il peut s'approprier ce rôle de façon concrète, quand il porte à son tour l'enfant dans ses bras. Il est face à une réalité qui le désigne comme une personne en deuil. Il peut alors s'accorder l'expression de ses émotions et être également perçu par son épouse comme ayant, tout comme elle, perdu son enfant.

Puis vient le moment où il faut rentrer à la maison et retrouver cette chambre d'enfant qu'on avait préparée quelques semaines auparavant. Certains maris préfèrent faire disparaître tout ce qui évoquera le souvenir de l'enfant avant le retour de leur femme au domicile, mais cela va, une fois de plus, dans le sens d'une négation de la perte où la juste reconnaissance d'un événement pourtant déterminant est reléguée dans un dangereux non-dit.

Comment peut-on croire une seule seconde que le fait de débarrasser la chambre de l'enfant va aider à avoir moins mal ? On peut croire pourtant qu'on a eu raison de le faire, car son épouse peut exprimer sa reconnaissance à voir la chambre ainsi dépouillée.

> « Et pourtant, raconte une jeune femme, j'étais anéantie de voir que tout ce qu'on avait préparé à la maison avait disparu. Je ne voulais pas accabler mon mari encore davantage et j'ai fait "bonne figure". Il a eu l'air soulagé que je prenne cela aussi bien, mais je dois avouer que je lui en veux d'avoir fait ça sans m'avoir demandé mon avis. J'avais perdu mon bébé et je ne retrouvais plus rien qui signifiait qu'il avait existé. Depuis lors, je ne parviens plus à communiquer avec mon mari comme avant. Quelque chose s'est cassé. »

D'autres, indécis, préfèrent garder la chambre intacte.

> « Je ne sais pas si j'ai bien fait, raconte un jeune père, je n'ai touché à rien avant que ma femme ne rentre de la maternité. Je crois que j'avais besoin d'être avec elle pour faire face à tout ce qui devait appartenir à notre bébé [...]. On n'a pas pu rentrer dans la chambre pendant toute une semaine et puis, tout doucement, ma femme a commencé à ranger les draps, la layette et les jouets. Cela a été dur, on pleurait tous les deux, mais nous

avons eu la chance de pouvoir beaucoup parler de ce que l'on ressentait à ce moment-là... Ça nous a aidés... On a même pu parler d'un autre bébé, un jour... »

Quand on rentre à la maison, on retrouve parfois aussi les autres enfants qui attendent impatiemment le retour de leur maman et l'arrivée de ce bébé dont on a tant parlé. Ce sont souvent de jeunes enfants qui ont vécu les dernières semaines dans une anticipation un peu anxieuse... et ils s'étonnent de voir revenir leur maman, seule, abattue et fatiguée sans ce bébé si attendu.

Leur cacher la vérité serait inutile. Ils ont bien compris que quelque chose d'important s'est passé ; quelque chose de suffisamment grave pour que, par leur fonctionnement égocentrique, ils en viennent à se demander s'ils ne sont pas, d'une façon ou d'une autre, responsables...

On ne peut jamais être sûr de la façon avec laquelle l'enfant va interpréter le décès de ce petit frère ou de cette petite sœur : a-t-il secrètement souhaité sa mort, tant il était persuadé que la venue de ce bébé menaçait de le priver de l'amour de ses parents ? Croit-il que, par la force de son désir, il a pu parvenir à ses fins ? Si c'est le cas, comment peut-il garder pour lui un si terrible secret ? Mais quel châtiment l'attend s'il avoue sa faute ? Les pensées angoissées de l'enfant peuvent le mener très loin, même si, extérieurement, il donne l'impression de bien réagir.

Ainsi, les parents ne risquent rien à s'accorder le bénéfice du doute et à aller au-devant des interrogations de leur enfant. On ne perd jamais son temps à lui expliquer, à son niveau de compréhension, la mort de ce bébé. Il sera rassuré, pourra poser des questions qui le tracassent et comprendra sûrement mieux la douleur de ses parents, s'ils s'autorisent à la partager.

De retour à la maison, on réalise qu'on n'a rien à montrer (à la famille, ni aux amis). Il reste si peu de chose, si peu de preuves que, pendant neuf mois, un petit enfant a grandi en soi. Il n'y a rien de tangible si ce n'est le bracelet d'identification de la maternité, une mèche de cheveux qu'une infirmière a bien voulu couper, ou exceptionnellement une photo prise à la va-vite... Le souvenir ne trouve rien à quoi se raccrocher. On peut même avoir peur qu'avec le temps les gens oublient... et il n'y a rien de plus douloureux, pour des parents, que de réaliser, après quelques années, qu'ils sont désormais les seuls à penser encore à leur enfant.

C'est la **menace de l'oubli** qui signe toute l'importance à faire connaître, autour de soi, la perte de son enfant.

Là encore, ce n'est pas se complaire dans la souffrance, c'est le moyen d'inscrire l'existence de son bébé dans sa propre histoire et dans celle de sa famille. Même s'il n'a pas vécu longtemps, il faut la revendiquer pour lui, personne d'autre ne le fera à votre place. Il est essentiel de lui donner un nom car c'est par ce nom qu'on évoquera sa mémoire. Ce ne sera pas juste « le bébé » mais « Louis », « Marie » ou « Cyril ». Si l'entourage, les amis et les membres de la famille perçoivent qu'il est possible de parler de ce bébé (parce que les parents, eux-mêmes, leur montrent qu'ils sont capables de l'évoquer librement), alors il commencera à exister également pour eux.

Ainsi, quelle que soit la façon de marquer la vie et la mort de leur enfant, les parents, par les rituels qu'ils mettent en place et la reconnaissance sociale de leur perte, se ménagent un espace où leur deuil trouvera sa libre expression. Ils s'assurent ainsi qu'ils ne seront pas les seuls dépositaires de son souvenir.

La mort subite inexpliquée du nourrisson

La mort subite inexpliquée du nourrisson (MSIN) reste un phénomène très souvent méconnu quand elle ne vient pas frapper son propre enfant.

Le bébé n'était pas malade, il avait peut-être tout juste un petit rhume. On l'avait couché comme d'habitude dans son berceau. Il ne s'est pas étouffé avec ses couvertures, il n'a pas crié, il n'a pas vomi, il était en parfaite santé, et pourtant l'enfant, le plus souvent entre deux et quatre mois, est retrouvé, par sa mère, mort dans son berceau. Il est mort en silence, brusquement, comme on souffle une bougie. La médecine reste perplexe et n'a pas encore de réponse à ce phénomène : les autopsies pratiquées dans une telle circonstance n'apportent aucune information supplémentaire.

La MSIN touche en France un enfant sur 700 par an. Aux États-Unis, 8000 à 10000 enfants meurent ainsi dans leur première année et les pourcentages sont les mêmes quel que soit le pays considéré.

C'est pour les parents ce qu'il y a de plus troublant. Cette mort apparaît comme un mystère, et cette absence de réponse les plonge dans une recherche fébrile pour trouver, ne serait-ce que le plus petit indice qui les aiderait à comprendre. Ils passent en revue tout ce qui, au cours de la grossesse et au cours des derniers mois, pourrait apporter un élément de réponse à ce « pourquoi » obsédant. « J'aurais dû enlever sa couette... J'aurais dû attendre qu'il fasse son rot... J'aurais dû rester près de lui... J'aurais dû laisser le chauffage un peu plus fort. »

J'aurais dû... J'aurais dû... La **culpabilité** des parents est massive d'autant plus que la police peut être parfois amenée à intervenir pour mener une enquête sur les circonstances du décès.

L'incompréhension reste totale. On doute de soi-même, de ce que l'on a fait et de ce que l'on n'a pas fait… On se demande sans cesse si, sans le savoir, on n'a pas commis une erreur qui a entraîné la mort de son bébé…

Quand la mort est aussi brutale, aussi inattendue, les soupçons des voisins ou de la famille peuvent s'éveiller : « Il doit bien y avoir une raison, peuvent-ils penser, un enfant ne meurt pas comme ça. » Les allusions se font plus explicites s'il y a soupçon de maltraitance des enfants dans la famille ; un doute s'installe, les reproches émergent et les parents peuvent en venir à se déchirer l'un l'autre tellement le poids de la suspicion et de l'angoisse est fort : on a l'impression de se battre dans le noir contre un adversaire dont on ne parviendrait jamais à voir le visage…

Le père et la mère se posent mille questions : « Pourra-t-on avoir d'autres enfants ? La MSIN est-elle héréditaire ? Existe-t-il des moyens de la déceler ? de la prévenir ? À qui en parler ? Qui peut comprendre ? Que se passera-t-il si nous avons un autre enfant, est-ce qu'il va mourir comme ça aussi ? »

Après la mort subite inexpliquée de son enfant, il est trop difficile de se débrouiller seuls. On a besoin de savoir qu'on n'est pas les seuls à traverser ce cauchemar et qu'il existe des gens qui comprendront vraiment ce qu'on est en train de vivre. Il existe en France des centres médicaux qui sont à la disposition des parents pour les aider à répondre à leurs questions. Une association a également été créée : l'Association pour l'étude et la prévention de la mort subite inexpliquée du nourrisson (AEPMSIN). Voici un extrait de la brochure *Naître et Vivre* de cette association :

> « L'AEPMSIN comprend une équipe de médecins ainsi que des parents qui ont vécu ce drame et dont l'expérience de la MSIN a suscité le désir de venir en aide aux autres parents. Cette

association rassemble les familles dans leurs efforts pour mieux connaître ce syndrome et affronter les sentiments de culpabilité.
Elle favorise la recherche médicale pour l'étude et la prévention de ce syndrome et informe le public et tous les professionnels concernés. »

L'enfant d'âge scolaire

Une des causes principales du décès de l'enfant d'âge scolaire est la **mort par accident**. L'enfant, dès quatre-cinq ans, commence à découvrir son environnement, sans en saisir tous les dangers. Il explore la maison, le jardin, la route, les bords de mer et les rivières, et son audace l'expose à de multiples périls. La mort qui survient en de telles circonstances est presque toujours violente et inattendue.

Au-delà de la douleur qui s'abat sur eux, la première réaction des parents est de se sentir directement responsables du décès de leur enfant, même si les événements qui ont conduit à sa mort échappaient totalement à leur contrôle.

Ainsi, une mère se condamne d'avoir laissé sa petite fille jouer dans les vagues. Une autre se reproche de ne pas être allée à l'école chercher son petit garçon qui s'est fait renverser par une voiture sur le chemin du retour. Un père ne peut se pardonner d'avoir offert à son fils la moto avec laquelle il s'est tué dans un accident de la circulation.

En dépit du fait que les parents ne peuvent pas, en tout et pour tout, être responsables de ce qui arrive à leur enfant, ils persistent, pendant longtemps, à penser le contraire : ils s'accrochent à la conviction qu'ils auraient *pu*, qu'ils auraient *dû* faire quelque chose pour empêcher que leur enfant ne meure et c'est le poids de cette culpabilité qu'ils s'imposent de traîner avec eux durant des années. Le deuil peut d'ailleurs rester très longtemps cristallisé autour d'un « et si seulement » qui empêche toute progression dans le processus. Car s'il était possible de trouver un responsable à la mort de son enfant, il serait plus facile de le faire payer. Ce serait toujours plus facile que de rester les mains vides, impuissant face à un événement absurde et hors de tout contrôle.

On peut alors décider, inconsciemment, de se désigner soi-même comme responsable, on cède ainsi à un compromis qui évitera de se confronter de plein fouet à la réalité de l'extrême précarité et imprédictabilité de toute existence, là où rien n'est acquis, là où tout peut disparaître du jour au lendemain… comme son enfant. Ainsi, quand on se perd soi-même à chercher à l'extérieur des réponses qui n'existent pas, il est parfois préférable, pour préserver son sentiment interne de cohésion et de sécurité, de *se choisir* comme la cible de sa propre colère et de sa propre culpabilité…

Mais peut-on tenir longtemps une telle position sans se détruire ? Quel autre prix que la mort de son enfant cette culpabilité réclame-t-elle encore ? N'est-ce pas suffisant ? N'a-t-on pas déjà assez souffert ?

Plus que jamais, cette culpabilité a besoin de se dire ; elle a besoin d'être partagée avec quelqu'un qui saura l'entendre sans jugement et qui saura la respecter sans chercher à la faire taire. Elle « s'usera » au contact de l'autre qui acceptera sans relâche de la recevoir. C'est à cette condition qu'elle lâchera son emprise. C'est à cette condition qu'un jour peut-être on pourra reconnaître qu'on n'a été *en rien* responsable de la mort de son enfant…

La **mort par cancer** est la seconde cause la plus fréquente de décès de l'enfant. À l'annonce d'une leucémie ou d'une tumeur qui menace la vie de leur enfant, les parents refusent de croire que les médecins ont raison. Dans l'espoir d'infirmer le premier diagnostic, ils cherchent à multiplier les avis car il est impensable que cela leur arrive. Au désarroi s'ajoute la colère face à une telle injustice. C'est un petit enfant vif, heureux, intelligent... alors, pourquoi ? La révolte des parents s'étend aux autres enfants auxquels ils reprochent parfois d'être en bonne santé alors que leur petit est condamné...

Les premiers traitements permettent de reprendre espoir. On espère une rémission totale et définitive mais, quelques mois plus tard, les examens révèlent une rechute... et il faut continuer à se battre...

Pour la première fois, les parents sont confrontés à leurs limites car ils se sentent impuissants devant la maladie qui affaiblit leur enfant, jour après jour. Le rôle qu'ils s'étaient assigné à sa naissance est, aujourd'hui, remis en cause : il arrive un moment où l'on ne peut plus aider son enfant, où on ne peut plus le soulager et où on ne peut plus trouver de solutions comme autrefois... On ne peut s'en remettre qu'à cette lente acceptation de ce qui est. La maladie est là et, quoi qu'on fasse, il faut apprendre à faire avec, même si l'on est déterminé à lutter jusqu'au bout...

Les parents réalisent alors qu'ils ne sont pas les seuls à s'engager dans ce combat... L'enfant, avec une acuité déconcertante, a souvent conscience du fait que ses jours sont comptés. Mais il ne s'autorise à partager ce savoir que s'il sent que ses parents sont prêts à l'entendre : il cherchera même à les protéger de ce qu'il pressent pour lui même ! Il est alors important de lui montrer qu'on souhaite partager avec lui ce qu'il ressent et qu'on désire parler en toute authenticité.

De façon très troublante pour l'adulte, l'enfant est capable d'aider ses parents à accepter sa mort prochaine. Il cherchera à faire passer le message au détour d'une phrase, ou par le biais d'un dessin qu'il offrira à l'un de ses parents. S'ils font confiance à cette sagesse innée qui les dépasse, les parents peuvent apprendre à se laisser guider par la connaissance intuitive qu'a l'enfant de sa fin de vie.

> « Il m'a aidée, reconnaît une jeune mère. Je ne sais pas comment il a fait, mais il m'a aidée à accepter sa mort… Il n'avait que huit ans et je ne comprends toujours pas où il a trouvé tant de volonté et d'énergie pour me soutenir, alors que c'est moi qui devais le faire… Il m'a appris le courage et je dois être à la hauteur de ce courage […]. Mon petit garçon m'a donné la force de continuer à vivre sans lui… »

L'enfant adulte

L'année de ses dix-huit ans, il meurt dans un accident de voiture… À vingt-cinq ans, elle décède du sida… À quarante-cinq ans, un infarctus du myocarde l'emporte en quelques minutes… Un adulte disparaît mais, quel que soit son âge, c'est aussi l'enfant de quelqu'un qui meurt.

Il avait, depuis longtemps, quitté l'enfance, les rapports avec ses parents avaient évolué au fil du temps, chacun respectant les positions de l'autre. Il n'est pas rare d'ailleurs qu'un revirement de situation se soit lentement opéré et que les parents soient devenus plus ou moins dépendants de leur fils ou de leur fille… Dépendants matériellement ou émotionnellement quand l'enfant devenait le confident auprès duquel on prenait conseil. Il était, par sa présence, l'assurance d'un avenir protégé et c'est confiant qu'on entrait dans la vieillesse.

Sa mort vient brutalement s'opposer à « l'ordre des choses » et menace ce qu'on croyait à tout jamais acquis. « N'était-il pas normal que je décède avant lui ? Que reste-t-il devant moi maintenant ? »

> « Ces années lui appartenaient de droit, explique une mère dont le fils est mort du sida. Moi, je n'en ai plus besoin, je suis déjà trop vieille. Il aurait tellement pu en tirer plus que moi... »

C'est la conscience du temps volé par la maladie qui accable les parents et ils se sentent injustement punis, après toute une vie d'efforts et de sacrifices.

La douleur se mesure aussi au nombre des opportunités perdues : des projets ne verront pas le jour, la maison ne résonnera pas des rires des petits-enfants, il n'y aura plus personne pour s'opposer à un transfert en maison de retraite... Tout va désormais être si différent.

L'enfant devenu adulte avait pris les rênes de son existence, il menait sa vie, conformément à ses choix et à ses désirs et, depuis longtemps déjà, ses parents n'intervenaient plus dans ses décisions. Il avait accueilli dans sa vie des personnes que les parents n'avaient jamais eu l'occasion de rencontrer... et ce sont ces étrangers que le père et la mère, étonnés par leur nombre, ont vu défiler dans la chambre d'hôpital. Les parents réalisent alors que leur deuil a besoin de trouver sa place, car ces personnes qui ont partagé l'intimité de leur enfant revendiquent aujourd'hui leur part de tristesse et de soutien... Chacun veut avoir une certaine « priorité » mais il n'y a pas de compétition dans la souffrance... Le jeu absurde du « je souffre plus que toi » ne fait, au bout du compte, qu'accroître la détresse de chacun.

Les parents sont parfois choqués de voir leur peine passer au second plan, par rapport, par exemple, à une épouse qu'ils connaissaient à peine : « Pourquoi cette femme reçoit-elle autant de soutien alors que nous aussi nous pleurons notre fils ? »

Il est vrai que certaines décisions échappent aux parents et ceux-ci se trouvent alors démunis devant les conditions qu'on leur impose... Ils souhaitent un enterrement, et le conjoint opte pour une crémation. Ils veulent sauvegarder la vieille maison familiale, et les héritiers la mettent en vente, sans demander leur avis. Ils voient des objets chargés de souvenirs passer entre les mains d'un total inconnu, alors qu'ils pensaient qu'ils leur reviendraient de droit. Ils acceptent, à contrecœur, que leurs petits-enfants soient élevés par une autre personne que leur fils ou leur fille, quand le conjoint décide de se remarier... Ne craignent-ils pas qu'on puisse un jour oublier leur propre enfant ?

On réalise soudain qu'en tant que parent, on n'a plus tous les droits... Certes, on aura beau se dire qu'on se retrouve là face à l'expression de l'indépendance de son enfant et que les obstacles rencontrés aujourd'hui sont le résultat de sa faculté à s'assumer en tant que personne responsable. Il est, malgré tout, difficile de se sentir dépossédé d'une partie de ce qu'il a été...

C'est finalement un constat doux-amer, car parviendra-t-on vraiment à se convaincre que cette capacité à mener sa vie de façon autonome (et dont on souffre aujourd'hui des conséquences) est le fruit de tous les efforts déployés pour lui depuis qu'il était petit ?...

Concevoir un autre enfant

À la mort d'un enfant, quand les parents sont encore en âge de procréer, une question s'impose, tôt ou tard : « Allons-nous concevoir un autre enfant ? » Elle fait très souvent écho à une pression plus ou moins explicite de l'entourage qui voit, dans la naissance d'un nouvel enfant, une façon de « tourner la page » ou de « passer à autre chose », sans comprendre que cette pression engendre, chez les parents en deuil, plus de souffrance que d'apaisement. L'idée sous-jacente est que l'enfant disparu serait interchangeable (comme s'il n'avait pas eu d'existence propre) et que la peine des parents pourrait se dissoudre dans ce nouveau projet. Quelle erreur !

L'expérience montre qu'il n'y a pas de bon délai à respecter entre la mort d'un enfant et la conception d'un autre ; les enfants conçus quelques semaines après le décès ne souffriront pas *obligatoirement* de troubles psychologiques par la suite, loin de là. Mais pour les parents qui s'engagent dans cette voie, l'enjeu doit être extrêmement clair : ils doivent faire une véritable place au nouvel enfant, sans pour autant oublier ou effacer celui qu'ils viennent de perdre. Il faut donc pouvoir répondre à quelques questions fondamentales : « Avons-nous suffisamment cheminé dans notre deuil ? Sommes-nous suffisamment prêts à accueillir cet enfant ? Peut-il vraiment trouver sa place dans notre cœur et dans notre vie ? »

Parfois, on est pris de court : le nouvel enfant est déjà conçu. De nombreuses femmes enceintes au moment ou peu après le décès de leur enfant s'inquiètent : elles craignent, par l'intensité de leur souffrance, d'influencer négativement leur futur bébé. On ignore ce que perçoit exactement l'enfant in utero, mais, là encore, l'expérience montre que la meilleure façon de préparer l'arrivée de ce futur bébé est de s'engager le plus sincèrement possible dans le travail de deuil, en exprimant tout ce que l'on ressent et sans se sentir coupable vis-à-vis de l'enfant à venir. Tout ce qui est travaillé émotionnellement pendant la grossesse viendra beaucoup moins parasiter les parents après la naissance.

Si le nouvel enfant n'est pas encore conçu, il peut être sage d'attendre que la souffrance s'estompe avant une nouvelle grossesse. Il ne s'agit pas d'attendre des années, mais s'accorder un temps de « sursis » peut être utile. Il convient aussi de veiller à ce que des dates significatives ne se superposent pas, notamment les dates anniversaires : en effet, si on conçoit un nouvel enfant trois mois après le décès, il va donc naître neuf mois plus tard. 3 + 9 = 12 mois... La naissance risque de survenir aux alentours de la première date anniversaire du décès – voire le jour même ! Cela peut engendrer une grande confusion chez les parents et chez l'enfant. Il est donc important de penser à ces concordances de dates.

La culpabilité et la peur

Les parents en deuil envisagent souvent l'arrivée d'un nouvel enfant avec un fond de culpabilité. Certains craignent de trahir la mémoire de l'enfant disparu, d'autres de l'oublier, tant la peur d'être « happés » par le nouveau est grande. Beaucoup n'osent exprimer ouvertement leurs craintes et tentent d'étouffer en eux cette culpabilité. Pourtant, ce ressenti n'est pas en contradiction avec la joie d'attendre une nouvelle naissance : son expression fait partie du travail de deuil, qui peut être mené de front, parallèlement à la grossesse.

Les parents ont peur, aussi, que tout recommence : que l'enfant à venir soit mort-né, qu'il ait une maladie grave, qu'il soit victime d'un accident et disparaisse à son tour. Cette peur de souffrir à nouveau peut conduire à mettre en place des mécanismes de protection inconscients qui empêchent d'investir pleinement l'enfant à venir. Certains parents, par exemple, reconnaissent simplement « attendre » l'enfant, sans vraiment s'engager dans le processus émotionnel de la grossesse. Cette protection anticipée contre la souffrance doit être identifiée, pour être dépassée. Les parents doivent se préparer pleinement, de façon inconditionnelle, à la venue de leur enfant, en acceptant toutes les conséquences de l'avoir mis au monde. Il arrive que des parents attendent, plus ou moins consciemment, que le nouvel enfant dépasse l'âge de l'enfant décédé avant de l'investir vraiment, comme si, à ce moment-là seulement, ils s'autorisaient à faire la différence entre les deux enfants. Ce mécanisme de défense peut entraîner une difficulté dans la création du lien mère-enfant ou père-enfant. Si cela devient préoccupant, il est important que le parent se fasse aider psychologiquement, afin de restaurer ce lien essentiel.

La culpabilité se nourrit parfois des comparaisons entre l'enfant disparu et l'enfant à venir : on a peur d'être déçu par le nouvel enfant, en le jugeant « moins bien » que l'autre. Cette réaction est très fréquente et il ne faut pas se condamner pour autant. On constate qu'avec le temps, le fait de vivre avec ce nouvel enfant le fera exister pleinement, au-delà de toute comparaison.

Il existe enfin un ressenti dont peu de parents parlent spontanément : ils avouent se sentir las de devoir tout recommencer et consacrer, à nouveau, toute leur énergie au futur enfant. Ils se disent fatigués à l'avance parce que, tout simplement, ils sont encore plongés dans la dynamique épuisante de leur deuil. Là encore, cette réaction est fréquente. Cette lassitude peut traduire une certaine perte de confiance en la vie. On a perdu un enfant et rien n'interdit de penser qu'on n'en perdra pas un autre. Cette réflexion est terriblement juste : la mort d'un enfant n'immunise pas contre la mort d'un autre enfant. Mais tel est l'enjeu de cette nouvelle grossesse : retrouver la confiance et prendre le parti de la vie, envers et contre tout.

L'« enfant de remplacement »

Une nouvelle grossesse ne doit pas servir à annuler la douleur de la perte. Ni à se rassurer sur le fait qu'on peut mettre au monde un enfant viable. Si les enjeux de cette nouvelle grossesse sont erronés, l'existence même du futur enfant reposera sur un malentendu. Il ne faut pas concevoir un enfant *en remplacement* de l'enfant disparu. Croire qu'il est possible d'annuler l'absence ou de court-circuiter la douleur du manque est une illusion – qui n'est pas sans conséquence pour l'enfant à venir…

Lorsqu'un enfant est, plus ou moins consciemment, conçu par ses parents comme un moyen de remplir le gouffre sans fond de leur souffrance, il n'existe pas pour lui-même. Il arrive même qu'on lui donne le prénom de l'enfant disparu, qu'on l'habille avec ses vêtements : il devient son substitut. Le processus de deuil des parents est bloqué, l'enfant mort reste très concrètement présent dans leur vie, à travers le nouvel enfant. Ils ne cherchent en lui que l'écho de celui qu'ils ont perdu.

L'enfant de remplacement est mis dans la position impossible de celui qui doit réparer la blessure de ses parents. C'est un poids et une responsabilité qu'il ne peut pas assumer, et qui a des conséquences psychologiques très importantes à l'âge adulte, comme une absence totale de confiance en soi ou bien des difficultés à établir des relations harmonieuses avec autrui. L'enfant croit qu'il ne compte pas et qu'il ne comptera jamais aux yeux des autres. Il a l'impression que sa vie entière se passe à l'ombre d'un enfant mort qu'il a remplacé, sans succès, à sa naissance : il vit dans l'idée qu'il ne pourra que décevoir ses parents, car il ne sera jamais celui qu'ils voudraient qu'il soit…

Il est essentiel de le répéter : pour les parents, la seule et unique façon d'éviter le phénomène de l'« enfant de remplacement » est de s'engager résolument dans le travail de deuil de l'enfant disparu. Il n'y a pas d'autre moyen ; l'enfant à venir a besoin de pouvoir exister pour lui-même, sans devoir porter le poids de l'autre. Il a besoin d'être traité comme un individu à part entière, sans référence systématique à l'enfant disparu. Les parents doivent tout faire pour le différencier de lui.

Le couple après la mort d'un enfant

Un mythe tenace veut que la mort d'un enfant entraîne la séparation des parents dans deux cas sur trois. C'est totalement faux et aucune étude ne le démontre. En revanche, il est vrai que ce drame impose au couple un stress considérable. La perte d'un enfant le soumet à une sérieuse remise en question de ses fondements : quelle était la place de l'enfant ? Quel rôle jouait-il dans la cohésion du couple ? Servait-il de rempart affectif ou de refuge à l'un des parents ? Combien sa présence a-t-elle évité de conflits ? Si l'enfant servait d'alibi pour préserver une situation bancale, que deviendra la couple après son décès ? On constate en effet que si des conflits ou des problèmes de communication existaient avant la mort de l'enfant, ils ont malheureusement tendance à s'aggraver au cours du deuil. Cela peut finalement accélérer la dégradation de la relation et aboutir à une séparation. Mais l'inverse est également possible : on voit parfois des relations très chancelantes se restaurer et se renforcer, suite au décès. Chaque partenaire trouve en l'autre un soutien inattendu et l'épreuve qu'ils traversent ensemble leur fait comprendre l'importance du lien qui les unit.

Néanmoins, le stress que subit la relation est réelle après la perte d'un enfant, même pour les couples qui fonctionnent bien. On se trouve confronté en même temps à une énorme souffrance et on doit non seulement porter son propre deuil, mais aussi celui de son ou de sa partenaire. Les souffrances se répondent en miroir et ce face-à-face est parfois pénible à supporter. La détresse de l'un peut exacerber la détresse de l'autre et il n'est pas toujours possible de s'accorder des « breaks » dans le vécu du deuil car on est sans cesse happé par le deuil du conjoint. Il en résulte parfois un sentiment d'exaspération ou d'irritation. On peut aussi se sentir impuissant à aider l'autre car il ou elle est perdu(e) dans une douleur intérieure inaccessible. Ce constat d'impuissance peut nourrir en soi un pénible sentiment d'échec. Si on n'y prend garde, cette frustration peut devenir la source plus ou moins consciente de reproches ou d'agressivité.

Parfois, le décès est au centre des reproches entre parents : de fait, ayant tous deux partagé l'éducation de l'enfant, il est inévitable qu'ils se reprochent rétrospectivement certaines attitudes ou certains comportements. Une mère pointera la rigidité des principes d'éducation du père si elle estime que l'enfant décédé en a trop souffert ou bien un mari accusera son épouse d'avoir communiqué à leur enfant une trop grande angoisse pendant sa maladie. A l'inverse, pour se protéger l'un l'autre et afin d'éviter de nouveaux conflits, les parents choisissent souvent de se taire. Se croyant respecteux de la douleur de l'autre, on le laisse gérer sa souffrance seul dans son coin. Fatale erreur : cette solution n'est pas viable longtemps ; on réalise vite qu'elle détruit à petit feu la relation. Si on ne dit rien, les reproches s'accumulent et risquent de ressurgir dans une explosion de colère. Même s'il est légitime de vouloir protéger l'autre, parler et partager ses émotions nécessite parfois beaucoup plus de courage et de respect que de rester tapi dans le confort illusoire d'un non-dit destructeur.

Chaque parent doit, à sa manière, en fonction de sa personnalité et son histoire, être confronté au deuil de son enfant. Le travail de deuil de la mère sera nécessairement différent de celui du père, puisqu'on a affaire à de deux individus distincts. Leurs deuils n'évolueront ni à la même vitesse ni au même rythme. Ne pas le comprendre, c'est s'exposer à des malentendus inutiles qui ne font qu'accroître le désarroi de chacun.

> « Mon mari ne comprend pas ce que je ressens, explique une jeune femme. Maintenant, il passe sa vie au bureau et s'enfouit

sous une tonne de travail… et je reste toute seule. Il ne parle jamais de notre enfant ; c'est comme s'il l'avait oublié. »

Le deuil de chaque parent évolue par vagues successives qui ne sont pas synchrones. Ainsi, l'un peut être au plus bas, et l'autre ressentir un répit dans la douleur, se trouver, pour un temps, d'humeur plus sereine. Le décalage est parfois très mal vécu par le plus déprimé des deux, qui risque de se percevoir, à tort, comme le seul à porter le deuil de l'enfant.

Accueillir et préserver son espace intérieur

À la mort d'un enfant, le processus de deuil amène chaque parent au cœur de lui-même, *dans un lieu intérieur où personne ne peut le rejoindre*. On se sent alors très seul(e), bien qu'entouré(e) de gens aimants et attentionnés. Il n'y a rien d'anormal à cela. Quand on prend conscience qu'on se trouve dans ce lieu de solitude intérieure, on comprend que son conjoint s'y trouve également : on *ne peut pas* le rejoindre dans son lieu intérieur, et de la même façon on ne peut pas être rejoint dans son propre lieu intérieur[1]. C'est une réalité incontournable et il est vain d'espérer qu'il puisse en être autrement. Avoir conscience de cette dimension intérieure permet d'accepter plus sereinement cette solitude que l'on ressent, même en présence de son compagnon ou de sa compagne. Cela ne signifie, en aucune façon, que la relation va mal ou qu'on ne parvient plus à communiquer. Cela ne dit rien de la force de l'amour que l'on se porte mutuellement.

Cette solitude incontournable fait partie du deuil ; la dernière chose à faire est de tenter de la fuir. Il faut apprendre à l'apprivoiser et l'accueillir en soi. Pour cela, il est nécessaire de prendre du temps pour soi…

1. Dr Christophe Fauré, *Ensemble mais seuls. Apprivoiser le sentiment de solitude dans le couple*, Albin Michel, 2009.

En effet, il n'est pas indiqué de rester ensemble 24 heures sur 24. On a besoin d'un espace individuel sans son ou sa partenaire. Ce n'est pas antinomique avec la relation d'amour.

Mais tout comme il est important de s'accorder des moments de solitude, il est également indispensable de passer du temps ensemble. Pourquoi ? Parce que la perte de l'enfant et le deuil qui s'ensuit transforment chaque parent en profondeur et ces changements peuvent induire des modifications dans la dynamique du couple. Il est important de s'ajuster l'un à l'autre très régulièrement, afin d'éviter qu'un trop grand décalage psychologique et émotionnel s'installe au fil du temps. Il est donc utile de faire le point régulièrement ensemble : « Où en es-tu maintenant ? Qu'est-ce qui est en train de changer en toi ? Comment es-tu en train d'évoluer ? »

Faire le deuil de son enfant ?

De tous les visages de l'amour, celui de son enfant était le plus inconditionnel. Au-delà des conflits, sa vie pouvait résumer celle de ses parents : elle était leur promesse d'immortalité...

En regardant le calendrier, on se surprend encore aujourd'hui à compter, année après année, l'âge qu'il aurait. Noël, l'anniversaire de sa naissance, le mariage de son frère sont autant d'instants douloureux qui ramènent à la mémoire le souvenir de sa perte. Quel que soit le temps qu'il a vécu, il continue à vivre par tout ce qu'il a pu apporter et changer dans l'existence de ses parents. Il leur faudra revenir très souvent en arrière pour retrouver les souvenirs d'autrefois. Il faudra revenir en arrière pour reconstruire le passé. C'est dans cette lente reconstruction que l'inconcevable parviendra à trouver sa place dans l'histoire de ceux qui l'ont aimé.

On restera toujours avec des questions sans réponse, et peut-être, un jour, avec la sagesse qu'apporte le temps, on pourra comprendre ce qui s'est vraiment passé... Mais, aussi longtemps que l'on vivra, les pensées qui conduiront vers lui porteront toujours l'empreinte de son absence. C'est ainsi, on ne peut rien y changer : on s'est rendu compte, avec un étonnement las, qu'on a pu en dépit de tout réapprendre à vivre... Mais, au fond de son cœur, pourra-t-on jamais faire le deuil de son enfant ?

Les grands-parents en deuil

> « Je ne me donne pas le droit de montrer ma peine à ma fille qui vient de perdre son petit garçon. Et pourtant, moi aussi je suis en deuil de mon petit-fils, mais je ne peux rien attendre d'elle... »

À la mort de l'enfant, les grands-parents se retrouvent eux aussi en deuil. L'attention se concentre légitimement sur les parents et, très souvent, les grands-parents se mobilisent pour soutenir leur propre enfant. Mais ils sont parfois dans une position difficile, car leur deuil ne trouve pas toujours à l'extérieur l'écho dont ils auraient besoin. On leur demande plus volontiers comment va leur fils ou leur fille que comment ils vont eux-mêmes et ils ne s'autorisent pas toujours à parler de ce qu'ils éprouvent, par crainte de paraître indécents ou égoïstes. La situation la plus pénible à vivre survient lorsque s'instaure une sorte de compétition entre le parent et le grand-parent de l'enfant. Chacun revendique la reconnaissance de sa peine et cela ne crée que des tensions supplémentaires, ajoute de la souffrance à la souffrance.

Une grand-mère raconte : « Ma fille m'a dit clairement que c'était elle qui souffrait le plus et qu'elle ne pouvait pas être à mon écoute. J'ai compris... mais ça m'a fait très mal. Elle ne veut rien voir de ma peine ; c'est trop pour elle... Alors je ne dis rien. » Le son de cloche est différent chez cette jeune femme en conflit larvé avec sa mère depuis la mort de sa fille : « Je ne supporte plus qu'elle me dise : "Comment est-ce possible que ça nous soit arrivé !" Je n'accepte pas ce "nous" ! J'ai l'impression qu'elle nie ma souffrance et qu'elle l'englobe dans la sienne, alors que ce n'est vraiment pas la même chose... Je ressens cela comme si elle voulait s'approprier notre peine, pour se faire plaindre, elle. Et ça me met en colère ! »

Il n'est pas rare que les discordes parents-enfant d'autrefois ressurgissent dans un tel contexte, par exemple lorsque le parent éprouve le besoin d'exercer son autorité « bienveillante », en (re)prenant en charge son enfant adulte aujourd'hui fragilisé et vulnérable. Celui-ci risque de repousser avec vigueur ou irritation cette aide qui lui rappelle des situations de dépendance du passé et les vieux conflits se trouvent alors réactivés... Heureusement, ce n'est pas systématique. Dans le meilleur des cas, grands-parents et parents en deuil s'engagent dans un soutien réciproque qui respecte les places de chacun. C'est peut-être d'ailleurs l'occasion de découvrir son propre enfant sous un autre jour, en tant qu'adulte en souffrance qui a construit sa propre existence et qui assume avec courage les épreuves de sa vie. Ce n'est plus l'enfant du passé. Et il rencontre aujourd'hui des circonstances que le grand-parent, lui-même, n'a jamais connues. Le grand-parent fait le douloureux constat de son impuissance face à une détresse qu'il sait ne pas pouvoir apaiser. Il ne peut « que » être présent et offrir avec constance son amour et son soutien, même si ces derniers sont parfois maladroits ou inopportuns. Offrir sa présence peut aussi être une façon d'accompagner sa propre souffrance et de lui donner un sens.

S'ils ont la chance d'avoir d'autres petits-enfants, les grands-parents ont un rôle important à jouer. À court terme, ils peuvent soulager les parents en prenant en charge une partie de la « logistique » familiale et en assurant l'« intérim » pendant que les parents retrouvent quelques repères. Ils peuvent également prendre le relais des parents, pour un temps, lorsque ceux-ci ne se sentent plus/pas capables de donner aux enfants l'affection, la tendresse et l'écoute dont ils ont besoin. À plus long terme, les grands-parents sont souvent ceux qui reçoivent des questions et des confidences sur le petit frère ou la petite sœur disparu(e) que les enfants n'osent pas formuler directement à leurs parents, par crainte de les blesser ou parce que ceux-ci ne sont pas disponibles. Les enfants attendent aussi que le grand-parent leur parle de cet enfant décédé et il se retrouve ainsi dépositaire des souvenirs vis-à-vis de leurs autres petits-enfants...

Les grands-parents ont les mêmes besoins que n'importe quelle personne en deuil. Ils doivent ainsi apprendre à prendre soin d'eux-mêmes. Il est nécessaire qu'ils se confrontent à l'impact de la disparition d'un enfant qu'ils avaient appris à aimer d'une façon différente de celle qu'ils avaient connue avec leur fils ou leur fille. Ils ont besoin de nommer leur colère ou leur révolte contre ce qui paraît contraire à l'ordre des choses : ils devaient partir les premiers, pas leur petit-fils !

Avec l'enfant disparaît également une projection dans l'avenir. Les grands-parents perdent la motivation à aller de l'avant qui les avait stimulés à sa naissance. Il va leur falloir trouver d'autres voies pour continuer à avancer et à donner du sens au temps qu'il leur reste encore à vivre... S'il s'agissait d'un enfant unique, nombreux s'interrogent sur ce qu'ils vont pouvoir donner, dorénavant, et à qui... Comment donner autrement ? Le dernier chapitre de ce livre ouvrira, je l'espère, des pistes pour aider à se reconstruire.

Enfin, il est important de souligner que les mêmes caractéristiques liées au sexe vont apparaître dans l'expression du deuil (voir « Être un homme en deuil », ci-dessous) : le grand-père s'engagera souvent dans un deuil solitaire et silencieux où il retrouvera son petit-enfant à sa façon, alors que son épouse éprouvera le besoin de parler et d'exprimer plus ouvertement sa peine. C'est ainsi, et c'est à respecter. Chacun va cheminer à son rythme, avec ses modalités propres.

Être un homme en deuil

> « Mon mari ne dit rien. Je vois bien qu'il souffre mais il reste silencieux quand j'essaie de lui parler... »
> « Mon frère n'exprime rien depuis le décès de notre père. Il ne nous montre aucune émotion, et encore moins quand notre mère est présente. Je crains qu'il n'arrive pas à faire son deuil. »
> « C'est insupportable, ce silence ! Je voudrais qu'il crie sa douleur mais il serre les dents et ne fait que travailler... »

Être un homme en deuil[1] n'est pas simple car le statut d'homme interfère fréquemment avec *l'expression* du vécu du deuil. En effet, l'homme en deuil se trouve pris dans les conditionnements sociaux qui façonnent son identité masculine depuis qu'il est petit. Même si ce n'est pas formulé explicitement, on attend de lui qu'il « assure » physiquement et psychologiquement, qu'il manifeste peu ou pas d'émotions en public et se montre

1. Ce chapitre s'inspire de l'excellent ouvrage de Carol Staudacher, *Men and grief*, New Harbinger Publications, 1991 ; non traduit en français.

ni trop éploré, ni trop vulnérable. On attend de lui qu'il soutienne ses proches plus qu'il soit soutenu lui-même et, partant, on hésite parfois à lui proposer de l'aide pour ne pas lui donner l'impression qu'on le considère comme fragile ou ayant besoin d'affection... Et on s'étonne, ensuite, qu'il « n'exprime pas ses émotions », « n'extériorise pas sa peine » ! Rien de plus normal, finalement : l'homme ne fait qu'adapter le vécu de son deuil aux exigences tacites de la société dans laquelle il vit.

Plus précisément, on peut dire que ce qui précède correspond surtout au vécu d'hommes de plus de cinquante ans. Il semble que les générations actuelles s'autorisent plus facilement l'expression de leurs émotions. Des films comme *La Chambre du fils* (Nanni Moretti, 2001) ou *In America* (Jim Sheridan, 2003) montrent de jeunes pères en deuil qui manifestent ouvertement leur sensibilité et leur fragilité ; proposant implicitement de nouveaux modèles de comportement, ils contribuent à l'évolution des mentalités.

Alors, qu'en est-il de l'homme en deuil ? D'après certaines études, il semblerait que les hommes ne soient pas aussi exposés aux risques somatiques graves que le redoute leur entourage féminin. Certes, la première année du deuil, les hommes souffrent davantage de problèmes physiques et d'une plus grande vulnérabilité face aux maladies. Les femmes, quant à elles, présenteraient statistiquement davantage de problèmes de santé dans les deux ou trois années qui suivent le décès. En outre, les hommes parviendraient à réinvestir plus rapidement leur environnement social ; ils « récupéreraient » davantage socialement, alors qu'ils rencontrent plus de difficultés au niveau émotionnel, du fait de leur plus grande réticence à manifester ouvertement leur souffrance. De même, en dépit de la morbidité et de la mortalité accrues chez les hommes durant la première année suivant le décès, on constate que leur adaptation physique, sociale et émotionnelle *à long terme* est plus satisfaisante qualitativement que chez les femmes.

Comprendre pour mieux accepter

Certaines épouses, compagnes, mères ou sœurs ont du mal à comprendre que la façon de vivre le deuil des hommes est différente de la leur. Elles ont trop tendance à juger comment l'homme *devrait* vivre sa peine à l'aune de leur propre souffrance. Elles insistent, parfois lourdement, pour qu'ils expriment leurs émotions, partagent plus souvent avec elles, parlent de ce qu'ils ressentent... Même si leurs intentions sont les plus sincères, elles doivent comprendre que ce n'est pas parce que l'homme ne dit rien que son travail de deuil ne se fait pas. C'est lui mettre une inutile pression que de vouloir le mener là où il ne peut – ou ne veut – aller.

Le processus de deuil est universel mais chacun d'entre nous le vit avec ce qu'il est, avec son bagage familial et culturel. Les hommes subissent le poids d'une pression sociale qui les pousse à minimiser – voire à inhiber – les manifestations du deuil. Il n'y a qu'à regarder ce qui se passe juste après le décès : le traitement réservé aux hommes est d'emblée différent de celui qu'on accorde aux femmes. Par exemple, après le décès d'un enfant, les proches passent très souvent par le père pour s'informer sur l'état de la mère. On présuppose que lui va bien ou que, du moins, il va suffisamment bien pour prendre soin de son épouse plus affectée que lui. Ces mêmes proches omettent parfois de demander au père comment lui fait face à la situation. N'étant pas sollicité sur son ressenti, l'homme estime qu'il n'est pas opportun d'en faire part à autrui. C'est une sorte de déni de sa propre détresse.

Tous ces messages inconscients n'incitent pas à parler. On comprend bien que ce n'est pas parce que leurs compagnes ou leurs amies leur disent d'exprimer leurs émotions (ce qui, en soi, est un bon conseil) qu'ils vont nécessairement être capables de le faire. Pour cela, il faut du temps, d'autant plus long que les difficultés de communication émotionnelle sont profondément enracinées. Et il ne faut pas les réduire au simple fait que les hommes, par orgueil ou amour-propre, n'accepteraient pas de se montrer vulnérables...

Un deuil silencieux et solitaire

« Mais parle voyons ! Dis-moi quelque chose ! Ton silence me rend folle ! » Combien de couples se sont ainsi désagrégés après la mort d'un enfant, par manque de communication et de compréhension ? Combien d'hommes et de femmes se sont déchirés autour d'émotions qu'ils ne parvenaient pas à partager, alors qu'elles existaient brûlantes et dévastatrices, au fond de leur cœur ?

Pour l'homme, le silence est fréquemment le recours le plus immédiat après le décès d'un proche : il garde pour lui sa douleur, il ne dit rien, même quand il est sollicité, soit parce qu'il ne sait pas quoi dire, soit parce qu'il n'a jamais appris à mettre des mots sur ce qui se passe en lui. Il est parfois perçu comme insensible ou distant, voire indifférent. On l'accuse d'être trop rapidement « passé à autre chose ». Devant un entourage qui exige de lui un niveau de communication qu'il ne parvient pas toujours à atteindre, l'homme se retrouve soumis à une double pression : celle de la douleur de sa perte et celle de proches qui lui demandent d'être différent de ce qu'il est.

Bien entendu, le silence n'est pas la meilleure façon de cheminer dans le deuil ; mais quand il s'impose, il faut le respecter. On ne peut pas forcer la parole.

Un autre aspect à considérer est que de nombreux hommes préfèrent vivre leur deuil en solitaire. Cela ne veut pas dire qu'ils refusent systématiquement l'aide qu'on leur propose, mais ils trouvent souvent dans la solitude l'espace dont ils ont besoin pour accueillir leur peine, loin des regards, loin d'un partage émotionnel avec autrui dans lequel ils ne se retrouvent pas nécessairement. La solitude est, pour l'homme, un espace privilégié où il met en œuvre certains « rituels » qui l'aident à avancer. C'est là une forme assez spécifique du deuil masculin : l'activité ritualisée solitaire.

La visite au cimetière est l'un de ces rituels. Les hommes s'y rendent plus souvent que les femmes – et seuls. Là, ils s'autorisent à pleurer, parlent parfois pendant des heures, se montrent blessés et vulnérables et ils y accomplissent finalement leur travail de deuil. Ils rentrent à la maison ou au bureau les yeux secs, le cœur fatigué mais apaisé, prêts à retrouver les rôles que notre société leur assigne. C'est comme un rendez-vous secret et intime avec la personne qu'ils ont perdue. Et c'est ainsi pendant des mois, sans que parfois personne ne le sache.

Si ce n'est pas le cimetière, c'est en tout cas un endroit solitaire qui est recherché. Parfois, c'est la chambre de l'enfant disparu : un père raconte comment, tous les soirs, il branche l'ordinateur de son fils ; il surfe sur internet pendant des heures, comme son enfant le faisait auparavant, et le lien se renoue... Parfois, ce lieu est l'espace de sa voiture qu'il gare sur l'aire d'autoroute, au retour du travail. Il a prétexté un rendez-vous important, mais c'est pour quitter le bureau avant l'heure et se donner un peu de temps avant de rentrer à la maison. Dans la sécurité de son véhicule, il se donne le droit de hurler sa douleur... Parfois encore, il quitte la maison pour aller marcher et on ne le voit plus de la journée : « Où es-tu allé ? » « Je suis allé marcher... » et il fait comprendre qu'il est inutile de le questionner davantage...

S'il a besoin d'être seul, afin de rencontrer ses émotions, l'homme en deuil doit apprendre à le dire, sans supposer que cela aille de soi. L'entourage féminin craint qu'il se referme sur lui-même et, effectivement, c'est parfois le cas. L'homme en deuil doit donc faire attention à ne pas se couper d'autrui et à rester en lien avec son entourage. Le deuil est un chemin solitaire, certes, mais on n'est pas obligé de le parcourir tout seul...

L'action

L'homme tente de se confronter au chaos émotionnel qui le submerge après le décès dans l'action. Dans un monde où l'homme existe en grande partie à travers ce qu'il *fait*, ce comportement traduit le besoin de reprendre le contrôle d'une situation... intrinsèquement incontrôlable. L'action est un moyen de contrecarrer le sentiment d'impuissance qui en découle.

De fait, l'homme construit davantage son travail de deuil autour de l'« agir » qu'autour de l'expression des émotions, même si celles-ci sont profondément vécues, en canalisant leur énergie dans l'action. Il se montre alors pragmatique, à la recherche – fructueuse ou non – de solutions aux divers problèmes que soulève le décès. On constate aussi que l'homme a apparemment plus de facilité que la femme à s'extraire ponctuellement de sa souffrance, en se ménageant ainsi des « niches » de sécurité où il la met à distance. Il est vrai que l'exercice d'une activité professionnelle peut considérablement aider (les hommes comme les femmes, d'ailleurs) à se déconnecter pour un temps de la lourdeur du deuil.

L'homme doit rester attentif à ce surinvestissement du « faire », qui risque de le couper totalement de son ressenti émotionnel. Par exemple, il doit trouver – ou on doit l'aider à trouver – la mesure entre une immersion professionnelle excessive et un salutaire exutoire à sa peine par le biais du travail. Il en va de même pour des activités de loisirs : on risque de s'épuiser physiquement pour anesthésier ce qui fait mal. Dans certains cas, le même objectif est recherché dans une activité sexuelle particulièrement intense, qui n'a pour but que de mettre à distance la souffrance.

L'action est donc utile à l'homme en deuil. Elle l'aide à amortir et à intégrer la violence de l'absence. L'enjeu est de lui donner la juste place, afin qu'elle n'occupe pas trop le devant de la scène et que le processus intérieur trouve suffisamment d'espace pour se déployer. On sait qu'il passe nécessairement par l'expression des émotions : l'homme a tout à gagner à prendre le risque de nommer ce qu'il ressent. Mais pour cela, il a besoin de trouver des circonstances favorables. Par exemple, la rencontre avec d'autres hommes ayant traversé la même épreuve peut être l'occasion, pour le père, le conjoint, le fils, l'ami en deuil, de parler de sujets qu'il n'aborde pas avec sa compagne ou d'autres personnes proches. Dans le partage avec d'autres hommes (que ceux-ci soient ou non en deuil, d'ailleurs), s'installe souvent une sorte de solidarité masculine, empreinte de pudeur et de respect des limites de chacun. Notre culture latine n'a pas encore intégré l'exemple des groupes de paroles d'hommes en deuil et, à ma connaissance, de tels groupes n'existent pas encore en France (voir p. 282) ; mais les expériences anglo-saxonnes et canadiennes de ce type montrent combien ces groupes spécifiques sont bénéfiques. Il ne manque que les bonnes volontés pour que cela change dans notre pays !

Bien entendu, ces groupes ne sont pas la seule modalité pour s'accompagner dans le deuil et tout ce qui est décrit au dernier chapitre de ce livre (« L'aide ») reste valable pour l'homme en deuil. L'important est de l'ajuster à son vécu et de ne pas chercher à être, à tout prix, conforme à une façon préétablie de cheminer dans sa peine.

IV

L'AIDE

S'aider

Le chemin du deuil a d'emblée débuté par un constat déconcertant : « Je ne suis en aucune façon préparé à faire face à ce qui est en train de se passer aujourd'hui dans ma vie. » C'est d'ailleurs autant vrai pour chaque individu que pour notre société dans son ensemble.

Tout ce que notre éducation nous a transmis devient caduc et inopérant face à la nécessité de « gérer » une perte majeure. On nous a appris à acquérir, à assimiler, à raisonner… mais pas à perdre. Au pis, on nous a imprégnés d'informations totalement erronées pour affronter la perte.

De fait, on constate que ce sont bien souvent les idées fausses et les attentes irréalistes de notre culture vis-à-vis du deuil qui le rendent encore plus difficile à supporter qu'il ne l'est déjà. Les personnes en deuil se trouvent inconsciemment soumises à un conditionnement qui leur dicte des comportements et des façons de penser inappropriés à leur réalité psychologique : il est ainsi indéniable qu'il existe une pression sociale qui contraint la personne en deuil à agir « comme si » elle allait bien. En mettant l'accent sur la raison et la volonté, en niant les émotions, on enferme encore plus l'autre dans sa solitude, alors que l'objectif est de l'en sortir.

On a déjà abordé quelques-uns de ces présupposés qui font tant de ravages :

– Il ne faut pas montrer ses émotions. C'est déplacé (surtout pour un homme).

– Il n'y a que les personnes fragiles ou psychologiquement faibles qui sont affectées par le deuil.

– C'est une question de personnalité et de force de caractère.

– Trop parler de la personne décédée est néfaste et morbide. Il faut évacuer au plus vite son souvenir et passer à autre chose : la vie continue.

– Le deuil dure quelques semaines, au pis quelques mois. Une fois terminé, on n'en souffrira plus jamais au cours de son existence.

– Il est anormal d'être toujours dans son deuil après un an.

– Il est préférable de faire son deuil seul, sans importuner ses proches avec ses soucis. Il faut les « respecter ».

– Avec le temps, on finit par oublier.

– Il est malsain de revenir sans cesse sur des souvenirs aussi douloureux. C'est se complaire dans son malheur ! Il faut se tourner vers l'avenir.

– Les rituels de deuil sont des pratiques désuètes et inutiles.

– Il n'y a aucune raison d'éprouver de la colère au cours du deuil.

– Les enfants ne comprennent rien à la mort, autant ne rien leur dire.

– La douleur va progressivement s'atténuer au fil du temps. Il n'y a rien à faire d'autre que d'attendre que ça passe, etc.

On n'imagine pas la toxicité, sur l'esprit des personnes touchées, de telles représentations, diamétralement opposées au déroulement « normal » du deuil. Il est regrettable que même des professionnels de santé mentale continuent à entretenir ces idées fausses, conduisant ainsi la personne en deuil à penser qu'elle a réellement un problème à résoudre.

Ainsi, la toute première étape à franchir pour s'aider soi-même est de connaître la réalité du processus de deuil. C'est le principal objectif de ce livre : s'approprier un minimum de points de référence pour mettre de son côté le plus d'atouts possibles.

Il n'y a pas de « recette » pour résoudre son deuil. Il n'y a que son propre deuil et ce qu'on va pouvoir mobiliser pour le traverser au mieux en réapprenant à vivre sans la personne qu'on a perdue... Ce chapitre se veut le plus pratique possible pour répondre à ce besoin de clarté qui fait tant défaut quand on est aux prises avec le tumulte de ses pensées.

Quoi qu'on fasse, quoi qu'on dise, quoi qu'on pense, il n'y a aucun moyen d'éviter la douleur de la perte. On peut, pour un temps, essayer de la nier, de la minimiser, de la contourner, cela ne changera strictement rien au fait qu'elle est omniprésente et que le seul et unique moyen de s'en libérer est de s'y confronter.

... Et pourtant, personne n'a envie de souffrir. L'expérience quotidienne met en évidence l'imparable constat que la douleur de la perte *doit être traversée* si on veut un jour l'apaiser. Il n'y a pas d'issue, pas d'échappatoire possible.

Si on l'esquive aujourd'hui, on devra de toute façon la retrouver plus tard, sous une forme plus ou moins déguisée et qui provoquera bien plus de dégâts psychiques qu'une confrontation directe, dans l'instant présent. La seule voie vers l'apaisement est l'entrée consciente et de plain-pied dans le travail de deuil. Car, en dépit des tourments et des errances que ce travail implique, il ne faut jamais oublier que ce chemin a un sens ; il est porteur d'un indéfectible espoir auquel il faut s'accrocher, coûte que coûte, quand on a l'impression que la vie ne vaut plus la peine d'être vécue : il affirme qu'on va pouvoir continuer à vivre sans la personne qu'on a perdue ; on ne l'oubliera jamais. On se sentira différent, changé jusqu'à la fin de ses jours, mais on aura à nouveau le droit à une existence où de nouvelles rencontres, des opportunités de joie et de plaisir auront leur place, sans nier ni trahir la mémoire de la personne qu'on a aimée.

Exprimer ses émotions

Si on imagine qu'on va pouvoir vivre son deuil en étant « fort », sans laisser la moindre place aux émotions, en prenant sur soi, sans partager quoi que ce soit avec autrui, on peut être certain que jamais on ne parviendra à sortir de sa souffrance.

Bien sûr, tout peut sembler bien aller en surface, car on tentera, pendant des années, de « bétonner » les moindres failles intérieures pour ne laisser rien paraître, mais il faudra savoir tôt ou tard payer la lourde facture de ce déni…

En effet, **reconnaître, accepter et exprimer toutes ses émotions** est l'une des tâches essentielles du travail de deuil. Se refuser cela, c'est courir le risque de ne jamais pouvoir le résoudre. Les obstacles à l'expression sont malheureusement nombreux et entravent souvent ce qui devrait se faire spontanément.

Un des premiers obstacles est que, parfois, on ne sait tout simplement pas *comment s'y* prendre… et, en fait, on réalise qu'on n'a *jamais* su nommer véritablement ce qu'on ressentait. On ne nous l'a jamais appris. Nos parents nous ont toujours enseigné le contrôle de nos émotions et c'est cette lamentable leçon qui nous paralyse aujourd'hui et nous handicape dans l'aide qu'on a besoin de s'apporter. De fait, il faut reconnaître que ce n'est pas évident de savoir avec précision si on est vraiment en colère, ou vraiment anxieux, ou vraiment coupable, ou vraiment déprimé, quand depuis qu'on est petit on a appris à ignorer ou négliger la nature exacte de nos sentiments. Mais qu'on le veuille ou non ils existent bel et bien. Cette rencontre à laquelle on se sent si peu préparé est parfois effrayante au début... mais, finalement, avec un peu de courage et de confiance en ses ressources intérieures, on réalise qu'accepter de se montrer désespéré, angoissé, déprimé ne veut pas dire pour autant qu'on renonce à se battre. Cela ne signifie pas qu'on devient faible ou fragile ni qu'on va tomber en mille morceaux. Ce n'est pas non plus parce qu'on ressent de la colère ou de la violence qu'on devient pour autant une « mauvaise » personne, indigne d'amour et de considération.

Le regard de l'autre constitue un frein important à la libre expression des émotions. On ressent en soi le besoin de pleurer, de crier, de dire sa souffrance, sa honte ou sa peur, et pourtant on ravale, avec peine, ses larmes de peur d'être incompris, jugé ou rejeté, de peur de « faire mal » à son entourage, en étant dans le vain désir de le « protéger » car lui aussi souffre.

Une équipe de chercheurs anglais a un jour décidé de mener une expérience qui avait pour objectif d'apporter un nouvel éclairage sur la nécessité d'exprimer ses émotions au cours du deuil. Ils demandèrent à des personnes dont le deuil se déroulait avec difficulté de se répartir en deux groupes. Le premier groupe reçut pour consigne de tout faire pour oublier leur perte. On les invita à ne pas en parler, à chercher tous les moyens de se distraire et de tenir leur esprit éloigné de leur deuil. On proposa au second groupe la possibilité d'exprimer tout ce qu'il ressentait, soit en groupe soit en entretien individuel : le but était d'assurer une totale liberté dans l'expression des affects.

Après plusieurs semaines, on fit remplir à chaque personne un questionnaire destiné à évaluer, selon des échelles précises, son état général, physique et psychique.

Le premier groupe obtint des scores catastrophiques et bien inférieurs à ceux du deuxième groupe. Comme cela était prévisible, l'état global des sujets du deuxième groupe s'était considérablement amélioré, tant au niveau physique que psychologique et relationnel.

Accepter son émotion, quelle qu'elle soit, signifie qu'on accepte de ressentir ce que l'on ressent. Cela apparaît comme une évidence, mais ce n'est pas aussi facile à mettre en pratique. Il s'agit d'affirmer et d'accepter, en pleine conscience : « Ce que j'éprouve maintenant est de la colère et il faut que je trouve le moyen de l'exprimer », ou encore : « Ce que je ressens à l'instant est de la tristesse, ou de l'angoisse, ou de la détresse. Je la reconnais et je dois faire quelque chose pour la manifester et la faire sortir de moi. Je peux en parler des heures au téléphone avec mon meilleur confident. Je peux frapper avec rage dans des coussins, pleurer, hurler, montrer de la violence dans la mesure où je ne mets en danger ni moi, ni autrui. Je peux me prostrer dans ma chambre et sangloter pendant des heures, en ayant conscience que j'ouvre délibérément les vannes. Je peux aller dans la campagne ou au bord de la mer où je pourrai hurler ma détresse sans affoler mon entourage. Je peux noircir des pages et des pages d'écriture pour me vider de l'émotion à laquelle je donne libre cours. Je peux mettre à fond la musique qu'elle aimait et passer ma journée à ressentir l'horreur de son absence… L'objectif est de ne pas chercher à étouffer en soi les émotions qui émergent, aussi inconfortables, dévastatrices ou déstabilisantes soient-elles.

Cela ne signifie pas qu'on doit se laisser submerger par toutes ses émotions en même temps : il nous reste, tout de même, la capacité intérieure de faire la part des différentes émotions qu'on ressent et de s'y confronter l'une après l'autre. Personne ne nous demande d'être écrasé en une seule fois par la masse monolithique de *tous* nos affects. Cela ne veut pas dire que l'on s'y complaît. On ne fait que reconnaître ce qui est, sans chercher à le nier.

Il faut prendre le temps nécessaire pour s'y installer, tout en restant attentif aux images, aux impressions ou aux pensées que l'expression de ces émotions suscite en nous. C'est une façon de les explorer et de leur laisser dire ce qu'elles ont à nous dire, sans opposer de résistance inutile. On ne va pas être détruit par ce déferlement d'émotions. À la limite, si on se sent incapable de les gérer seul, il ne faut pas hésiter à faire appel à des amis qui pourront faire office de garde-fous, ou encore à une aide professionnelle qui est habilitée à canaliser, en toute sécurité, le flot des sentiments.

Contrairement à ce que l'on pense, il n'y a rien de « malsain » à faire autant de place à des émotions jugées violentes ou négatives.

Car, en définitive, quelle en est la finalité ? On réalise imperceptiblement qu'en procédant ainsi l'énergie de ses émotions s'use avec le temps. Si, inlassablement, on les laisse circuler en soi et à l'extérieur de soi, si on les partage *encore, encore et encore* avec ceux qui savent les écouter, on sent progressivement que cette ventilation volontaire et soutenue des émotions épuise leur force et leur intensité.

Au bout du compte, on réalise que, loin d'être détruit par le raz de marée de ses affects, on parvient, très lentement et très progressivement, à retrouver davantage de paix intérieure. Cela demande évidemment du temps, beaucoup de temps. Il faut savoir que cette libre circulation des émotions ne peut se faire une bonne fois pour toutes. Le processus doit se répéter à maintes reprises. Cela implique de revenir sans cesse, et pendant des mois, sur les mêmes émotions, les mêmes sentiments, les mêmes pensées, les mêmes images.

C'est d'ailleurs cette répétition incessante qui donne l'impression qu'on ne progresse pas... et pourtant, aussi forte que soit la certitude qu'on ne verra jamais le bout du tunnel, on avance : c'est une certitude à laquelle il faut s'accrocher, même si on est convaincu d'être en train de stagner.

La place des rituels

Si la souffrance est psychologique, elle est également spirituelle. On réalise qu'il est impossible d'ignorer la dimension spirituelle de sa perte, car elle renvoie directement à sa propre mortalité et aux interrogations sur le sens de son existence.

Ainsi, depuis la nuit de temps, les hommes se sont trouvés face à la nécessité de concilier douleur psychologique et quête existentielle lorsqu'un des membres de leur communauté venait à disparaître.

De ces besoins ancestraux naquirent les rituels. Aussi loin qu'on puisse remonter dans l'histoire de l'humanité, on retrouve toujours une trace de rituel, sous quelque forme que ce soit. Un des exemples les plus anciens que l'on ait pu retrouver est une couronne de branchage qui fut déposée sur le corps d'une jeune femme, dans une sépulture préhistorique.

Il est important de ne pas se méprendre sur son véritable sens, car le mot « rituel » est chargé de significations erronées et d'idées préconçues, qui font qu'on le rejette sans savoir ce qu'il est véritablement. Le rituel n'a pas nécessairement une connotation religieuse. Il a sa place dans le deuil, quelles que soient les convictions religieuses et même en l'absence de toute croyance particulière. Il doit être compris dans une perspective beaucoup plus large et son champ d'action dépasse le sens étriqué et réducteur qu'on lui attribue habituellement. En effet, si on parvient à le replacer dans sa juste position, on réalise qu'il devient alors un des plus puissants moyens qu'une personne puisse s'approprier pour progresser dans son travail de deuil.

Le rituel a une fonction symbolique qui nous relie à celui ou celle qu'on a perdu. Il remplit la mission de rite de passage entre une absence réelle et objective du présent et l'intégration progressive de cette réalité dans sa vie psychique.

Mais, finalement, qu'est-ce qu'un rituel ? En quoi consiste-t-il ?

Il existe des rituels publics et des rituels privés.

Les **rituels publics** sont ceux que nous connaissons le mieux. Ils renvoient à toutes les cérémonies, aux commémorations visant à honorer, de façon publique, la mémoire des personnes disparues : c'est la visite au cimetière à la Toussaint, l'organisation d'une messe commémorative, etc. C'est d'ailleurs ce type de rituels qui rebutent beaucoup de gens, car ils ne voient, dans ces manifestations officielles et codifiées, que des conventions désuètes vidées de sens et de toute affectivité... Ce qui, en soi, n'est d'ailleurs pas toujours faux.

Cependant, au-delà des idées préconçues qui font rejeter en bloc l'idée d'un quelconque bénéfice à retirer d'une cérémonie funéraire, il est important de rappeler ici les fonctions psychologiques essentielles que remplissent les obsèques (qu'il s'agisse d'un enterrement ou d'une incinération).

Qu'elles aient une connotation religieuse ou non, les obsèques sont avant tout destinées à ceux qui restent ! Il est donc capital pour eux de donner à cette ultime cérémonie la juste dimension de ce qu'ils sont en train de vivre. Les obsèques aident à confirmer, encore une fois, la réalité du décès. Elles permettent aux personnes directement touchées de se percevoir en deuil et elles leur offrent un cadre socialement reconnu pour l'expression naturelle des émotions.

Les personnes touchées sont également perçues *par autrui* comme étant en deuil et cela leur accorde la « marge de comportement » dont nous avons parlé plus haut. De plus, la réunion du groupe social est l'occasion de rendre manifeste, implicitement ou explicitement, la nouvelle répartition des rôles de chacun dans le système familial ou amical où le décès est survenu. On commence à percevoir qui va assumer les fonctions ou les responsabilités de la personne disparue et comment ces rôles vont être mis en acte.

Une cérémonie aide également à créer un sentiment d'unité et de communauté. On observe la constitution d'un tissu de soutien dont on va avoir besoin dans les mois à venir, et, même si on sait très bien que certaines promesses hâtives ou manifestations exubérantes d'affection s'éteindront rapidement après quelques semaines, peu importe ! En ce jour, on a besoin de s'entendre dire qu'on est aimé et soutenu dans son épreuve... À chaque jour suffit sa peine, et ce jour a besoin de sa petite lueur d'espoir et de chaleur humaine, aussi éphémère soit-elle.

Les obsèques aident enfin à s'engager dans une autre tâche primordiale du travail de deuil : l'exploration de tous les aspects de la relation avec le défunt. Cette recherche s'alimente souvent des anecdotes, commentaires, histoires que tel ou tel raconte sur le défunt ; elle puise dans le partage des émotions avec ceux qui l'ont connu. C'est là, aussi, où l'on commence à mesurer les pertes secondaires qui font suite au décès et où la prise de conscience des nouvelles compétences à acquérir se fait jour. Ainsi, la cérémonie des obsèques aide au travail de deuil en commençant à modifier le climat émotionnel de sa relation avec le défunt.

Les **rituels privés** sont, eux, à la mesure de l'imagination et des besoins de chacun... Tel jeune homme va planter un arbre sur le bord de la route où son frère s'est tué en voiture, telle mère va, chaque matin, écrire dans un cahier les pensées qui la mènent vers son enfant décédé, tel petit garçon va veiller à ce que, chaque soir, la photo de son papa soit bien à portée de son regard sur la table de chevet. C'est pour cela qu'il est tout à fait approprié de parler de la fonction *thérapeutique* du rituel.

Quel que soit son mode d'expression, le rituel offre un cadre ou une structure dans lesquels les pensées peuvent s'organiser. Sa répétition régulière, jour après jour, semaine après semaine, invite à reproduire les mêmes gestes et les mêmes attitudes. De là, il se charge d'une énergie qu'on prend progressivement plaisir à retrouver et dans laquelle on apprend à se plonger avec confiance. C'est dans cette régularité que le rituel puise sa force. Il crée un point de repère salutaire à une période de son existence où on ne sait plus où on en est : il est un début et une fin. On ménage ainsi, dans la journée, un moment privilégié où on focalise plus facilement ses pensées sur son travail de deuil, au lieu de les laisser flottantes et sans support. Si on sait, par exemple, qu'une heure ou qu'une demi-heure de sa soirée sera vouée à un retour silencieux sur soi-même par le biais d'un rituel, il deviendra plus facile de se concentrer sur son activité de la journée afin de ne pas disperser ses forces. Le rituel offre la possibilité d'oublier un temps son deuil, sans se sentir coupable...

À la mort de son époux, une jeune veuve fait agrandir et encadrer une des plus belles photos de son mari. Une fois par semaine, elle et ses enfants de huit et onze ans se réunissent, le soir, auprès de cette photo. Ils allument chaque fois une bougie

> pour marquer ce moment privilégié où ils parlent librement de ce mari et de ce père disparu. La mère s'autorise à montrer sa peine devant ses enfants. Ils reçoivent ainsi le message qu'il est possible, dans un cadre approprié et sécurisant, de partager les pleurs et les souvenirs, sans honte et sans jugement. Les enfants apprennent à leur tour à livrer, petit à petit, ce qu'ils ressentent au plus profond d'eux-mêmes.

Ce rituel permet à chacun de panser ses blessures... Avec le temps, il est bien sûr progressivement abandonné, mais cette famille met un point d'honneur à le reproduire chaque année, pour marquer l'anniversaire de la mort...

Le rituel aide à la transition entre un hier où on partageait le quotidien du défunt et un demain où il faudra vivre sans lui. Il préserve le lien avec celui qui est parti.

Le rituel ouvre un espace qui transcende le temps. Quand, par exemple, le soir venu, on prend l'habitude de venir se recueillir dans un fauteuil du jardin où le défunt avait coutume de se reposer, le passé et le présent semblent fusionner et un dialogue silencieux s'installe. On trouve, enfin, le temps de dire ce qu'on n'a jamais pu lui dire auparavant. C'est, peut-être, grâce au rituel qu'on pourra « réparer » la culpabilité ou la rancœur du passé. Un long monologue s'engage, soir après soir, dans ce même lieu où on sait qu'on pourra dire, tout bas, son amour... ou son amertume. On pourra trouver la force d'avouer ce qui habite ses pensées et apaiser le poids de sa peine. C'est un instant d'émotion, de pleurs peut-être, mais c'est aussi un temps de recueillement et de ressourcement intérieur.

Accomplir un rituel est un acte d'une profonde intimité. Cependant, convier un proche, également touché par le même décès, à partager son rituel, c'est lui accorder un grand privilège et lui faire la preuve d'une profonde marque de confiance. Cet échange, qui se charge soudain d'une puissante intensité émotionnelle, recrée un sentiment de communauté où chacun se perçoit dans un tissu étroit de soutien et d'amour : on réalise qu'on n'est pas seul dans sa détresse. Chacun tirera du rituel ce dont il a besoin. On comprend alors, peut-être, que l'on peut, malgré tout, faire quelque chose de cette peine et qu'il est possible d'en dire quelque chose... En partageant son rituel, on découvre un peu de l'autre, en le rejoignant, quelques instants, sur le chemin de son propre deuil. On réalise que les cœurs sont beaucoup moins éloignés les uns des autres qu'on le pense trop souvent.

Le rituel doit cependant être considéré pour ce qu'il est : c'est le passeur qui aide à atteindre l'autre côté de la rivière. Il ne peut et ne doit pas exister pour lui-même, il n'est pas une fin en soi car, dans ces conditions, il est dévié de sa fonction initiale et il perd toute sa signification.

On retrouve ces rituels dépossédés de leur sens dans certains deuils chroniques.

> Une femme perd son fils dans un accident de voiture. Pendant des mois, elle porte le deuil de son enfant. Elle envahit la maison de ses photos et renouvelle chaque jour les fleurs de sa chambre à coucher.
>
> Elle s'accorde, certes, de longs instants de méditation où toute son attention se porte sur son fils disparu... Mais, mois après mois, elle continue à changer les fleurs et à se recueillir. Rien ne semble bouger. La chambre prend une allure de sanctuaire où rien n'a été modifié depuis le décès. Trois ans après, cette mère semble au même point. Elle est incapable d'aller plus loin... Le temps est suspendu et elle s'enferme dans un prétendu rituel qui ne sert, en fait, que de douloureux alibi à un deuil impossible.

Il est approprié, ici, d'ouvrir une parenthèse dans ce chapitre consacré aux rituels et à l'expression des émotions. En effet, aussi individuel que puisse être le déroulement du deuil, il arrive parfois qu'il prenne un cours qui le mette, de façon évidente, en marge du processus habituel. Cela tient, en partie, à la difficulté à se confronter aux émotions reliées à la perte, mais il serait faux, néanmoins, d'expliquer ces deuils dits « compliqués », uniquement sous cet éclairage. Il y a bien d'autres paramètres qui entrent en jeu.

Les deuils compliqués

Ces deuils sont dits compliqués dans la mesure où ils se sont trouvés bloqués à un endroit ou à un autre de leur évolution, de telle sorte que la libre circulation des énergies psychiques, nécessaire à une résolution harmonieuse, s'est trouvée entravée. On a pu identifier trois types de deuils compliqués. Nous ne les aborderons ici que brièvement, car les formes pathologiques du deuil ne sont pas le propos de ce livre.

La notion de **deuil inhibé** fut évoquée, pour la première fois, en 1937 par la psychanalyste Hélène Deutsch. Elle avait constaté que certains de ses patients présentaient des difficultés psychologiques, à type de dépression ou d'anxiété, ou des problèmes physiques pour lesquelles elle ne parvenait pas à trouver de causes évidentes. En approfondissant ses recherches, elle eut la surprise de découvrir que, pour un bon nombre de ses patients, les troubles présentés renvoyaient directement à un deuil du passé… ou plutôt à l'*absence* de toute manifestation, de tout comportement ou de toute émotion ayant un rapport avec leur perte d'autrefois. Elle en vint à penser que ces patients avaient exercé, inconsciemment, une inhibition massive sur leurs émotions du passé, et ce de façon durable, pendant plusieurs années.

« On peut affirmer, dit-elle, que la tendance très générale aux dépressions dites "immotivées" est la conséquence et l'expression de réactions émotionnelles qui ont été jadis refusées et sont restées, jusque-là, en attente, prêtes à se dégager. »

Cependant, l'énergie psychique mobilisée par le deuil doit trouver des « voies de traverse » pour s'exprimer et c'est souvent par le biais du corps que cela se fera. On observe alors tout un cortège de plaintes physiques sous forme de migraines, d'ulcères gastriques, d'asthme, de douleurs multiples qui laissent perplexes le médecin généraliste… Dans d'autres cas, il s'agit de troubles psychiques qui amènent à consulter.

Il est vrai que le décès, dans le cas du deuil inhibé, a été, la plupart du temps, bien reconnu intellectuellement, mais la vie a continué, comme si de rien n'était. Il n'y a pas eu de participation émotionnelle. Ainsi, dans une perspective thérapeutique visant à « relancer » ce deuil inhibé, c'est le travail du professionnel que de permettre d'exhumer, avec la plus grande patience, toutes les émotions qui sommeillent et dont la légitime expression n'a jamais pu se faire.

> Une femme perd son mari dans un accident de voiture. Elle organise le retour du corps et fait face à la situation avec un courage et une dignité exemplaires. Son entourage loue sa force de caractère quand, deux jours après les obsèques, elle décide de reprendre son travail. On s'étonne un peu de l'absence de pleurs et de tout abattement… « Mais se lamenter est inutile, dit-elle, la vie continue, il faut tourner la page… »
> Six mois plus tard, elle se retrouve au chômage pour des raisons économiques… Là, tout s'effondre, et ce n'est qu'à partir de cet instant que le deuil de son mari commence à s'exprimer.

Comme son nom l'indique, le **deuil différé** n'apparaît pas immédiatement après le décès, mais seulement après un temps de latence plus ou moins prolongé qui, dans ce cas, dépasse largement deux à trois semaines. Comme le deuil inhibé, la mort est reconnue, mais cette prise de conscience ne s'accompagne d'aucune émotion, ni de comportement caractéristique du deuil. Ce deuil reste « en attente ».

La souffrance engendrée par la perte est comme maintenue sous silence. Il s'agit évidemment là d'un processus inconscient qui vise à protéger la personne. Elle ne parvient pas à s'y abandonner, car elle la pressent comme trop dangereuse. Cela demande inconsciemment une vigilance de chaque instant, pendant des semaines, des mois, voire des années, car les énergies du deuil guettent la moindre « brèche psychique » où elles pourront s'engouffrer. Comme dans l'exemple cité plus haut, où le deuil s'initie après le licenciement économique, c'est souvent à l'issue d'une autre perte (qui n'est pas nécessairement liée à un décès) que ces « énergies » rejaillissent et les liens entre les deux événements ne sont pas immédiatement établis. Ainsi, des psychologues ont décrit l'émergence de deuils authentiques après la mort d'un chat, d'un chien, d'un canari chez des personnes qui, dans un passé proche, n'avaient rien pu exprimer après la perte de quelqu'un d'important pour elles. Cette douleur intense, totalement disproportionnée par rapport à la mort de l'animal familier, était, en fait, à relier à ce deuil ancien, jamais véritablement affronté. Il n'est pas rare d'ailleurs que des deuils « mal résolus » du passé, ou certaines émotions ou certains sentiments qui étaient restés sous silence, se réactivent ainsi, grâce au deuil présent. C'est comme si eux aussi tentaient de parvenir à une reconnaissance de leur existence, grâce au champ d'expression que le travail de deuil actuel leur ouvre.

Il y a enfin des deuils qui n'en finissent plus, figés dans des rituels et des habitudes vidés de leurs sens ; c'est ce qu'on appelle les **deuils chroniques**.

Le plus célèbre exemple de deuil chronique est celui de la reine Victoria qui, pendant dix ans, porta le deuil de son mari, le prince Albert.
Quelques mois avant le décès d'Albert, Victoria avait déjà perdu sa mère avec laquelle elle entretenait des rapports ambigus et conflictuels. La mort de son mari suffit alors à la précipiter dans un deuil résolument pathologique. Quoique très entourée, Victoria était, en fait, seule et isolée. Elle ne vivait que pour Albert, à l'exclusion de toute autre personne. À sa mort, Victoria, qui était à la tête d'un des empires les plus puissants du monde, se décrivait pourtant dans l'intimité comme « une pauvre orpheline, une petite fille abandonnée »...
Il lui devint impossible de faire le deuil d'Albert et elle s'accrocha à sa douleur pour pouvoir survivre : même si elle continua à remplir ses fonctions de souveraine, elle transforma sa vie privée en un sanctuaire dédié à la mémoire de son époux disparu. La chambre à coucher demeura intacte, rien ne fut jeté, rien ne fut déplacé. Elle exigeait que, tous les matins, les habits de son mari soient préparés, ainsi que son matériel de toilette. De l'eau était prévue pour son rasage et les draps de son lit étaient changés régulièrement...
Victoria fit encadrer le portrait photographié d'Albert sur son lit de mort, afin de l'emporter à travers l'Europe, pour l'accrocher à la tête de chaque lit où elle eut l'occasion de dormir... Ainsi imposa-t-elle, à la fin du XIXe, l'image de la veuve parfaite, fidèle sans faille au souvenir de son époux.

On frémit à l'idée que ce modèle pathologique de deuil ait servi de référence sociale pendant des générations... En est-on d'ailleurs, aujourd'hui complètement libéré ?

Le deuil chronique est un impossible compromis pour ne pas dire « Adieu ». On est persuadé que la fin du deuil porte la menace de perdre à tout jamais celui qui, pourtant, est déjà parti. Préserver son environnement, ne rien y changer, répéter à l'infini des rituels qui ne remplissent plus leurs fonctions sont autant de moyens de garder le défunt auprès de soi et de mettre à distance l'insupportable réalité de son absence.

> « Je n'ai rien bougé dans la maison, raconte un veuf de soixante ans, trois ans après le décès de sa femme, tout est exactement au même endroit où elle l'a laissé... »

On s'accroche désespérément à ces signes extérieurs car le défunt n'a pas pu trouver sa place à *l'intérieur* de soi-même. C'est cette étape fondamentale du deuil qui ne peut pas être atteinte : le processus est bloqué; il ne peut plus progresser. L'entourage se désespère. La personne s'y enlise et refuse parfois farouchement l'idée d'être aidée pour en sortir.

Pourquoi ? Quelle est cette force qui la maintient dans un deuil impossible ? Quels risques prendrait-on à y renoncer ? Cherche-t-elle, inconsciemment, à se faire payer quelque chose ? Sa culpabilité ? Son manque d'amour pour le défunt ? Que tente-t-elle aujourd'hui de réparer ?

Qu'est-ce qui empêche de lâcher prise ? La peur ? La colère ? La conviction que la profondeur de son amour se mesure à la durée du deuil ou bien qu'il reste encore trop de choses à se dire pour accepter que la relation s'arrête là ? La personne en deuil est seule à pouvoir trouver *sa* réponse. Tant qu'elle ne se résout pas, seule ou accompagnée par un professionnel, à se retourner sur elle-même pour chercher des clés, au fond de son inconscient, elle s'offre peu de chances de mettre, un jour, un terme à sa douleur.

Les trois types de deuils compliqués qui viennent d'être brièvement décrits sont à moduler, au cas par cas ; mais ils soulignent bien combien le deuil est un processus qui, pour certaines personnes, reste inaccessible.

On a déjà vu, par exemple, qu'un des obstacles au deuil est l'absence de reconnaissance sociale de la perte, soit parce que la relation qui unissait au défunt restait inconnue de l'entourage, soit que ce même entourage ne considérait pas le décès comme une véritable et authentique perte qui méritait la « mise en route » d'un deuil. C'est le cas, notamment, pour les couples homosexuels, quand un des partenaires décède du sida ; la relation (et donc la nécessité d'en faire le deuil) peut ne pas être reconnue par l'entourage.

La peur de s'engager dans un deuil constitue un autre obstacle : peur des émotions qu'on va trouver, peur de se perdre à tout jamais dans la douleur, peur d'avoir trop mal, peur d'être amené à découvrir des parties de soi-même qu'on a toujours pris soin d'éviter ; peur d'être incapable de faire face à tous les changements et à tous les bouleversements dans son existence que le deuil implique... Ces peurs sont légitimes, mais elles ne suffiront pas, par elles-mêmes, à gommer la nécessité de s'y confronter... L'entrée dans le processus de deuil prendra le temps qu'il est nécessaire pour chacun ; on n'a pas besoin de chercher à aller plus vite que nécessaire ; chacun doit respecter son rythme intérieur et faire confiance à sa capacité à intégrer les événements de façon posée, à son heure... Ce ne sera que plus tard qu'on pourra mesurer la sagesse de cette confrontation.

Les trois questions clés du travail de deuil

Venons-en maintenant à ce qui constitue la trame du travail de deuil. Trois questions fondamentales permettent de couvrir la quasi-totalité du chemin à parcourir. Ce travail peut s'effectuer soit seul, de soi à soi – et il est alors très utile de le faire par écrit – soit avec quelqu'un qui a notre confiance. On ne mesure jamais assez combien on a besoin de **témoins** face à ce qu'on est en train de vivre. Écrire ce qu'on ressent est une chose, le formuler auprès de quelqu'un qui nous écoute vraiment en est une autre et la différence est considérable.

Un point est très important : c'est *par la répétition et le retour incessant à ces mêmes questions* qu'on avance, peu à peu. C'est très progressif, presque imperceptible au début – et cela prend beaucoup plus de temps qu'on l'imaginait. Mais peu importe le temps quand on sait où on va et quand on sait pourquoi on y va...

• **Qui avez-vous perdu ?**

Cette question peut vous surprendre au premier abord : « Qui ai-je perdu ? Mais mon enfant voyons !... Mon compagnon... Ma mère !... Pourquoi cette question ? » Aussi évidente soit-elle, elle porte pourtant en elle le cœur de la souffrance car elle vous invite à *explorer la nature de la relation* qui vous liait à la personne disparue.

En effet, on ne fait pas que le deuil d'une personne ; on fait aussi le deuil d'une relation et de tout ce qui s'y jouait d'heureux et de moins heureux, de profond et de superficiel... Il faut ainsi couvrir tout le territoire de cette relation car c'est à cette condition qu'on parvient à se la réapproprier.

• Quelles étaient les qualités de la personne que vous avez perdue ? Quels étaient ses talents, ses particularités ? N'hésitez pas à aller dans le détail. Creusez tous les aspects de la relation. Fouillez encore et encore...

• Quels étaient ses défauts, ses zones d'ombre, ses manquements, ses errances ?

• Quels souvenirs vous reviennent à l'esprit et reflètent ce qu'était cette personne, dans le positif comme dans le négatif ? N'ayez pas peur d'évoquer ce qui vous choquait ou vous déplaisait chez elle. C'est une façon de ne pas tomber dans le piège de l'idéalisation et cela permet de se restituer la réalité de quelqu'un qui, comme tout être humain, était composé de multiples facettes.

• Allez à la recherche de tout ce qui faisait que cette personne était, à vos yeux, unique au monde.

Et aussi :

• Pénétrez l'essence de votre relation : de quoi était fait votre lien ? de complicité ? d'indifférence ? de haine ? d'amour ? de conflits et d'incompréhensions mutuelles ? de partage et de discorde ?... ou d'un mélange de tout cela ? Regardez l'ambivalence qui existait dans votre relation ; là où vous – ou l'autre personne – n'avez pas été très « clair » ; là où il y a eu des non-dits ou du mensonge et là où il y a eu de l'honnêteté et de l'ouverture. Évoquez les souvenirs, les conversations, les images du passé... Parlez-en, encore et encore...

Immanquablement, explorer à fond la question « Qui avez-vous perdu ? » fera monter en vous toutes sortes d'émotions. Ce n'est pas parce que les larmes vous envahissent ou que votre cœur se serre que vous ne devez pas faire ce travail. Encore une fois, il n'y a rien de malsain à procéder ainsi ; au contraire, c'est profondément « thérapeutique ». Ainsi, même si aujourd'hui cette évocation semble ne pas vous faire du bien car elle est très douloureuse, ne perdez pas courage et per sévérez. C'est de cette façon que vous prenez véritablement soin de vous.

• **Que s'est-il passé ?**

Répondre à cette question correspond à un besoin presque viscéral. *On ne peut pas faire autrement* que de revenir, inlassablement et pendant très longtemps, sur les circonstances qui ont entouré le décès de la personne aimée. Ne pas le faire crée un obstacle au bon déroulement du processus de deuil.

Ainsi, il est essentiel de reprendre *en détail* le récit de tout ce qui s'est passé avant, pendant et après le décès.

C'est d'ailleurs tellement important que, dans les groupes d'entraide de parents en deuil de l'association Apprivoiser l'absence, le récit détaillé des circonstances du décès occupe deux soirées complètes. Chaque parent se voit offrir un long temps de parole où il peut, sans être interrompu, évoquer, d'instant en instant, le décès de son enfant, du diagnostic ou de l'accident jusqu'aux obsèques, et parfois bien après. Pour certains parents, c'est la première fois qu'ils se voient accorder la possibilité de parler ainsi et ils éprouvent un réel soulagement à constater que chaque membre du groupe est vraiment à l'écoute.

• Prenez le temps d'évoquer les temps forts de ce qui s'est passé : l'annonce du diagnostic et ce que vous avez ressenti à ce moment précis, la première hospitalisation, l'attitude des médecins, des infirmières, tout ce qui a été dit avec la personne aujourd'hui disparue, tout ce qui n'a pas été énoncé... Racontez les circonstances de l'accident, ce qu'on vous en a dit, ce que vous avez vu, les pompiers, la police, les ambulances, le service des urgences, l'attente...

• Retrouvez et évoquez les conversations des premiers instants et des jours et semaines qui ont suivi ; les gestes, les silences, les incompréhensions de l'entourage, les confrontations, la colère, l'espoir et la peur... Retrouvez le souvenir du retour à l'école après la première chimio, les dernières vacances où vous reteniez votre souffle de crainte que ce soit les dernières... La dernière fois où vous avez fait l'amour... Les derniers mots, les derniers regards...

• Et l'après – tout l'après. Le corps sans vie, la chambre silencieuse, le funérarium... Et puis toutes les démarches... Votre état de choc, le refus... Les paroles heureuses ou malheureuses de ceux qui voulaient vous aider... La cérémonie, le choix de la musique, des textes, ce que vous avez eu envie de mettre dans cet ultime adieu... Le retour à la maison, le retour au travail, la réaction des autres... Et le début du chaos.

À elle seule, la longue et lente réponse à la question « Que s'est-il passé ? » prend un temps considérable. Il n'est pas étonnant d'éprouver le besoin de revenir au récit pendant une, voire deux années après le décès. C'est normal. On ne dit jamais la même chose, et c'est bien parce que le récit évolue dans sa « couleur » et son intensité au fil du temps que le sens commence à émerger – parce qu'on lui laisse le temps de se construire.

Là encore, il faut s'attendre à un flot d'émotions. Mais si on maintient le cap, on s'aperçoit que même le ressenti évolue. Prenez l'exemple d'un livre qui vous touche particulièrement : la première fois que vous le lisez, vous êtes secoué intérieurement car ce que vous lisez est neuf à votre esprit. Mais si vous reprenez le livre et le relisez, et si vous procédez ainsi à maintes reprises, quelque chose de différent va nécessairement prendre place en vous. Ce qui vous a touché et ému à votre première lecture va continuer à vous toucher, mais d'une autre façon, plus intégrée, plus distanciée. Rien n'aura changé dans l'histoire qui est racontée, mais votre ressenti intérieur, lui, aura changé.

Ainsi, contrairement à ce que votre entourage peut vous dire, il est sain de revenir *de façon récurrente* sur la question « Que s'est-il passé ? ». Le fait de répéter le récit crée une distance entre vous-même et les événements que vous relatez, un espace entre vous et votre souffrance. Cela ne change en rien leur nature ; ils restent ce qu'ils sont. Ce qui évolue est votre rapport émotionnel avec ce qui s'est passé. Vous apprenez progressivement à apprivoiser la douleur ; elle ne se jette plus violemment sur vous. Elle reste présente, mais vous apprenez à la contrôler, en vous libérant peu à peu de son emprise. Seul le récit répété des circonstances ayant entouré le décès de la personne que vous avez perdue peut vous mener à un tel résultat. Ne négligez pas cette étape!

Et soyez rassuré : vous vous rendrez compte, après un certain temps – un temps certain – que *vous* n'éprouvez plus le besoin de revenir sur ces événements, non pas parce que plus personne ne veut vous entendre – ce qui est, vous le savez bien, rapidement le cas! – mais *parce que vous sentez en vous que ce n'est plus nécessaire.* Il y aura quelque chose d'acquis qui rendra inutile l'urgence – si impérieuse au début – d'évoquer le passé. Après un certain temps, c'est comme si, sachant qu'on ne pourra plus jamais l'oublier, on pouvait se permettre de ne plus le garder omniprésent à l'esprit. Il est là désormais, il fait partie de votre histoire. Vous savez que vous n'allez pas oublier et vous savez que vous ne trahissez pas la personne que vous avez aimée si vous oubliez de penser à elle quelque temps...

• **Où en êtes-vous aujourd'hui ?**

C'est une vaste, très vaste question... Après avoir exploré le cœur de la souffrance avec les deux premières questions, on se consacre maintenant à son vécu au quotidien. Comme les précédentes, il ne faut pas se contenter de se la poser une ou deux fois et considérer que l'affaire est close. C'est, là encore, une question qui doit être reprise sans cesse et qui restera valide du premier jour du deuil jusqu'à sa complète résolution (tout au long de la vie, donc...). On évolue continuellement et les réponses qu'on apporte à ces questions évolueront donc également au fil du temps.

Cette question se décline en cinq axes qui correspondent chacun à un enjeu spécifique dans le chemin de deuil : physique, matériel, psychologique, social et spirituel.

• Où en êtes-vous aujourd'hui physiquement ?

Quand on perd quelqu'un, on n'est pas seulement touché au niveau psychologique et émotionnel : le corps est également impliqué dans le processus de deuil.

Que se passe-t-il à l'annonce du décès ? On est sous le choc, assailli par une multitude de pensées chaotiques. Le cerveau reçoit un message, « Cette personne que j'aime vient de mourir ! », et le transforme aussitôt en une réaction chimique : des impulsions nerveuses stimulent une petite glande située à la base du cerveau, l'hypothalamus. Dans une réaction en chaîne, l'hypothalamus alerte alors d'autres glandes : l'hypophyse (située à la base du cerveau) et les surrénales (situées au niveau des reins). Celles-ci déversent dans le sang une hormone appelée l'adrénaline ; c'est l'hormone du stress aigu. L'adrénaline entraîne une augmentation du rythme cardiaque, le relâchement des muscles respiratoires et digestifs. C'est une réaction très archaïque de l'organisme qui a pour fonction de le mettre en état d'alerte et de le rendre prêt au combat.

Au fil du temps, le message (« La personne que j'aime est morte ! ») reste toujours actif. En conséquence, le stress émotionnel qui en découle ne décroît pas et l'hypothalamus, l'hypophyse et les glandes surrénales restent en état d'alerte. Progressivement, au niveau des surrénales, une autre hormone, le cortisol, s'ajoute à l'adrénaline : on observe alors une augmentation importante de cette hormone dans le sang pour une durée prolongé. On se retrouve donc avec des taux sanguins élevés d'adrénaline et de cortisol : c'est la signature biologique d'un *état de stress chronique*.

Quelles sont les conséquences de ces taux élevés, pendant de longs mois ? Elles sont multiples et expliquent de nombreux symptômes physiques que l'on retrouve au cours du deuil :

• Un taux élevé d'adrénaline et de cortisol *épuise progressivement*. On se sent de plus en plus fatigué(e), avec l'impression de ne jamais pouvoir récupérer, même si on dort beaucoup.

• Le taux élevé de cortisol provoque *une baisse de l'efficacité du système immunitaire* : l'organisme se protège moins bien contre les agressions extérieures ; il devient plus vulnérable aux virus et aux bactéries qui sont sources d'infections. Il est donc très fréquent de tomber malade au cours du deuil (bronchites, angines, sinusites, mycoses diverses, etc.).

• Si on est déjà porteur d'une maladie chronique – une pathologie cardiovasculaire par exemple (hypertension artérielle, troubles du rythme cardiaque, etc.) ou encore des problèmes articulaires (arthrites) ou de peau (eczéma ou psoriasis) –, le stress prolongé du deuil peut *aggraver transitoirement les symptômes de la maladie*. Il est donc très important de faire le point avec son médecin, en lui précisant bien que l'aggravation des symptômes est en rapport avec le deuil qu'on vit.

• Enfin, l'épuisement physique et psychologique lié au stress chronique finit par avoir *un impact négatif sur les capacités intellectuelles* : baisse transitoire des performances, difficultés de concentration, de mémorisation ou d'apprentissage de nouvelles données. On a l'impression d'avoir la tête vide.

Ces manifestations ont tendance à apparaître six mois *après* le décès et peuvent encore durer un an ou deux. Elles varient cependant beaucoup d'une personne à une autre, aussi bien dans leur intensité que dans leur durée.

Comment gérer le stress chronique du deuil ? Puisqu'il est impossible d'interrompre le message d'alarme responsable de ce stress (« La personne que j'aime est morte ») et les réactions de la chaîne hormonale, il est préconisé de réduire au maximum l'impact de ce stress sur l'organisme : **il est donc indispensable de prendre soin de soi physiquement au cours du deuil**, afin de contrebalancer les effets négatifs du stress chronique. C'est un autre versant du travail de deuil.

S'occuper de soi, c'est :

– s'accorder suffisamment de sommeil, même si, pour un temps, on a besoin de somnifères ;

– s'alimenter du mieux possible (une mauvaise alimentation est un véritable stress pour l'organisme) ;

– faire un minimum d'exercice physique (même si le cœur n'y est pas…) ; on sait aujourd'hui qu'une activité physique, même modérée comme la marche, trois fois par semaine pendant au moins 30 minutes, a des vertus antidépressives ; c'est souvent préférable à la prise de médicaments…

– si on suit un traitement médicamenteux régulier (pour le diabète, par exemple, ou l'hypertension artérielle), il est capital de ne pas le négliger. On se trouve en effet dans une telle disposition d'esprit que plus rien n'a d'importance et on risque alors de se mettre gravement en danger. Le deuil s'accompagne très souvent d'un laisser-aller ; on n'a plus d'énergie pour s'occuper de soi : « À quoi ça sert ? Plus rien n'a de sens, c'est futile et inutile… Plutôt mourir finalement… » Si cette négligence de soi va trop loin, il s'agit peut-être d'un début de dépression ; il est alors utile de prendre conseil auprès de son médecin.

Le corps a lui aussi besoin de pauses ! Le deuil sollicite tellement d'énergie qu'il est impossible de maintenir cet effort 24 heures sur 24. On a besoin de se ressourcer, de reprendre des forces. Ce n'est pas parce qu'on s'accorde un petit plaisir (aller au cinéma, accepter une invitation à dîner chez des amis ou s'offrir un massage) qu'on trahit la mémoire de la personne disparue. Ne soyez donc pas coupable du répit que vous vous accordez de temps à autre. Vous avez droit de vous traiter avec douceur et attention.

• Où en êtes-vous aujourd'hui matériellement ?

Le deuil ne se résume pas au seul vécu émotionnel. Il a de très nombreuses incidences à de multiples niveaux et l'aspect matériel en fait partie. Dans certains cas, c'est même l'enjeu majeur des premiers temps du deuil, car le décès de la personne aimée peut plonger les proches dans un marasme financier très préoccupant. La pression matérielle est parfois si intense qu'il est impossible de s'atteler au travail de deuil.

En effet, quand vous – et éventuellement vos enfants – pensez ne pas avoir assez d'argent pour vous loger, vous nourrir, vous vêtir, il n'y a pas (ou peu) de place pour s'occuper de la dimension émotionnelle. Bien sûr, il faut la prendre en compte et l'accueillir quand elle se présente ; mais l'urgence n'est pas là. Il y a des choses à mettre en place en priorité afin de se sécuriser et de créer des conditions suffisamment stables pour s'engager, dans un deuxième temps, sur le versant émotionnel du deuil.

Concrètement, cela signifie que, dans certaines situations, le chemin du deuil passe *d'abord* par des démarches administratives et financières très terre à terre. Il est parfois nécessaire de consulter au plus vite un notaire ou un avocat pour faire valoir ses droits, ou encore un conseiller financier ou son assureur pour s'informer des précautions financières prises (ou non) par le défunt, etc. Si on se retrouve brusquement sans ressources, il faut s'enquérir des possibilités d'aide financière ponctuelle, de formation professionnelle ou de remise à jour de ses compétences. Dans les cas les plus difficiles, on se retrouve parfois dans l'obligation de déménager rapidement, car on se rend compte qu'on n'a plus suffisamment de revenus pour assumer le loyer. Enfin, le décès d'un parent ou d'un(e) compagnon/compagne peut signifier une baisse de son niveau de vie et c'est également un changement qu'on doit intégrer…

Gérer le matériel alors qu'on est en plein deuil est un facteur de stress supplémentaire. Cela peut le compliquer et ralentir sa progression, si on se laisse submerger sans solliciter de l'aide. On n'a malheureusement pas d'autre choix que de s'y confronter, tout en se faisant la promesse de revenir à son travail émotionnel quand on se sentira plus disponible intérieurement. C'est l'approche la plus saine à adopter. Dans de telles circonstances, l'aide d'autrui peut se révéler très bénéfique – dans la mesure où on ose la demander explicitement. Ici comme ailleurs, il faut faire en sorte que le chemin de deuil ne soit pas solitaire.

• Où en êtes-vous aujourd'hui socialement ?

L'entourage se rend rarement compte que le processus de deuil consomme énormément d'énergie et qu'une personne en deuil peut être en permanence épuisée, physiquement et émotionnellement. De même, les proches ne réalisent pas toujours que le deuil entraîne une désorganisation totale de la vie et que la reconstruction est souvent très lente. Cela se traduit par une certaine impatience et s'accompagne d'un cortège de paroles malheureuses : « Reprends-toi », « Secoue-toi », « Il est temps de tourner la page ». Ces injonctions, qui sont des encouragements sincères, ne servent qu'à *culpabiliser* la personne en deuil ! C'est donc totalement contre-productif.

Cette pression n'est pas sans conséquence : on apprend à montrer un double visage... pour avoir la paix. Il y a le visage social de quelqu'un qui semble ne pas aller trop mal (et on parvient souvent à faire illusion) et cet autre visage qui se révèle quand on est seul(e) ou en présence de personnes qui comprennent vraiment. Il peut y avoir un énorme contraste entre ce que l'on montre à autrui et ce que l'on ressent au plus profond de soi-même – cela peut d'ailleurs engendrer un sentiment de solitude et de déconnexion par rapport aux autres.

La relation aux autres est complexe au cours du deuil car, parfois, on ne sait pas ce qu'on attend d'eux : quand ils sont présents, on voudrait être seul(e) et quand on est seul(e), on se sent abandonné(e) ; s'ils proposent des activités, on refuse tout, mais s'ils ne proposent rien, on a l'impression d'être écarté(e) ! C'est compliqué... On a perdu un être cher et on souffre de son absence, c'est au fond la seule raison qui rend difficile toute relation. La *seule et unique chose* qui pourrait nous faire du bien, c'est tout simplement qu'il revienne. Les proches ont beau être aimants, attentifs, tendres et dévoués, leur aide sera toujours *en dessous* de ce qu'on réclame. Quoi qu'ils fassent, ils seront toujours impuissants à apaiser la douleur de l'absence. C'est pour cela que, parfois, de façon étrange, on leur en veut – comme si leur simple présence et leurs efforts pour nous venir en aide ne faisaient que souligner la perte qu'on a subie...

Le ressenti au cours de votre deuil dépend beaucoup de la qualité d'écoute et de présence des personnes qui vous entourent. Vous savez bien que vous n'avez pas besoin d'experts en matière de deuil ; les amis, certains membres de la famille, peuvent être de solides alliés pour cheminer avec vous, encore faut-il qu'ils soient réellement disponibles, ce qui n'est pas forcément le cas.

Une étude très intéressante a été menée il y a quelques années en Angleterre auprès de femmes qui avaient perdu leur mari. On a demandé à ces veuves de noter ce qui les aidait ou les avait aidées au cours de leur deuil. Une fois toutes les réponses collectées, un classement de ce qui est le plus utile au cours d'un deuil a été établi. Ce qui est apparu en tête de liste était « la perception subjective d'un réseau de soutien de qualité ».

« Perception subjective » souligne qu'on a beau être entouré par beaucoup de monde au cours du deuil, *si on ne se sent pas soutenu*, la qualité de cet entourage est mise à défaut et il ne remplit pas sa fonction. En d'autres termes, on peut se sentir désespérément seul au milieu d'une grande réunion de famille, tout comme on peut trouver un immense réconfort auprès de deux ou trois personnes « seulement », authentiquement présentes et à l'écoute. C'est ce que signifie l'expression « de qualité ». Le troisième élément est la notion de « réseau ». Il en existe de toutes sortes : amicaux, associatifs, professionnels, religieux, etc. Ce sont des groupes de personnes qui s'articulent et interagissent les unes avec les autres, de façon formelle ou informelle. Dans le cadre du deuil, ceux qui comptent le plus sont les réseaux familiaux, les réseaux amicaux et les réseaux associatifs (en complément – ou même parfois en substitution – des réseaux familiaux et/ou amicaux, quand ceux-ci sont défaillants ou inexistants). Les adresses données en annexe de ce livre pourront vous aider à vous connecter à un tel réseau de soutien.

Ainsi, la question « Où en êtes-vous aujourd'hui socialement ? » est une invitation à évaluer la qualité de votre réseau de soutien, plutôt que la quantité des personnes qui vous entourent. Si vous faites le constat d'un réseau trop réduit ou incapable de répondre à vos besoins, il est important de vous mettre en lien avec des ressources susceptibles de compenser ces carences. Le monde associatif est une piste à considérer sérieusement. Vous pouvez vous faire beaucoup de bien en vous donnant la chance d'être aidé et soutenu d'une façon que vous n'aviez peut-être pas envisagée auparavant. Cela vaut vraiment la peine d'essayer, surtout si vous êtes isolé socialement (et même si vous ne l'êtes pas !). En effet, depuis toujours, le deuil est affaire de communauté et de lien : c'est en relation avec autrui qu'on avance en ces temps de souffrance. Alors pourquoi ne pas vous reconnecter à ces racines puisque, depuis des générations, elles ont fait la preuve de leur pertinence et de leur efficacité ?

• Où en êtes-vous aujourd'hui psychologiquement ?

Prendre en compte la dimension émotionnelle du deuil est le propos des chapitres précédents et nous avons pris le temps de l'explorer en détail.

Ce qu'il est important de retenir est **l'aspect non linéaire de la souffrance**. La colère, la tristesse, la culpabilité, la peur, le désespoir, le mieux-être, etc. évoluent cycliquement, avec d'incessants hauts et bas qui donnent l'impression d'un magma effrayant. D'où l'importance de faire *très régulièrement* le point sur son état intérieur (par écrit ou, mieux, en parlant avec quelqu'un). Au début, il fluctue d'un jour sur l'autre, presque d'une heure sur l'autre. Avec le temps, les oscillations se font plus amples, mais cela ne signifie pas que les « vagues de deuil » soient moins douloureuses ; elles nécessitent toujours autant d'écoute et d'attention. Par exemple, ce n'est pas parce que vous avez été « bien » pendant une semaine de vacances au bord de la mer que vous n'avez pas le droit d'être à nouveau au fond du trou un mois plus tard, une fois rentré(e) à la maison. Il n'y a là ni retour en arrière, ni stagnation dans votre deuil, il ne s'agit que de la dynamique normale du processus. Chacun de ces mouvements demande à être identifié et accompagné.

Enfin, il est essentiel que vous ne portiez pas de jugement de valeur sur ce que vous ressentez. Vous ressentez ce que vous ressentez à un moment donné, c'est tout. Cela ne dit rien de vous, ni sur ce que vous êtes en tant que personne. Il est inutile, stérile et épuisant de vous juger ou de vous condamner parce que vous ne « devriez » pas éprouver ce que vous éprouvez ! Les émotions vont et viennent au cours du deuil, déstabilisantes, impétueuses mais aussi fugaces, sans plus de poids qu'une ombre sur le mur ; cela ne signifie pas qu'elles ne vous font pas mal quand elles vous traversent – elles font très mal ! –, mais elles n'ont pas besoin de prendre possession de vous. Elles n'ont pas besoin de se cristalliser en vous plus qu'il n'est nécessaire. Il est important de garder la juste distance : vous éprouvez une émotion mais vous n'êtes pas votre émotion. Ce serait lui donner une réalité qu'elle n'a pas. Vous n'êtes pas votre colère, ni votre culpabilité, ni votre peur, ni votre vécu dépressif ! Aussi violente soit-elle, elle ne durera pas éternellement, dans la mesure où vous ne mettez rien en œuvre pour qu'elle ne s'accroche ni ne s'enkyste en vous...

D'où l'importance capitale de parler, de nommer le ressenti (ou de s'exprimer d'une manière ou d'une autre). La question « Où en es-tu aujourd'hui psychologiquement ? » posée avec constance et persévérance tout au long du chemin de deuil est un outil très simple, mais très efficace, pour mener à bien cette tâche. C'est par ce travail de fourmi, où on avance à petits pas, que se canalise progressivement le flot tumultueux des mouvements de l'esprit et que vous retrouverez peu à peu votre paix et votre autonomie intérieures.

Le temps particulier des fêtes et des vacances

Les beaux jours arrivent... ou c'est bientôt la fin de l'année, le temps des « fêtes », avec son obligation d'être heureux et de l'être nécessairement en famille... Et l'angoisse monte, insidieusement.

Avec la mort de la personne que vous aimez, la période des vacances prend soudain une tout autre saveur. En effet, ce qui était autrefois source d'une anticipation joyeuse se transforme dorénavant en un objet de malaise et d'appréhension. Les vacances, c'était le moment où vous vous retrouviez en famille ou en amoureux – du moins, c'est ainsi que vous espériez les vivre. C'était le temps où vous construisiez des souvenirs, ces mêmes souvenirs qui aujourd'hui vous font tant souffrir...

Les vacances ou les fêtes à venir – sans lui, sans elle –, c'est désormais l'effrayante perspective d'un désert de solitude, une solitude qui ne sera pas nécessairement « physique » – on peut se retrouver très entouré(e) pendant ces périodes –, mais intérieure, rendue d'autant plus âpre et violente qu'elle contraste avec l'atmosphère de réjouissance et de convivialité.

Quand on est en deuil, on est beaucoup plus vulnérable aux périodes de fêtes et de vacances, quelles qu'elles soient, car on ne parvient plus à y trouver la joie de partager et d'être ensemble. Ce sera donc un moment difficile. Et là encore – ou peut-être là plus que jamais... –, il est nécessaire de laisser de l'espace à votre peine. Les moments de détresse ont leur place, même au bord de la plus belle des piscines ou devant le plus beau paysage. Et, non – bien sûr que non ! –, il n'y a rien d'anormal à ressentir cela ! C'est d'autant plus vrai que c'est exactement le type d'instants que vous auriez souhaité partager avec la personne que vous avez perdue. Vos larmes ont droit de cité, laissez-les venir, que votre entourage vous y autorise ou que vous deviez vous isoler. Laissez-vous traverser par cette nouvelle vague de deuil, pleurez autant que vous en avez besoin. Vous n'allez pas être détruit par ce mouvement émotionnel, aussi puissant soit-il. Mais ne partez pas ; ne quittez pas ce lieu où vous avez aussi besoin d'exister sans lui ou sans elle. C'est important. Après la vague de sanglots, vous serez sûrement épuisé(e), ébranlé(e), mais vous serez toujours là, ancré(e) dans votre nouvelle réalité, même si celle-ci est, pour le moment, intolérable... C'est ainsi que, petit à petit, étape par étape, vous apprendrez à apprivoiser ces instants de vacances où se mêlent, avec ambivalence, plaisir et désarroi.

Le temps du deuil est un temps de réorganisation et vous allez être amené à modifier certaines habitudes ou certaines traditions familiales, tout simplement parce que les maintenir est source de souffrance! Quoi que vous décidiez, il est important que vous pensiez une année à la fois. Ce n'est pas parce que vous choisissez de faire quelque chose de différent ou de spécifique pour vos vacances cette année que vous devrez nécessairement recommencer l'année prochaine. Le processus dans lequel vous vous trouvez est profondément évolutif et vous impose d'être le plus flexible possible, surtout dans les décisions que vous prenez aujourd'hui. Ce qui est valable maintenant peut ne plus l'être dans un mois ou dans un an ; c'est la logique même de la dynamique de reconstruction dans laquelle vous êtes engagé(e). L'an prochain, vous aurez avancé dans votre deuil et vous prendrez les décisions qui conviendront à ce moment-là. Ne conditionnez pas l'avenir par rapport à ce que vous éprouvez aujourd'hui. Il sera obligatoirement différent car *vous* serez différent.

Avec le temps, les vacances vont devenir progressivement douces-amères : amères car elles souligneront l'absence de l'être aimé, douces car, oui, vous vous autoriserez enfin à en vivre la douceur. Ainsi, prendre du bon temps ne sera plus synonyme de trahir la mémoire du défunt. Ce sera simplement vous donner la permission d'être heureux, quand cela se présente, tout comme vous vous donnerez la permission de vivre pleinement votre peine, quand vous en éprouverez le besoin. Ce mouvement intérieur est quelque chose de normal que vous devez apprendre à accueillir en vous, sans interdire ou réprimer quoi que ce soit. Si vous persistez à réprimer ou à refouler, il vous faudra prendre le temps de vous arrêter et de vous demander pourquoi vous ne vous autorisez pas ces petits instants de ciel bleu...

Où en êtes-vous aujourd'hui spirituellement ou philosophiquement ?

L'être humain ne se résume ni à son corps, ni à son mental, ni à ses composantes psychologiques et sociales. Il se définit aussi – ou avant tout ? – en tant qu'être doué de conscience, ce qui nous place de plain-pied dans une dimension spirituelle. Par « spirituel », j'entends tout ce qui touche à une forme de transcendance dans notre vie, qu'elle soit religieuse ou non. Le spirituel renvoie à nos croyances, à nos convictions, à nos prises de position philosophiques et à tout ce qui donne sens et cohérence à notre vie.

Le deuil nous ébranle aussi à ce niveau, même si on ne le qualifie pas nécessairement de « spirituel ». Il est capital de le prendre en compte car l'onde de choc du deuil est là aussi déterminante. Le deuil devient alors une quête intérieure où on en vient à interroger les divers courants religieux, spirituels ou philosophiques que les hommes ont élaborés au cours des siècles pour répondre aux mêmes questions sur la vie et la mort que celles qu'on se pose soi-même aujourd'hui.

Cette recherche est souvent une voie intime de silence, de réflexion, de lecture. Elle peut aussi être l'occasion de rencontres auxquelles on n'aurait jamais pensé auparavant, avec un prêtre, un pasteur, un rabbin, un imam, un lama ou tout autre ministre du culte. Dans ce domaine, il est important de prendre son temps, de regarder, d'interroger à maintes reprises, jusqu'à ce que du sens apparaisse sur la voie à suivre. Cette quête de sens au niveau spirituel est un travail de fond qui œuvre en soi à bas bruit des années après le décès. Il est essentiel de ne pas la négliger car elle peut représenter un tournant de vie fondamental et constituer l'un des plus précieux cadeaux que la personne qu'on a aimée nous laisse en héritage…

La solitude au cours du deuil

Le deuil est une expérience d'intense solitude. Même si on est très entouré(e), ce troublant décalage par rapport aux autres persiste : on ne se sent pas sur la même longueur d'onde, comme si on était *à côté* de la vie, et non *dans* la vie. Aussi difficile soit-elle à vivre, la solitude – ou plus exactement : des *temps de solitude* sont nécessaires... C'est là où on peut se mettre en relation avec notre « solitude fondamentale ». Nous en avons déjà parlé au sujet du couple après le décès d'un enfant. Il n'est pas inutile d'y revenir...

Nous sommes seuls à vivre notre naissance, malgré l'entourage des médecins ou des sages femmes. Au moment de notre mort, nous serons seuls encore à vivre ce passage, malgré l'amour de ceux qui nous accompagnent. Ce qui relie ces deux points extrêmes de notre existence, c'est cette solitude fondamentale. Elle est le fil rouge de notre vie, que nous en ayons conscience ou pas. Ce lieu intérieur de solitude fondamentale, c'est *nous* dans ce que nous avons de plus essentiel. Il se manifeste dans les moments de calme et de joie, quand nous vibrons intérieurement d'un bonheur qui ne dépend pas des circonstances extérieures, mais aussi dans les moments de grande détresse, lors d'une rupture, d'un coup dur de la vie ou de la perte d'un être cher.

Ce lieu intérieur est précisément celui où vous êtes en lien intime avec la personne que vous avez perdue. C'est là que se reconstruit petit à petit une nouvelle relation avec elle. Ce qui signifie que lorsque vous vous noyez dans trop d'activités extérieures, vous n'avez pas la possibilité de vous y installer en paix; vous vous coupez de la possibilité de retrouver cette personne et vous vous coupez de vous-même.

Certes, dans ce lieu intérieur vous rencontrerez également la douleur de votre perte – c'est inévitable.

Ne la chassez pas, ne la fuyez pas : invitez-la au contraire, sans la craindre. En acceptant de ressentir directement la douleur aussi profondément que vous le pouvez, vous en serez libéré plus tôt. En acceptant de vous connecter en silence à ce lieu intérieur, aussi douloureux que cela puisse être parfois, vous progressez vers plus d'apaisement. C'est une certitude. Faites-vous confiance.

Comment s'y connecter ? Vous pouvez, par exemple, mettre une musique douce ou demeurer en silence, prendre le temps de vous poser pour vous centrer sur vous-même, en respirant profondément, concentré(e) sur votre souffle. Certains choisissent de partir se promener seuls dans la nature. D'autres restent dans le secret de leur chambre et dessinent ou écrivent. Vous n'êtes pas en train de vous couper du monde. C'est une question d'équilibre. Il est important de faire alterner vos moments de solitude avec des moments en compagnie des autres.

Se faire aider

Quand on propose de l'aide à quelqu'un en deuil, on entend parfois des réponses comme « Je n'ai besoin de personne », « Je peux y arriver tout(e) seul(e) », « Je suis solide », « Je n'ai pas besoin d'être aidé, je comprends que d'autres personnes en aient besoin, mais pas moi... » On peut effectivement sentir qu'on n'a pas besoin d'aide pour avancer sur son chemin de deuil et c'est très bien ainsi. C'est parfois une chance quand l'entourage est réduit ou peu disponible. Néanmoins, le refus d'être aidé peut cacher d'autres choses... Il y a peut-être de la honte – ou de l'amour-propre, pas forcément approprié dans ces circonstances... – à se montrer fragile et vulnérable, alors qu'on voudrait être fort et autonome. Ce refus est peut-être aussi le reflet d'une faible estime de soi : on ne se juge pas digne de l'attention qu'autrui peut nous témoigner… Parfois, la réticence relève de l'idée qu'on se fait du courage : on pense que c'est livrer la bataille en solitaire et être le seul responsable de sa victoire ou de ses échecs. Mais, en l'occurrence, s'agit-il vraiment de courage ? Et si le vrai courage n'était pas de demander de l'aide ? N'est-ce pas faire preuve d'une grande sagesse et d'une réelle lucidité sur soi-même que de se reconnaître le droit d'être aidé et soutenu à un moment difficile de son existence ? On prend certainement plus sur soi – et c'est sûrement une des définitions du courage – quand on sollicite explicitement de l'aide que quand on se tait, rigide et désespérément seul dans une souffrance contenue. Être courageux, c'est prendre des risques, et le risque, ici, est de se montrer à autrui simplement en tant qu'être humain, un être humain qui a besoin d'autres êtres humains pour faire un bout de chemin.

J'ai déjà souligné combien il était important de se faire aider par un « réseau de soutien », qu'il soit amical ou familial. Mais ce ne sont pas les seules ressources qu'il est possible de solliciter. Deux autres méritent qu'on s'y attarde un peu : l'aide d'un psy et les groupes d'entraide de personnes en deuil.

Aller voir un psy ?

Parfois, c'est trop dur. Parfois, on a l'impression qu'on ne pourra pas s'en sortir tout seul et l'idée de se faire aider par un professionnel apparaît alors comme une option valide. Mais aussitôt une foule d'a priori affluent : « Je ne suis pas fou ; je n'ai pas besoin d'un psy ! », « Je peux m'en sortir tout seul ! Et puis, qu'est-ce qu'un psy peut comprendre de ma souffrance ? »,

« Qu'est-ce qu'un psy pourra changer à ma situation ? Il ne fera jamais revenir la personne que j'aime. Alors, à quoi bon ! », « De toute façon, ils sont plus fous que leurs patients ! »...

Dans la majorité des cas, il n'est pas nécessaire d'aller voir un psy lorsqu'on est en deuil et c'est très bien ainsi : cela montre que notre société est encore capable de prendre soin des endeuillés et que les réseaux d'aide et de soutien (spontanées ou de type associatif) sont opérants et de bonne qualité.

Alors, quand est-il indiqué de consulter ?

• Une des meilleures raisons d'aller chez un psy est de *sentir* qu'on a besoin de faire cette démarche – même si, finalement, elle se limite à quelques rencontres.

• Vous avez remarqué (ou on vous a fait remarquer) que votre deuil ne suivait pas un cours « normal » : deuil absent, différé, excessif, bien trop prolongé, chronique (mais il est rare qu'on consulte dans ce cas), symptômes trop aigus et persistant au-delà du temps « normal ».

• Vous vous sentez enlisé dans votre processus de deuil et incapable d'avancer après un temps suffisamment long.

• Vous êtes enlisé dans une émotion spécifique – colère, culpabilité, dépression... – sans voir d'évolution au fil du temps.

• Le cours de votre vie change dans des directions qui vous inquiètent : accidents, chômage, dégradation de votre situation professionnelle ou économique, relations nocives, changement néfaste de votre rythme de vie, errance affective/sexuelle...

• Vous avez des problèmes de santé, physique et mentale : hypertension artérielle, ulcère, stress constant, phobie...

• Vous êtes seul, sans personne vers qui vous tourner pour parler de votre perte et accompagner votre deuil.

• Vous avez l'impression d'être dans une dépression et pas dans un vécu dépressif « normal ».

• Vous avez un passé de dépression, d'anxiété importante ou d'autres difficultés psy qui s'ajoutent à votre deuil.

• Vous avez des pensées suicidaires, vous êtes en train de préparer un suicide ou vous avez des comportements autodestructeurs.

• Vos comportements addictifs s'accroissent (alcool, drogue, cigarettes) et vous négligez votre santé.

• Vous vous mettez systématiquement dans des situations de perte, de rupture, d'abandon, de rejet.

• Enfin, on peut aussi aller voir un psy juste pour vérifier que tout va bien et que le travail intérieur se déroule « normalement ». On a parfois tellement peu de points de repère sur ce qu'est le deuil qu'on ne sait pas toujours si on est sur les rails ou bien complètement à côté. Une seule consultation avec un professionnel qui connaît bien le deuil peut aider à recadrer les choses, en les resituant – la plupart du temps – dans leur normalité.

Un psy, oui... mais pas n'importe lequel !

Une règle d'or : un « bon » psy est un psy qui vous convient et avec lequel vous vous sentez bien et en confiance. Le meilleur psy pour vous – qui peut être un homme ou une femme – n'est pas celui qui est « spécialisé » dans le deuil, c'est celui qui vous offre l'écoute et l'attention dont vous avez besoin ! Bien sûr, c'est d'autant mieux s'il a des connaissances spécifiques sur le deuil, mais ce n'est pas la condition sine qua non pour qu'il vous aide efficacement.

Il est aussi important de comprendre que le professionnel que vous consultez n'est pas neutre dans son vécu du deuil et de la perte : il a peut-être été touché par une expérience personnelle dont il s'est bien remis ou non ; s'il est « phobique » par rapport à tout ce qui touche au deuil et à la mort, il peut s'empresser de vous faire sortir au plus vite d'un processus que lui-même ne comprend pas ou avec lequel il est très mal à l'aise. Fiez-vous donc à votre instinct et à votre bon sens : le psy ne possède pas un savoir sur le deuil que vous n'avez pas ; c'est vous qui allez le guider dans les méandres de votre souffrance, il ne fera que vous accompagner. Si un psy ne vous convient pas, allez en consulter un autre ! Le seul critère valable est que vous vous sentiez vraiment accueilli, respecté et entendu dans votre douleur.

Que peut-on attendre d'un travail avec un psy ?

Il est aussi essentiel d'être le plus clair possible sur ce que vous attendez d'un psy. Si vous souhaitez en consulter un, posez-vous les questions suivantes : « Pourquoi est-ce que je viens voir ce professionnel ? », « Ai-je besoin d'une aide professionnelle spécialisée ou bien d'une écoute et d'un soutien pour traverser ma peine ? Y a-t-il d'autres lieux et d'autres personnes qui pourraient m'offrir cela ? », « Quels sont mes objectifs en allant le consulter ? Ai-je des difficultés spécifiques qui relèvent de sa compétence ? » Comprenez bien que le psy n'est pas omnipotent ; il n'a pas le pouvoir de faire taire en vous la souffrance de votre deuil. Il ne va pas – il ne peut pas – vous prendre en charge, ni s'occuper de vous, dans le sens où il ne va pas vivre votre vie à votre place et vous décharger de votre peine. Il ne pourra que cheminer à vos côtés en veillant à travailler avec vous les aspects de votre deuil qui vous posent problème pour avancer.

Suivi de deuil et psychothérapie

Il est important de bien faire la différence entre ce qu'on appelle suivi de deuil et psychothérapie. Le suivi de deuil ne nécessite pas nécessairement un psy ;

un accompagnement bénévole (en individuel ou en groupe) au sein d'une association peut remplir la même fonction. La personne qui vous accompagne joue là le rôle de « facilitateur » en ouvrant un espace de parole et d'expression des émotions. Elle aide à identifier les étapes du deuil, valide le ressenti qui les accompagne. En fait, on constate qu'elle vient souvent confirmer la normalité de ce qui est vécu, en relativisant le discours de l'entourage qui perçoit certains comportements comme anormaux ou pathologiques.

Ce suivi s'inscrit dans le cadre d'un deuil non compliqué ; si tel n'est pas le cas, il est souhaitable de s'adresser à un professionnel pour un travail plus spécifique. En effet, le suivi de deuil n'a pas pour fonction de mettre à jour certains fonctionnements psychiques dans une perspective psychothérapeutique. L'accompagnant intervient simplement comme l'infirmière qui panse la main brûlée, confiante dans le processus de cicatrisation naturellement à l'œuvre. Le suivi de deuil dure en moyenne une année, à un rythme mensuel ou bimensuel.

L'approche psychothérapeutique est du ressort du professionnel psy : elle concerne en priorité les deuils compliqués ou les situations dans lesquelles un problème particulier vient altérer le cours du deuil. Elle peut également faire suite à un suivi de deuil (il faut savoir que certains auteurs déconseillent que suivi de deuil et psychothérapie soient effectués par le même thérapeute). L'objectif est alors différent : la dynamique de deuil n'est plus au premier plan. Elle a servi de révélateur à d'autres problématiques intérieures qui nécessitent des changements au niveau conscient et inconscient. La durée d'une psychothérapie est indéterminée.

Les associations d'accompagnement du deuil

Les associations d'accompagnement du deuil ont pour objectif de répondre aux besoins nouveaux qui émergent chez une personne en deuil. Les services proposés varient beaucoup d'une structure à une autre, mais elles offrent généralement une écoute individuelle – entretiens en face à face ou téléphoniques – avec des bénévoles spécialement formés à l'accompagnement du deuil. Certaines associations organisent régulièrement des conférences sur les différents aspects du deuil et mettent à disposition des brochures, des livres et des DVD. Il y a plusieurs types d'associations : certaines accompagnent tous les types de deuils, alors que d'autres sont spécialisées dans le deuil après le suicide, le deuil des parents, ou d'un enfant (voir en annexe).

La raison principale qui pousse à solliciter cette aide est le besoin de partager ce qu'on ressent avec d'autres personnes qui comprennent en profondeur ce qu'on est en train de vivre. Dans une association, on ne se sent pas obligé de faire bonne figure : on est accueilli(e) comme on est, avec respect et simplicité, on échange avec des personnes qui non seulement ont vécu le deuil, mais qui peuvent aussi témoigner qu'il existe une lumière au bout du tunnel. Elles sont la preuve que l'on n'est pas condamné à tout jamais à la souffrance. Elles aussi pensaient ne jamais s'en sortir ; mais aujourd'hui, par leur présence rassurante, elles nous prouvent qu'elles ont changé.

Les groupes de parole

Le deuil est un processus fondamentalement solitaire, mais c'est aussi une dynamique qui se nourrit de la présence et du soutien d'autrui. Et ce soutien est vécu de façon d'autant plus pertinente et profonde qu'il provient de personnes qui vivent la même chose que soi. C'est tout le propos des groupes de parole – ou groupes d'entraide : rencontrer et partager avec des personnes qui se retrouvent dans une même situation de deuil.

Apparus depuis plusieurs décennies dans les pays anglo-saxons, ils commencent à se développer en France et rencontrent un vif succès. Ils sont le plus souvent issus du monde associatif, comme Vivre son deuil, Apprivoiser l'absence, Jalmalv... (voir annexes). D'une manière générale, un groupe de parole est composé d'une dizaine de participants ; il est animé soit par une personne ayant, dans le passé, vécu une expérience de deuil, soit par un professionnel psy, soit par les deux dans le cadre d'une co-animation. Il existe divers types de groupes, avec des cibles différentes : on trouve par exemple des groupes spécifiques pour les parents en deuil, ou encore pour les personnes en deuil après le suicide, ou encore des groupes « généralistes » où tous les types de deuils sont confondus ; il existe également des groupes d'entraide pour les adolescents en deuil, ou les jeunes adultes. Certains groupes sont dits « fermés » (et fonctionnent, par exemple, une fois par mois pendant un an), d'autres sont « ouverts » (tous les mois ou tous les trimestres) et accueillent toute personne qui souhaite y assister une, deux ou plusieurs fois, sans engagement sur la durée. En fait, chaque association a sa spécificité de fonctionnement et le mieux est de se renseigner directement sur ce qui est proposé. Le gros facteur limitant est malheureusement la rareté de ces groupes. Relativement bien développés dans les grandes villes, ils sont encore en nombre très insuffisant dans beaucoup de régions de France et il y a là un manque à combler au plus vite...

À première vue, vous pouvez avoir l'impression que cette démarche n'est pas pour vous. Vous pouvez craindre de ne rencontrer que souffrance et désolation dans un tel groupe et vous vous dites que vous avez déjà votre peine à porter pour ne pas vous alourdir avec celle des autres ! Et pourtant, c'est tout l'inverse que s'y produit. Certes, les participants sont en souffrance mais c'est également dans ce lieu privilégié qu'ils parviennent *enfin* à parler librement de ce qu'ils ressentent, sans crainte d'être jugé. C'est le lieu où on peut parler de la personne disparue, des mois, voire des années après son décès, alors que personne n'en parle plus à l'extérieur. On est en présence de gens qui « sont passés par là » ; ils « savent », ils comprennent car les ressentis sont proches ou similaires. Ils traversent – ou ont traversé – les mêmes épreuves. Ces groupes fonctionnent, en effet, sur ce qu'Annick Ernoult appelle l'« écho-résonance » : on parle de son vécu et cela fait résonance chez une autre personne qui se sait comprise et qui perçoit également qu'elle n'est pas la seule à ressentir cela. C'est rassurant ; on se sent à nouveau « normal » et on réalise qu'on avance intérieurement au fil des rencontres. Il existe aussi dans ces groupes une rare qualité d'écoute et de respect mutuel et il se crée des liens d'amitié et de solidarité dans la souffrance et au-delà de celle-ci. On y pleure bien sûr, mais on y rit aussi. Même si rien ne peut réparer l'absence, on parvient néanmoins à prendre de la distance et de la hauteur par rapport à sa peine et cela fait du bien…

Ainsi, même si vous êtes réticent à vous joindre à un tel groupe, il est vraiment utile de franchir le pas, ne serait-ce que « pour voir ». Tant que vous ne l'aurez pas expérimenté vous-même, vous ne mesurerez pas combien l'expérience du groupe est bénéfique et puissamment thérapeutique. C'est un lieu d'ouverture, d'espoir et de reconstruction intérieure. C'est un lieu de chaleur humaine. Il serait dommage de ne pas vous y donner accès, si vous avez la chance d'en trouver un à proximité de votre domicile.

Réintégrer le monde

L'énergie émotionnelle qu'on a réussi à désinvestir de la relation à l'autre doit se réinvestir ailleurs. Ce n'est en rien une attitude de remplacement. Ce réinvestissement est vital, il est indispensable pour pouvoir satisfaire à la fois ses besoins de base (besoins de partage, d'échange, de communication avec autrui, besoins de se connecter à un groupe humain, etc.) et ses désirs qui, progressivement, commencent à réapparaître.

À la lumière des mois précédents, on sait que cela va prendre du temps. Il faut être réaliste et ne pas se demander d'obtenir, immédiatement, des résultats tangibles. Le travail de deuil est un processus lent qui impose de vivre, chaque jour, vingt-quatre heures à la fois. Il ne faut pas se pousser ni trop loin, ni trop vite comme, par exemple, décider de partir en voyage à l'autre bout du monde. Cela peut être trop déstabilisant dans un contexte psychologique encore trop précaire.

De temps à autre, quelques jours de repos à la campagne, au bord de la mer, à la montagne, chez des amis ou dans la famille apportent un soulagement transitoire. C'est dans le cumul des petites choses que l'on fait pour soi que se trouve la voie du rétablissement.

Réinvestir le monde, réapprendre à accomplir des choses gratifiantes pour soi, tenter de retourner au cinéma, à la terrasse d'un café, retrouver du plaisir à des activités auxquelles on avait renoncé depuis des mois, est difficile, mais nécessaire pour continuer à vivre.

Ce qui a changé en soi, tant au niveau physique que psychique et social, doit être reconnu, **on est désormais différent**...

Il se peut d'ailleurs qu'on constate que ce travail de deuil a apporté quelque chose. Ainsi, s'il y a eu un « gain » bénéfique à l'issue de ce processus (quelle que soit la nature de ce gain), cela doit aussi être reconnu.

Cela ne veut pas dire qu'on a souhaité que ce « bénéfice secondaire » survienne, c'est simplement faire un constat : « Je suis devenu ainsi, j'ai acquis telle ou telle qualité, telle ou telle compétence, ou encore tel bien matériel… Je reconnais que cela m'aide, c'est ainsi. »

Il s'agit peut-être d'un gain d'ordre matériel, comme un héritage qui améliore considérablement son train de vie. Il faudra bien, un jour ou l'autre, se confronter à la culpabilité que fait émerger le plaisir à avoir reçu ces biens ou cet argent pour pouvoir accepter d'en jouir sereinement et sainement. Il peut s'agir également d'une modification de sa personnalité qui se trouve parfois « bonifiée », avec l'acquisition d'une maturité psychologique permettant une meilleure appréhension de la vie. Tout cela a besoin d'être reconnu, par soi-même et par autrui. On marque ainsi les frontières de sa nouvelle identité. On dévoile le nouveau « paysage » qu'autrui va être progressivement amené à découvrir.

Accepter l'aide d'autrui

Réinvestir le monde, c'est aussi accepter de recevoir ce qu'il a à donner. On a déjà vu que le deuil est un processus social. Cela implique qu'il ne peut se faire totalement seul. On a besoin d'autrui. Il faut lutter contre ce désir, parfois irrésistible, de s'isoler, de s'enterrer chez soi et de ne voir personne. L'aide de ceux qui nous entourent est indispensable. S'ils savent s'y prendre, ils peuvent devenir notre sécurité, notre source de stabilité, notre repère, notre connexion à la réalité.

La distinction entre ce qu'on se sent capable d'assumer seul et ce qu'on est incapable d'affronter sans une aide extérieure n'est pas toujours aussi claire qu'on le pense… On se surprend à osciller entre le désir de se laisser, pour une fois, prendre complètement en charge et celui de rester maître de ses choix et de ses décisions : on hésite entre le confort de la dépendance et la sécurité de l'autonomie… Cependant, on refuse de subir le « maternage » étouffant de gens trop bien intentionnés car on redoute d'être envahi et dépassé par un entourage qui risquerait d'en faire trop. On craint de se montrer vulnérable face à des personnes qui, certes, ont un mouvement sincère de soutien, mais qui pourraient éventuellement découvrir des zones de son jardin secret qu'on ne souhaitait pas dévoiler.

On peut craindre, une fois qu'on s'est mis à nu sans méfiance, que ces gens n'utilisent contre soi tous les détails intimes dont ils auront eu connaissance... On redoute d'être trahi, car qui garantit la confidentialité de ce qu'on a échangé avec eux? Pour beaucoup, ouvrir son cœur à quelqu'un équivaut à lui donner un pouvoir sur soi qu'il pourra utiliser comme bon lui semble... On craint d'être diminué... jugé... manipulé parce qu'on a, un jour, « craqué ».

Il ne faut cependant pas perdre de vue que chacun a en lui les moyens de se protéger. Ainsi, en dépit des apparences, on exerce un certain contrôle sur la situation : il existe toujours en soi un gardien vigilant qui ne laisse aller que là où on s'autorise à aller, et pas plus loin... Ce sera le degré de confiance qu'on accorde à son interlocuteur qui fera qu'on osera s'ouvrir davantage.

On se réapproprie également le contrôle de la situation quand on précise à son entourage les limites qu'il doit respecter. Il est toujours préférable de leur donner clairement des points de repère, en leur faisant comprendre de quoi on a vraiment besoin... Ces précisions et ces ajustements par rapport à ce qu'on attend peuvent se faire en douceur, avec un véritable dialogue, sans que personne se sente blessé ou rejeté dans sa spontanéité à vouloir aider. Il faut bien comprendre, tout de même, que la situation de la famille et de l'entourage est loin d'être confortable. N'ayant pas l'habitude de se trouver face à une personne en deuil, ils naviguent le plus souvent « à vue » sans autre repère que leur intuition et leurs expériences passées. De plus, si celui qui est en deuil ne leur dit rien, ils se trouvent démunis de ne pas savoir comment satisfaire à ses besoins. S'il reste obstinément silencieux, il renvoie son entourage à la frustration de ne pas savoir si cette aide est souhaitée ou appropriée et il s'impose, à lui-même, le désarroi de se sentir si mal aidé et si mal compris ! C'est, en tout cas, un bon moyen de faire le vide autour de soi, car les amis, découragés, se retirent. Qui sait alors si la personne en deuil ne se retranche pas encore plus dans un repli amer où elle rumine un « Vous ne faites rien pour me comprendre » qui ne fait que bloquer encore davantage la communication ?

Le deuil ouvre à la personne affligée des « droits » vis-à-vis de ceux qui l'entourent, mais il ne s'agit certainement pas de *tous* les droits, car on voit parfois émerger des comportements intransigeants et tyranniques de la part de la personne en deuil et personne de l'entourage n'ose lui répondre de peur de se voir violemment critiqué. L'aide et le soutien qu'on reçoit ne sont jamais un dû. Ils ne doivent jamais être considérés comme tels par la personne en deuil, qui, sinon, perd de vue que ceux qui sont auprès d'elle ont, tout comme elle, le droit au respect de ce qu'ils sont et de ce qu'ils désirent apporter.

Celui qui propose son aide doit aussi être clair sur ses motivations car on peut, inconsciemment, maintenir l'autre dans un état de dépendance affective, en se rendant tellement indispensable qu'il devient impossible pour la personne en deuil de vivre sans la présence de son « sauveur ». On peut se demander « qui aide qui » dans une telle situation ? Qui en tire le bénéfice ? Celui qui en a réellement besoin... ou l'autre qui se trouve valorisé, à ses propres yeux et aux yeux d'autrui, par le « remarquable » soutien qu'il apporte ?

Enfin, il faut être réaliste sur ce que l'on peut attendre d'autrui... Ils peuvent tout faire pour aider, mais on ne peut pas leur demander de nous retirer notre douleur. Parfois, on entend dire : « Vous ne m'aidez pas... car j'ai toujours mal ! » Mais comment peut-il en être autrement ? Comment peut-on espérer que ceux qui proposent leur aide enlèvent la peine qui écrase le cœur ?

Quelques repères pour faire le point

Après plusieurs années, on se demande où on en est. On ne sait plus très bien si on a fait son deuil ou pas. Comme toujours en matière de deuil, il n'y a pas de réponses toutes faites, mais on peut néanmoins se donner quelques repères. Ce qui suit est directement inspiré d'un ouvrage de Therese Rando, auteur américain qui a beaucoup travaillé sur le deuil (*How to go on living when someone you love dies*).

En vous aidant des points de repère qui suivent (dont la liste n'est pas exhaustive), à vous d'évaluer là où vous en êtes : « J'y suis... pas encore... ou pas du tout... »

• J'ai intégré la perte de la personne aimée dans le courant de ma vie. Je suis à nouveau capable d'interagir avec autrui de façon appropriée, de travailler et de fonctionner à un niveau proche de celui d'autrefois.

• J'accepte l'aide et le soutien d'autrui, quand cela m'est nécessaire.

• J'accepte que le monde continue à exister, sans ressentiment sur le fait qu'il ne s'arrête pas de tourner parce que la personne que j'aime est morte. J'accepte que les autres soient heureux dans leur vie, même si cela me renvoie parfois au vide qui existe encore dans la mienne.

• Je n'ai plus d'attentes irréalistes envers autrui et je comprends qu'ils ne peuvent pas être exactement comme je voudrais qu'ils soient – j'ai fait la paix avec ma colère ou ma rancœur, sans cynisme ni amertume, mais avec lucidité et compréhension sur ce que chacun est capable d'être et de donner. Je comprends que juger est inutile et est source de souffrance : ma souffrance est à moi et il m'appartient de m'en occuper ; il est vain d'attendre qu'autrui le fasse à ma place ; c'est impossible.

• Je peux maintenant faire plus facilement face à l'insensibilité des autres vis-à-vis de ma perte, sans être trop submergé par l'émotion, le désespoir ou la révolte et sans revendiquer si fortement – voire exiger – la prise en compte de ma souffrance.

• Je retrouve progressivement de l'intérêt pour autrui et pour le monde qui m'entoure. J'accepte de reconstruire, d'élaborer d'autres projets, d'investir d'autres horizons, d'aimer à nouveau...

• Mais je sais que je n'ai pas oublié. Je sais maintenant que je n'oublierai jamais. C'est comme une cicatrice : parfois, elle ne fait pas mal et on vit comme si elle n'existait pas ; et parfois, quand les circonstances se présentent, elle se rappelle à soi et fait mal. Les anniversaires continueront à faire mal, mais ils ne me détruiront plus. Les vacances continueront à être un peu douloureuses mais j'y trouverai aussi du bonheur et de la détente. J'ai appris à vivre avec l'absence, sans jamais la nier, sans jamais l'ignorer, mais elle ne vient plus obturer mon regard sur le monde. Elle en fait partie.

• Je sais aujourd'hui comment aider quelqu'un en deuil.

Réorganiser sa vie sociale

On ne décide pas de reprendre une vie sociale du jour au lendemain ! Une période de « convalescence » est nécessaire.

Combien d'invitations a-t-on déjà refusées ? Était-ce parce qu'on n'en avait pas envie ou parce qu'on avait peur de craquer ou encore parce qu'on avait tout simplement peur du regard qu'autrui allait poser sur soi ? Il est vrai qu'on se sait et qu'on se sent différent, parfois même en décalage par rapport à autrui. La confrontation aux regards des autres semble parfois tellement conforter cette sensation. On craint d'y voir de la pitié, de l'indifférence, de la curiosité, de la gêne... On redoute d'avoir à se justifier... De qui ? De quoi ? On l'ignore, mais on sent peser sur soi une sorte d'interrogation non formulée : « Comment s'en sort-elle ? Comment fait-il face ? Est-ce qu'il faut que je lui en parle ? »

Personne ne sait trop sur quel pied danser : il est presque inévitable que les premières sorties, les premiers dîners seront empreints d'une certaine confusion ou d'une gêne qui parasitera les rapports, autrefois plus spontanés. Il faut se donner du temps et, surtout, tenter de sortir du silence pesant qui imprègne les premiers contacts avec l'extérieur, en parlant le plus directement possible.

Tout cela est normal : ce ne peut être autrement. On ne peut pas demander l'impossible ! Là, encore, il faut commencer par de petites confrontations avec l'extérieur, croissantes en intensité, et ne pas s'engloutir d'emblée dans des soirées tumultueuses qui ne feront que souligner combien on se sent seul et abandonné au milieu de la foule joyeuse.

Réorganiser sa vie familiale

Quand un décès survient dans la famille, c'est l'équilibre entier du système familial qui est ébranlé. En effet, la famille constitue un système où les membres sont interdépendants les uns des autres. C'est comme un mobile à l'état de repos. Dès que l'on bouge ou « supprime » un élément, l'ensemble du système est mis en mouvement. Pendant un certain temps, le mobile va osciller jusqu'à ce qu'il trouve une nouvelle position d'équilibre. Chaque élément du mobile sera à une place différente de celle qu'il occupait auparavant, et cela afin de préserver l'équilibre interne du système.

Quand on parle d'« équilibre interne », on fait référence à la sécurité et à la survie du système, qui va tout faire pour conserver sa cohérence et parvenir à un nouvel état de repos. Ainsi, un décès va influencer les individus, mais aussi le fonctionnement global de la famille. En obéissant à la loi d'équilibre qui régit tout système, chaque membre va chercher, consciemment ou inconsciemment, à s'ajuster au nouvel état, pour garantir la sécurité de la famille. Cela va se faire par une nouvelle répartition des rôles de chacun, y compris de ceux qui étaient assignés à la personne décédée…

Il reste à savoir comment ces rôles vont être redistribués dans la famille et qui va les assumer. Cet ajustement ne se fera pas sans remous et risque de faire apparaître des dysfonctionnements qui étaient masqués jusqu'alors…

La redistribution des rôles ayant été abordée plus haut, nous n'y reviendrons pas. Mais soulignons que c'est également dans cette nouvelle répartition des « tâches » que va s'élaborer sa nouvelle identité. C'est aussi avec cette nouvelle configuration personnelle et familiale qu'on va se présenter au monde. Ainsi, évaluez où vous en êtes.

Ma relation avec la personne décédée

• J'ai retrouvé en moi la réalité de la personne que j'ai perdue, dans le positif et le négatif, conscient de ce qu'il y avait d'heureux et de malheureux dans notre relation, lucide sur ce qui a été résolu et sur ce qui restera toujours en suspens. Cela ne me harcèle plus comme autrefois. J'ai enfin trouvé la sagesse d'accepter ce qui ne pourra plus jamais être changé.

• Je m'autorise de temps à autre à « oublier » de penser à la personne disparue, sans être écrasé de culpabilité et sans avoir l'impression de trahir sa mémoire.

- Ma relation avec la personne décédée s'est apaisée ; je n'ai plus besoin de la souffrance pour établir le lien avec elle.
- Je garde certains rituels et j'ai renoncé à d'autres car ils n'ont plus de raison d'être à mes yeux (sans que je me sente coupable qu'il en soit ainsi).
- Toutes mes pensées ne sont plus accaparées par le défunt. Je m'autorise à penser avec affection et tendresse à de nouvelles personnes que je rencontre désormais dans ma vie. J'ai plaisir à leur parler de la personne décédée, si elles sont prêtes à écouter. Sinon, ce n'est plus trop grave…
- La personne que j'aime est dans mon cœur à tout jamais.

Ma relation avec moi-même

- Je pense être revenu (plus ou moins) à mon niveau antérieur de fonctionnement, psychologiquement, socialement et physiquement, dans tous les secteurs de ma vie. Je ne me sens plus sur la brèche tout le temps, épuisé, tendu, blessé.
- Je ne cherche plus à éviter ce qui est difficile ou douloureux, j'accepte de m'y confronter.
- Je contrôle la douleur, elle ne me contrôle plus.
- Je peux être heureux, éprouver du plaisir, du désir ou de la joie sans me sentir coupable. Je ne me sens plus coupable de vivre.
- J'ai accepté les changements qui sont survenus dans ma vie suite au décès.
- Je sais accueillir les émotions de mon deuil quand les circonstances les réactivent. Je les comprends et sais qu'elles sont normales et prévisibles.
- Ma vie a retrouvé du sens.

La vie… après

Parvenu au bout du chemin, on réalise qu'il existe d'autres vérités, d'autres routes, d'autres sentiers, d'autres carrefours. Quelle que soit la voie qu'on s'apprête alors à suivre, on sait désormais qu'on restera à tout jamais marqué par les vallons, les collines, les gouffres et les ravins qu'on a pu traverser. Le deuil peut, en fait, imprégner toute une vie, pour le meilleur et pour le pire… Il ne va jamais vraiment s'arrêter. La douleur ne sera plus au premier plan et on sera à nouveau capable de « fonctionner » le plus harmonieusement possible dans une vie où l'autre n'est plus. Une peine douce-amère se réactivera, de temps à autre, à l'occasion d'une fête, d'une chanson, d'un anniversaire ou d'un lieu de vacances, mais on comprend, avec une sensation étrange au fond du cœur, qu'on a réussi à réapprendre à vivre en dépit de la perte. Cette transformation intérieure est passée par une totale redéfinition de son rapport au défunt, au monde et à soi-même. Cela signifie aussi qu'on ne lutte plus contre l'idée que la personne est décédée et que l'on doit faire sa vie sans elle. C'est devenu un événement à tout jamais inscrit dans l'histoire de sa vie et on sait qu'il est maintenant possible d'écrire d'autres nouveaux chapitres…

Le travail de deuil va faire émerger de nombreux choix : le « choix » du désespoir, le choix de l'autonomie, le choix de se reconnaître tel qu'on est, un être humain, à la fois grand et petit, avec ses faiblesses et ses qualités. C'est dans ses choix (qu'on décide ou non d'assumer) qu'on trouve la véritable dimension de ce que « s'aider » signifie véritablement. Cette dimension satisfait à une recherche déjà très ancienne, dont on n'était pas toujours tout à fait conscient auparavant.

On s'est perdu, puis on s'est retrouvé, changé, différent mais jamais plus semblable à ce qu'on était dans un passé encore si proche.

On a cheminé seul, on a cheminé avec ceux qui ont su suivre les méandres de la peine et de la douleur. On a peut-être, aussi, appris à les découvrir.

Si on vient, au cours de ce deuil, à mieux comprendre l'autre, à mieux l'accepter, à mieux le respecter, à mieux l'aimer, n'est-ce pas, finalement, parce que au plus profond de son être on a lentement appris à se considérer soi-même avec les mêmes égards. Une meilleure compréhension des autres renvoie à une meilleure compréhension de soi.

« S'aider », c'est accepter de se connecter à son être intérieur et c'est aussi, paradoxalement, aller à la rencontre de l'autre.

En nous quittant pour toujours, cette personne qu'on a aimée a ouvert cette dernière porte : doit-on encore se demander qui se trouve derrière ?

Aider

Un mouvement humain spontané pousse à vouloir aider celui qui a mal. Qui, en effet, devant le désarroi de quelqu'un qu'il aime, n'a jamais été animé par le désir d'apaiser un tant soit peu sa souffrance ? Ce mouvement est un instinct qui pousse à protéger l'autre et c'est souvent sans réfléchir qu'on se jette dans le feu de l'action... On tente, par tous les moyens, de remédier à cette douleur dont le seul spectacle crée un climat d'urgence.

Or la situation de deuil dépasse souvent ce qu'on a connu jusqu'à maintenant et il est fort probable qu'on se trouve totalement démuni devant cette personne en souffrance... Là, on se trouve confronté à ses limites, car, pour aider l'autre, on va chercher en soi des points de repère qui ne sont pas nécessairement appropriés à la situation.

Les obstacles, les erreurs

On ne peut vraiment aider quelqu'un que si on comprend ce que cette personne est en train de vivre. Il se peut, d'ailleurs, qu'on n'ait jamais soi-même perdu un proche et, ainsi, dans l'ignorance du processus du deuil, on ne bénéficie pas de l'éclairage de sa propre expérience pour se laisser guider. Notre éducation ne nous a jamais enseigné la dynamique du deuil et, de là, on est amené à percevoir comme « anormales » certaines réactions qui sont pourtant parfaitement naturelles et prévisibles. On s'entend énoncer des conseils ou porter des jugements qui ne reposent sur rien de concret et il arrive que l'aide qu'on croyait apporter ait un effet totalement opposé à celui qu'on voulait produire.

Une des idées fausses concernant le deuil est qu'il est préférable de ne pas parler de la personne décédée « pour ne pas remuer le couteau dans la plaie ». On se comporte « comme si de rien n'était » en changeant immédiatement le cours de la conversation si elle s'oriente vers la personne décédée. Et pourtant, quelle erreur ! On préfère rester dans l'illusion que si l'on ne parle pas de celui ou de celle qui est morte, la personne en deuil n'y pensera pas.

Un tel raisonnement est absurde, *elle ne pense qu'à ça*, si elle perçoit qu'on souhaite faire le silence autour de cette mort, elle va, elle-même, se taire ! Si on souhaite l'aider, il faut sortir de ce non-dit et amener directement la conversation vers le sujet qui la préoccupe sans cesse. Il est inutile de changer de sujet, il faut laisser à la personne en deuil le temps de s'exprimer.

Une autre idée fausse est que le fait de « s'occuper » aide à penser à autre chose. On risque alors de faire inutilement pression pour que l'autre « se bouge », agisse, passe à l'action, en méconnaissant complètement le fait qu'il est incapable de mobiliser l'énergie nécessaire. Au pire, la personne va effectivement « se bouger » pour nous faire plaisir et parce qu'elle s'imagine qu'on a raison de la secouer. Cela marche cinq minutes ou même une journée, mais ça ne fait pas progresser les choses d'un iota. Pour reprendre la comparaison évoquée plus haut, c'est comme si on demandait de courir un cent mètres avec une jambe cassée.

Soyons honnêtes : nous voulons souvent que l'aide que l'on apporte soit efficace, et cette volonté peut parfois contraindre la personne en deuil à montrer qu'elle va bien… du moins en apparence pour nous faire plaisir. Elle peut craindre d'être abandonnée si elle ne se plie pas à ce qu'on attend d'elle ou encore elle peut se sentir coupable si elle continue à se sentir mal, en dépit des efforts qu'on déploie pour elle.

Intellectualiser le vécu du deuil est également une erreur majeure. Le processus du deuil est essentiellement émotionnel ; il est peu accessible au mental. Tout ce qui est de l'ordre de la comparaison, du jugement, du raisonnement est rarement approprié dans ce contexte. L'intellectualisation excessive se fait inévitablement au détriment de l'émotion. Il ne faut pas s'y tromper, il s'agit le plus souvent d'une défense visant à contrôler les émotions en les maintenant à distance par un discours soi-disant rationnel et raisonnable.

Notre éducation et notre environnement social exigent le contrôle des émotions. Elles font peur, car on ne nous a jamais appris à les accepter et à les gérer. Les seules stratégies disponibles sont de les nier ou de les contrôler, même si cela devient, au bout du compte, impossible. On a **peur de ses propres émotions** et finalement on se barricade derrière une attitude rigide.

Bien sûr, les émotions vont monter, si on va les chercher ! Bien sûr, les larmes vont couler ! Bien sûr !

Mais si la personne en deuil réalise que ses larmes ne font pas fuir celui qui l'écoute et que sa détresse ne fait pas peur, alors elle se sent véritablement accueillie dans ce qu'elle ressent : c'est authentiquement là qu'on est le plus utile à celui qui est en deuil. Le malheur n'est pas une maladie contagieuse. Même si on se sent secoué par l'étalage de tant de douleur on ne risque jamais d'être envahi par la souffrance de l'autre, dans la mesure où on n'oublie pas où on est et pourquoi on est là : le secret est de savoir rester centré sur soi, bien présent avec l'autre, mais conscient d'être différent de lui. Bien ancré dans cette position, on ne risque pas de se perdre soi-même.

Même si on reconnaît que la personne en deuil a besoin d'aide, on oublie parfois que **l'aide apportée doit être continue et durable** dans le temps. Trop souvent, on observe une mobilisation très importante de l'entourage pendant la période de fin de vie et juste après le décès, mais progressivement l'horizon se clairsème et, après quelques semaines, il n'y a plus aucun soutien véritable, aucun coup de téléphone de tous ces gens qui, pourtant, avaient fait la promesse d'une aide indéfectible.

Si on se rappelle la dynamique du deuil, on saura que la douleur atteint un paroxysme plusieurs mois après le décès. C'est là qu'on doit répondre présent.

Assister à un enterrement est important, certes, mais décrocher son téléphone deux mois après pour inviter un ami(e) à déjeuner en l'interrogeant sur ce qu'il vit intérieurement, revêt une plus grande importance.

L'aide véritable s'inscrit dans la durée. Elle nécessite des trésors de patience… Non seulement parce que la personne en deuil va répéter encore et encore les mêmes choses (ce qui est indispensable) mais aussi parce que son comportement peut excéder ou choquer. N'oublions jamais qu'il n'y a pas de calendrier préétabli pour la résolution du deuil. La personne est à vif, face à son deuil, et doit traverser de nombreuses épreuves avant que la cicatrisation ne s'installe. Elle attend de ceux qui veulent l'aider une constance d'écoute et une patience dont il faut avoir conscience pour ne pas se décourager en chemin.

On investit une partie importante de son énergie dans le soutien de la personne en deuil, mais il est vrai qu'on a sa propre vie, ses propres soucis et il est normal de souhaiter se décharger, de temps à autre, de cette lourde responsabilité. C'est là qu'il faut saisir toute l'importance d'impliquer d'autres membres de l'entourage dans ce mouvement de soutien : l'union fait la force. On investit alors juste la quantité d'énergie qu'on est capable de fournir, sans se sentir coupable de ne pas donner assez, car on sait que d'autres œuvrent dans le même sens que soi.

Cela n'est pas toujours réalisable, mais il est vrai que la constitution d'un « réseau » de soutien est un bénéfice inestimable pour la personne en deuil. Si on se retrouve seul à lui apporter de l'aide, on en vient parfois à fuir littéralement tout contact avec elle, parce qu'on n'en peut plus psychologiquement, mais, en même temps, on risque de s'accuser amèrement de faire preuve d'autant d'égoïsme, d'inconstance et de lâcheté…

Tout être humain a ses limites, il doit apprendre à les reconnaître et à les respecter. On s'interdit souvent d'avouer ses propres limites à cette personne qu'on aide. On n'ose pas lui dire qu'on est, soi-même, à bout de souffle pour continuer à assurer seul la présence, la chaleur et la communication dont elle a besoin. En agissant ainsi, on éviterait pourtant des situations pénibles où on se sent pris au piège dans une relation d'aide qui devient de plus en plus pesante et où on ne voit aucune issue.

On peut être amené à proposer son aide pour de mauvaises raisons… L'une d'entre elles est à proscrire impérativement : elle concerne les gens qui viennent à peine de perdre quelqu'un et qui décident de s'impliquer *immédiatement* dans une relation d'aide à autrui.

Un tel désir est louable et digne de respect… mais, aussi sincère soit-il, il est toujours préférable de dissuader cette personne, nouvellement en deuil, de poursuivre sa démarche. Bien sûr, il est difficile d'être le rabat-joie, celui qui vient rompre l'enthousiasme et qui fait obstacle à une réelle motivation intérieure, mais, dans ce cas précis, on a quasiment la certitude de ne pas se tromper quand on demande à l'autre de freiner son élan de solidarité. On ne peut ignorer en effet qu'il s'agit là, très souvent, d'une fuite en avant et d'un moyen inconscient visant à mettre à distance son propre travail de deuil.

Ainsi, aussi ardent que puisse être le désir d'aider quelqu'un qui souffre, il n'est pas possible d'escamoter sa propre souffrance en comptant sur l'anesthésie des émotions que procure la prise en charge de celles des autres. On doit apprendre à s'aider soi-même avant de pouvoir aider autrui. Et s'aider soi-même, c'est s'occuper *d'abord* de son propre deuil. En effet, quand on est en deuil, on se focalise sur sa relation avec le défunt : on est entièrement mobilisé par ce travail intérieur et, ainsi, on ne peut pas être à la fois à l'intérieur et à l'extérieur de soi-même. On a besoin de s'écouter avant de parvenir à écouter autrui. Car, finalement, on ne risque d'entendre que ce qu'on a soi-même besoin d'entendre… On ne verra l'autre en deuil qu'au travers de son propre deuil et on ne parviendra pas à l'aider comme il a besoin de l'être.

Il faut prendre soin de soi, en premier lieu ; ce n'est pas de l'égoïsme, ce n'est que respecter le cours d'un processus naturel et c'est à cette seule condition qu'on pourra par la suite être psychologiquement disponible pour aider une autre personne en deuil.

Alors, que faire ?

La toute première notion à assimiler est de **laisser la personne en deuil faire son propre chemin**. Il est essentiel de lui laisser « donner le pas » sans chercher à la conduire là où elle ne souhaite pas aller... C'est certes une leçon d'humilité et une source potentielle de frustration : on doit se contenter de l'accompagner, sans rien attendre d'autre que d'accueillir ce qui se présente et sans chercher à interférer dans un processus qui lui appartient en propre. S'engager dans une relation d'aide implique presque obligatoirement qu'on sera exposé à faire des erreurs. C'est inévitable : on prononcera une parole malheureuse qu'on regrettera aussitôt ; on proposera des « solutions » qui se révéleront vaines au bout du compte... Chacun essaie de faire de son mieux : il n'y a aucune « bonne » ou « mauvaise » attitude à adopter face à la multitude des situations qui émergent. Il n'y a que ce qu'on essaie de faire pour aider, avec ce qu'on pense être juste et approprié : c'est tout.

Si vous ne savez pas quoi dire, il peut vous être utile de reprendre les trois questions abordées précédemment : qui avez-vous perdu ? que s'est-il passé ? où en êtes-vous aujourd'hui physiquement, matériellement, socialement, psychologiquement et spirituellement ? Vous avez là la trame qui vous permettra d'être au cœur des préoccupations de la personne que vous vous proposez d'aider. Les émotions vont évidemment affluer, mais c'est précisément cela qui va aider.

Accepter et accueillir les émotions

L'accueil des émotions se fait par l'**écoute** ; une écoute authentique, réelle, exempte de tout jugement et de toute critique. Ainsi les phrases comme : « Ne parle pas de cela », « Tu ne devrais pas penser cela », « Essaie d'oublier ça », sont à proscrire si on veut vraiment être présent à l'autre. L'écoute est un processus actif, dynamique, qui va à la rencontre de l'autre, tout en lui laissant la possibilité de venir ou non à soi. L'écoute active interroge directement les émotions et invite leurs expressions. « Comment vous sentez-vous maintenant ? Concentrez-vous sur l'émotion que vous ressentez à l'intérieur de vous. Quelle est-elle ? Laissez-la se nommer à vous, que vous dit-elle ? »

Une personne en deuil a besoin de sentir qu'elle a en face d'elle quelqu'un qui est sincèrement disposé à l'entendre dans tout ce qu'elle a à dire. Elle a besoin d'être rassurée sur le fait qu'on ne va pas fuir ou changer de sujet car on ne supportera pas le spectacle de ses émotions. Elle a besoin de savoir qu'elle peut dire qu'elle pense au suicide sans que la personne d'en face soit prise de panique et lui interdise de parler davantage.

Respecter le silence

Écouter, cela signifie aussi accepter le silence : savoir ne rien dire, savoir ne rien faire. Être là, conscient de soi-même, assis silencieusement auprès de quelqu'un qui apprend à prendre conscience de ce qui se passe dans sa vie.

La conversation peut s'arrêter pour un temps… et il est vrai qu'on peut, au début, être gêné par le silence qui s'installe… et puis, si on s'en donne le temps et la possibilité, on apprend à l'apprivoiser, on apprend à ne plus en avoir peur… pour finalement parvenir à le respecter. Les temps de silence sont aussi importants que les temps de parole. L'autre se permet de se recueillir en lui, en sachant qu'il peut le faire, en toute sécurité, car il se sent en présence de quelqu'un qui comprend ce qui se passe en lui. Il se voit accorder et il s'accorde à lui-même la possibilité de réfléchir sur ce qu'il vient de dire ; il laisse monter en lui une émotion dont il prend progressivement conscience... Cela ne peut s'accomplir qu'avec un peu de temps et dans le silence... On n'a pas toujours besoin de parler. Rester assis, sans se sentir embarrassé, prendre la main parce que les mots deviennent inutiles ou, même, simplement vaquer à ses occupations dans une pièce voisine, suffit parfois à apaiser...

Il n'est même pas nécessaire d'être toujours présent physiquement. La marque de sa présence par l'intermédiaire du téléphone ou du courrier est tout aussi précieuse et on constate, le plus souvent, que la personne en deuil n'en abusera pas. Le simple fait de savoir que son appel sera le bienvenu à tout instant a un impact psychologique considérable, même si elle n'a jamais recours à cette possibilité. Celui qui parle utilise souvent son interlocuteur comme un miroir de lui-même, même s'il n'en a pas toujours conscience. La personne en deuil n'a pas nécessairement besoin qu'on prenne position sur le bien-fondé de sa peur, de sa colère ou de sa culpabilité. Elle attend de l'autre qu'il entende tout simplement ce qu'elle dit. De même, quand elle pose une question, ce n'est pas obligatoirement parce qu'elle attend une réponse, car c'est bien souvent une question qu'elle s'adresse à elle-même et qu'il faut savoir lui retourner. Elle n'a, le plus souvent, rien à faire des réponses d'autrui, et encore moins de leurs conseils, si elle ne les sollicite pas. Le rôle de celui qui écoute est de l'aider à trouver ses propres solutions.

Ainsi, en invitant la personne à se laisser guider par ses propres questions, on lui permet de découvrir, en elle-même, ce qu'elle savait déjà, peut-être depuis toujours. Celui qui écoute réalise bientôt qu'il n'a, en fait, rien à faire. Il comprend qu'il n'a rien à ajouter à ce qu'on lui confie, car c'est bien la personne en deuil qui, finalement, va apporter tout ce dont elle a besoin...

Mais, en revanche, le point essentiel à comprendre est qu'elle ne peut le faire que si on est là, présent et attentif auprès d'elle, pour rendre cela possible.

L'aide pratique

L'écoute a une valeur inestimable, mais elle ne constitue qu'une facette de ce qui peut être apporté à une personne en deuil. Ainsi, même si l'écoute trouve sa place, à chaque instant, il y a parfois des priorités qui remettent à plus tard le temps de parole et d'échange.

Décider d'apporter une aide pratique est un processus actif, où on tentera tout d'abord d'évaluer les besoins à court, à moyen et à long terme avant de passer véritablement à l'action

À court terme, il y a des démarches que l'on peut proposer de faire (auprès d'une compagnie de pompes funèbres, d'un hôpital, d'une banque, d'un notaire, d'une administration, etc). Peut-on aider à préparer et organiser l'enterrement ou l'incinération ? Peut-on appeler les proches ou les amis pour les prévenir du décès ? Peut-on suggérer de loger chez soi des proches qui viennent de loin ? Peut-on proposer de s'occuper des enfants ? etc.

À moyen terme, peut-on décharger cette mère de la présence de ses petits enfants, en proposant de les garder une fois par semaine ? Peut-on l'aider à faire ses courses, en l'accompagnant au supermarché ? A-t-elle besoin d'une voiture ? Ce père n'a-t-il pas des difficultés à concilier sa vie de famille avec des enfants en bas âge et son activité professionnelle ? Que peut-on lui suggérer comme aide pratique ? Peut-on l'inviter à dîner et, pourquoi pas, lui proposer de rester dormir à la mai son, de temps à autre ? etc

À long terme, peut-on proposer d'aller au cimetière avec sa voiture quand la personne le souhaite ? Y a-t-il des sorties, des activités, des vacances qui pourraient être planifiées ensemble ? Peut-on organiser des dîners, chez soi, pour aider à recréer des contacts sociaux et élaborer de nouvelles amitiés ? Peut-on apprendre à son frère à faire la cuisine alors qu'il est incapable de faire cuire un œuf sur le plat ? etc.

La liste s'étend à l'infini. Elle ouvre un champ de propositions illimitées. Chacun doit évaluer ce qu'il veut et ce qu'il peut donner. Il est préférable, par exemple, de s'engager à conduire les enfants le matin à l'école (parce que c'est sur le chemin de son travail) que de proposer de venir faire les courses tous les samedis sans pouvoir tenir sa promesse plus de trois semaines.

Il convient mieux de s'engager pour quelque chose qu'on est capable d'assumer de façon sûre, car c'est surtout dans la *durée* et dans la fidélité de son action que sera apprécié, à sa juste valeur, le soutien apporté. On évite ainsi des promesses démesurées qu'on est incapable de tenir car la personne ressent alors un abandon supplémentaire de la part de son entourage, et la personne qui a proposé trop vite son aide éprouve un sentiment de culpabilité à ne pas être à la hauteur de ses engagements.

Offrir son aide demande beaucoup de tact, car il n'est pas toujours évident de savoir si l'aide qu'on veut apporter est désirée ou non. Dans le doute, autant formuler ses propositions le plus directement et le plus simplement possible. Celui qui souhaite aider doit cependant apprendre à ne pas se sentir blessé si son offre est définitivement rejetée.

Entre « peu » et « trop peu » il existe un juste milieu. Néanmoins, on ne devra jamais se contenter d'un simple « Téléphone-moi si tu as besoin de quelque chose », car on peut être sûr que la personne en deuil n'appellera jamais !

L'aide sociale

Le travail de deuil est un chemin intérieur. Il invite à un repli sur soi pour panser ses blessures. Mais il est vrai que ce repli confine parfois à un véritable retrait social où la personne en deuil se coupe petit à petit de tous ses amis et de son entourage. L'attitude à adopter est souvent malaisée car, si ce mouvement doit, en partie, être respecté, il ne doit pas non plus enfermer celui ou celle qui souffre dans un dangereux isolement.

L'entourage a ici un rôle à jouer en assurant un lien avec le monde extérieur. Adopter le juste comportement est difficile car la personne en deuil peut activement s'opposer à tout contact social. Alors, au risque d'essuyer un refus, il faut tendre des perches sans cesse : on sait par exemple qu'il est difficile pour une personne en deuil de sortir en public, on peut lui proposer d'aller avec elle à un rendez-vous, ou encore de l'accompagner dans les démarches administratives qui suivent le décès.

Dans un deuxième temps, on pourra progressivement suggérer un déjeuner ou un dîner avec un cercle restreint d'amis. On sera extrêmement vigilant sur le fait que la personne en deuil pourra, éventuellement, se « forcer » pour faire bonne figure en société ; si c'est le cas, on ne l'aide pas, car elle risque de se sentir encore plus isolée qu'avant. Il faut bien comprendre qu'on a parfois honte d'être en deuil et qu'on se sent coupable de rester dans sa douleur. Au besoin, les personnes présentes pourront lui faire comprendre qu'elle n'a pas besoin de jouer, avec eux, un quelconque rôle de composition.

Il faut ajuster son rythme à celui de la personne en deuil, tout en amenant, de façon appropriée, des propositions d'ouverture sur l'extérieur. L'effort est constant et parfois il génère une certaine frustration, car on a l'impression que tout ce que l'on tente est vain. Il faut le maintenir par des lettres, des coups de téléphone et des invitations. En agissant ainsi, on laisse la personne faire son chemin en lui assurant un contact avec son environnement social. Même si elle semble le rejeter initialement, c'est pourtant grâce à ce lien qu'elle reconstruira sa relation à autrui.

Mais, parfois, trop c'est trop. Quand bien même on est profondément sincère dans son désir d'aide, il arrive un moment où on peut se laisser submerger par une demande trop intense ou être complètement dépassé par des difficultés qui sont bien au-delà de ce qu'on est capable de gérer...

Le deuil est une puissante vague de fond qui ébranle l'individu sur toutes ses bases et il fait émerger une masse de questions et de problèmes dont les racines s'enfoncent profondément dans l'histoire de la personne. Les difficultés de l'enfance, de l'adolescence et de la vie adulte sont réactivées avec une force qui peut légitimement effrayer. Et il est des problèmes qui sont du ressort de compétences professionnelles. On risque parfois de se perdre dans les méandres d'un esprit torturé, si on se refuse à « passer la main » à des individus dont c'est la profession de prendre en charge des difficultés psychologiques trop envahissantes.

Ainsi, il est vrai par exemple que, parfois, on se retrouve face à des situations extrêmement délicates où la personne en deuil parle à demi-mot, ou même de façon très explicite, de mettre fin à ses jours.

Ce désir d'autodestruction est parfois beaucoup plus subtil, mais il est tout aussi important à repérer. On le retrouve dans une consommation de plus en plus excessive d'alcool ou de drogues, ou encore, à un autre niveau, dans un véritable « sabotage » de son activité professionnelle ou de son statut social ou familial...

Il est périlleux de s'aventurer seul sur un terrain aussi mouvant. On peut aussi bien trouver, chez cette personne en deuil, une culpabilité colossale où le besoin d'expier une faute domine les pensées, tout comme il est possible de découvrir un désespoir proche de ce qu'on appelle la « dépression mélancolique ». Là, une intervention immédiate s'impose, tant le risque suicidaire est réel.

Ces cas extrêmes sont, bien heureusement, rares mais ils ne sont pas exceptionnels... Dans une perspective plus sereine, une chose est certaine, à moins qu'une personne se mette réellement en danger (et là, il faut agir sans délai), il est toujours très difficile de chercher à aider quelqu'un contre son gré. C'est une des limites les plus douloureuses à vivre pour celui qui veut pourtant tout donner. Mais on ne peut pas faire le bonheur des autres s'ils ne sont pas d'accord ! Il reste en dernier recours la possibilité d'établir un dialogue qui tentera de jeter un pont entre soi et l'autre... mais même cela peut être vain...

Ainsi, en mettant à part le cas très particulier de la menace suicidaire, il ne faudra jamais oublier que, en dépit de l'efficacité et de la sincérité de son soutien, la personne en deuil aura, au bout du compte, le dernier mot sur le type d'aide qu'elle décidera de s'apporter... Elle ne pourra s'approprier que ce qu'elle est prête à recevoir. C'est sa responsabilité, aussi tragique que puisse être sa situation.

Et c'est là aussi que s'arrête la responsabilité de celui qui aide, même s'il souhaite de tout cœur qu'il en soit autrement...

Le burn out

« Quand on aime, on ne compte pas », dit le sens commun. On peut se trouver très étroitement impliqué, émotionnellement et psychologiquement, avec la personne en deuil, surtout s'il s'agit de quelqu'un qu'on aime tout particulièrement. On ne mesure ni ses efforts ni son temps pour l'aider à traverser cette épreuve car on prend à cœur de lui apporter tout ce dont elle a besoin.

Cependant, il s'agit d'un travail de longue haleine et, si son investissement est intense et prolongé, il peut venir un temps où on sent monter en soi un sentiment très particulier que les Anglo-Saxons appellent le *burn out*. La traduction la plus fidèle qu'on puisse en faire est « épuisement physique et psychologique de celui qui aide ».

À force d'aider, à force d'être présent et à l'écoute, on prend soudain conscience qu'on est soi-même au bout du rouleau et dans l'incapacité de donner davantage. Un des premiers signes du *burn out* est le rejet : on réalise qu'on commence à éviter de rencontrer cette personne en deuil, de crainte d'être vampirisé par son incessant besoin de dialogue ou de présence. On ne répond plus au téléphone ou on filtre les messages sur son répondeur téléphonique...

Le *burn out* se rapproche beaucoup de la dépression : les batteries sont à plat parce qu'on a fourni un trop gros effort et, ainsi, le soutien qu'on apporte s'en ressent : il devient rapidement de piètre qualité. La fatigue, l'énervement, la tristesse, la remise en question de soi-même et de sa propre valeur rendent difficile tout effort supplémentaire.

Parvenu à ce stade, il ne faut plus tergiverser, il n'y a plus d'alternative. Il faut savoir déposer les armes et prendre un peu de distance. Il faut s'accorder un temps indispensable de ressourcement, afin de récupérer son énergie dispersée et de se recentrer soi-même, et ceci, quel que soit l'état dans lequel se trouve la personne en deuil. Elle vit ce qu'elle a à vivre et s'épuiser à vouloir l'aider n'y changera rien…

On tombe dans cet extrême, quand on oublie, une fois de plus, qu'il est impossible de prendre le deuil de l'autre sur ses propres épaules car on se « détruit » finalement à vouloir porter un fardeau qui n'appartient qu'à l'autre personne…

Il est essentiel, surtout dans un climat d'urgence et de tension, de se ménager des instants de repos, de distraction et d'insouciance. La vie est aussi faite de cela et on n'est pas moins grand, humainement et spirituellement, quand on sait s'accorder ces petits plaisirs !

À force d'écouter, on éprouve aussi le besoin d'être écouté. Ainsi la possibilité de parler à quelqu'un d'extérieur de ses propres doutes, de ses difficultés est un bon moyen d'évacuer un trop-plein de tension accumulée et de se resituer, par rapport à soi-même, pour ne pas se perdre dans le malheur de l'autre.

Le *burn out* est un phénomène bien connu des équipes soignantes dans les services hospitaliers où la mort est souvent présente, comme dans les départements de cancérologie. On ne s'occupe pas d'un patient pendant des mois et des mois, au fil des différentes hospitalisations, sans s'attacher à lui et sans le percevoir comme un être humain qui devient finalement un ami. S'il vient à mourir, son nom allonge la liste de tous ces deuils qu'on n'a pas eu le temps de faire… parce qu'il faut continuer à s'occuper des vivants. Et, finalement, on oublie qu'on a mal et on enterre, en soi, sa souffrance. Cet épuisement physique et psychologique pourrait être une explication à cette (relative) déshumanisation de certains services hospitaliers. Chacun tente de se protéger contre une douleur sans cesse renouvelée et on arrive parfois à se « blinder » sans même s'en rendre compte… N'est-il pas grand temps de reconnaître l'intense souffrance des soignants ? N'est-il pas urgent de briser les murs de silence qui isolent chacun et les privent du partage d'une parole qui ne demande qu'à s'exprimer ?

Tout le monde a à gagner d'une telle reconnaissance, que ce soient les soignants, les patients ou leur entourage. Ce n'est que dans cette nouvelle ouverture d'esprit que l'hôpital retrouvera une de ses vocations d'accueil et d'écoute qu'il n'aurait jamais dû perdre...

Aider ?

Accompagner quelqu'un en deuil est tout sauf un chemin facile. C'est une route aride, extrêmement chaotique, déstabilisante, décourageante et ingrate. Le désir initial de jouer les héros en voulant toujours être à la hauteur peut très rapidement s'émousser devant le travail de longue haleine qu'on s'assigne. Il n'y a aucune gloire à aider quelqu'un qui souffre. Rechercher cela, c'est être dans une vaine illusion. La seule satisfaction et gratification qu'on peut y trouver est de réaliser que, par ce cheminement, on se connecte encore plus à sa *propre* humanité en accueillant celle de l'autre.

Les jours, les semaines vont passer... On essaiera à chaque occasion de faire de son mieux... Il y aura des jours où on n'y parviendra pas et d'autres où on aura cette ineffable impression de prendre part à quelque chose d'essentiel. Cette personne en deuil à laquelle on tient tant va apprendre à vivre sans celui ou celle qu'elle aimait et elle va accorder à ceux qui veulent bien l'entourer le difficile et ambigu privilège de l'accompagner sur ce chemin ardu. Même si, parfois, on a l'impression qu'elle n'avance plus ou que son processus de deuil va trop lentement par rapport à ce qu'on attend, on pourra espérer voir, un jour, audelà des apparences, combien cette personne est en train de changer. On y est pour bien peu de chose car c'est *elle* qui a fait tout le travail, mais il est vrai que, parfois, on a l'étrange surprise de recueillir des fruits inattendus de ses efforts... Car ce n'est qu'après un temps de réflexion et de retour sur soi-même qu'on prendra conscience que cette expérience d'accompagnement nous a beaucoup touché.

On ne sera touché que dans la mesure où on acceptera de se laisser toucher. Chacun est le miroir de l'autre... et on ne verra en lui que ce qui nous habite déjà.

Dans sa détresse, dans son questionnement, dans sa quête de sens, la personne en deuil, silencieusement, nous enseigne. Mais c'est notre mouvement volontaire du cœur vers elle qui fait qu'on peut recevoir cet enseignement. Sans mot dire, elle nous guide vers les grandes interrogations de notre propre existence.

En silence, elle nous place, sans le savoir, au plus profond de nous-même.

Épilogue

Il a fallu, un jour, en un temps oublié, accepter d'abandonner les limbes éthérés du ventre maternel.

Ce fut la première perte, la perte ultime qui nous précipita, dès lors, dans un tourbillon de multiples et inévitables renoncements... Année après année, depuis le jour de notre naissance, nous ne cessons d'ajouter une ligne de plus à la liste, déjà trop longue, de tous ces deuils, de toutes ces séparations, de toutes ces pertes du passé...

Ce fut soudain l'abandon de l'enfance, des certitudes volèrent en éclats alors que d'autres s'imposèrent en force, donnant un souffle nouveau à la fougue de l'adolescence. On brisa les idoles et on cessa de croire à leurs messages. Le jeune adulte, riche de ses doutes et de sa confiance vacillante, sacrifia la sécurité de son milieu familial sur l'autel de sa liberté. Il imposa à la vie ses choix et ses décisions, et la vie se chargea de lui rendre la monnaie de sa pièce...

À combien de projets avons-nous renoncé ? Combien d'espoirs déçus sommeillent, à tout jamais, au fond de notre cœur ? L'un a quitté son pays, l'autre a vu disparaître dans les flammes d'un incendie le travail de toute une vie... Un homme a renoncé à être aimé de cette femme, une femme a accepté un divorce à son corps défendant...

Il est pourtant une perte dont on savait qu'elle était inéluctable, mais qu'on refusa toujours de faire entrer dans le champ de sa conscience : la perte d'un être cher. Car, quand vient à mourir une personne qu'on aime, c'est toute la détresse d'un être humain confronté à l'implacable loi de la vie qui s'empare du cœur et de l'esprit. Là, tout reste en suspens, les mots ne viennent plus. On reste, pour un temps, sidéré, alors que s'initie, dans les tréfonds de l'âme, le douloureux travail du deuil.

Alors même qu'il surgit aujourd'hui avec une intensité inégalée, c'est, depuis la première perte de notre existence, le même processus qui, inlassablement, se répète.

Quelle que soit la blessure que provoquèrent, par le passé, la rupture et la séparation, le travail de deuil a œuvré à en panser les plaies. Les moyens qu'il a mobilisés ont toujours été à la mesure du traumatisme initial... Alors comment, aujourd'hui, s'étonner de l'ampleur de son action ?

Au-delà de la douleur qu'il tentait d'apaiser, le travail de deuil a tendu et tendra toujours vers un même et unique objectif.

Tirant sa force du mouvement qui pousse l'être humain à ordonner le chaos de son existence, le travail de deuil a pour ultime finalité de **donner sens** à ce qui vient de se passer, à ce déchirement dont il faut, coûte que coûte, combattre l'absurdité... Car, sans cette intime et indéfectible conviction qui garantit que les affres de sa douleur ont, à un niveau ou à un autre, un sens, le cœur et l'esprit errent dans l'angoisse et la tourmente et recherchent sans cesse un moyen de s'apaiser...

La notion de « travail » prend alors tout son poids, car cette quête de sens est un chemin volontaire, une recherche sciemment mise en place par celui qui souffre. La mort de cette personne qu'on a aimée n'a par elle-même pas de sens. Elle n'aura que celui qu'au bout du compte on parviendra à lui donner.

L'émergence d'un sens à donner à sa perte ne sera que le patient résultat d'un long retour sur soi-même, car on ne le trouvera qu'à la lumière de cette recherche intérieure... Y renoncer, c'est priver le deuil de son énergie vitale, c'est le couper de tout ce qui, au-delà des turpitudes du quotidien, fait qu'il participe à un puissant mouvement de vie... Le deuil renvoie nécessairement chacun de nous à sa propre solitude, à ce lieu central de notre être où se trouve notre centre de gravité... et où se tiennent toutes les réponses, si on sait poser les bonnes questions. C'est là où seront remises en question toutes nos valeurs, toutes nos certitudes, toutes nos croyances. C'est là où nous ferons l'apprentissage de l'éphémère où le cœur se voit privé de ce qu'il a un jour désiré... La jeunesse, la sécurité, la richesse, le pouvoir... l'immortalité...

S'attacher pour mieux perdre ? Alors, à quoi bon ?

Oui, à quoi bon ? Et pourtant, depuis que le monde est monde, chacun ose encore s'attacher, ose encore aimer par un violent mouvement du cœur qui se dresse comme un défi à la précarité de la vie...

On ressort nécessairement différent de cette traversée du désert, changé au plus profond de soi-même si on a accepté de se laisser toucher par l'authenticité de ses émotions et par le message qu'elles avaient à transmettre.

... On se retrouve changé pour le meilleur ou pour le pire... Cet homme s'ouvrira à autrui, quand celui-là sombrera dans l'alcool, l'amertume et le repli. Cette femme de quarante-cinq ans s'épanouira et s'acceptera enfin telle qu'elle est, quand telle autre s'enfermera dans sa solitude et dans le dégoût d'elle-même...

Si le deuil invite à briser les chaînes du passé, ne contribue-t-il pas parfois, à créer celles du présent ? Tant il est vrai qu'on n'aurait jamais choisi de traverser une telle épreuve, peut-on affirmer que le chemin du deuil sera ce qu'on en fera ?

Au regard de ces personnes qui se débattent dans un deuil inextricable, est-il possible d'affirmer que, s'il reste un choix, c'est bien celui de comment se fera ce deuil ? Peut-on dire que ceci est la responsabilité de chacun, aussi difficile soit-elle à assumer ?

Quand on se trouve ballotté par le flux et le reflux chaotiques de ses propres émotions, qu'en est-il de son libre arbitre et de sa capacité à formuler des choix sur la façon de vivre son deuil ? N'est-ce pas une responsabilité écrasante que de se dire qu'on est responsable de sa colère, de sa culpabilité, de son angoisse ? N'est-ce pas faire violence à celui qui souffre que de lui dire qu'il ne tient qu'à lui d'apaiser sa douleur ?

Questions sans réponses... hormis celles qu'on pourra, un jour, s'apporter.

On en vient alors à renoncer au contrôle absolu qu'on souhaite exercer sur son existence, et c'est alors une porte qu'on ouvre à autrui. Hésitant ou reconnaissant, on s'entend accepter son aide et, par ce biais inattendu, le deuil nous conduit à la découverte de l'autre. On voit se révéler la profondeur de leur amour ou l'aridité de leur cœur, même si, au bout du compte, on apprend que chacun n'est que le reflet de l'autre qui renvoie, en miroir, nos propres qualités et nos propres faiblesses...

On ne pourra plus jamais revenir en arrière. Tout est désormais écrit. Rien ne pourra être effacé... mais il reste pourtant, sur les lèvres, tout ce qu'on aurait voulu dire à celui qui est parti, tout ce qu'on aurait voulu faire comprendre. L'amour qu'on n'a pas osé lui montrer, les conflits qu'on n'a pas pu résoudre à temps, les rancœurs qu'on a toujours maintenues sous silence...

Qu'en faire maintenant qu'il est trop tard ? Quels recours pour faire taire ces remords, sans quoi la vie ne devient qu'un éternel reproche ? Le deuil porte-t-il en lui la réponse à cette attente ? Le lent travail de deuil ne consiste-t-il pas, aussi, à faire la paix avec celui qui est parti, en dépit de tout ce qui reste à partager et à pardonner ? N'est-ce pas là une condition essentielle pour accepter, soi-même, de retourner dans la vie, libre et apaisé ?

Car apporter la paix, c'est peut-être aussi accorder le pardon... le pardon pour l'autre et le pardon pour soi-même, malgré les multiples zones d'ombre qui constituent aussi notre humanité. C'est s'ouvrir l'accès à une plus grande acceptation de soi-même, conscient de ses limites mais respectueux de sa grandeur.

La mort de cette personne qu'on aime nous rappelle sans cesse la précarité de l'existence. Elle ne souligne que trop ce que nous nous acharnons à ne pas voir, de peur d'y voir notre propre finitude.

Et pourtant, en prenant conscience de cette incroyable fragilité, le regard que nous portons autour de nous change soudain et nous ouvre à ce que nous pensions être une évidence, tant il était sous nos yeux sans que l'on puisse le voir véritablement...

On aperçoit son enfant qui joue dans le jardin. Ses éclats de rire forcent le sourire et réchauffent le cœur.

On distingue, au loin, la silhouette fatiguée de sa mère qui, lentement, descend l'allée qui mène à sa maison...

On croise, dans la rue, le regard d'une inconnue et on ébauche ensemble des liens d'amour ou d'amitié.

On porte son regard sur la foule des passants et on se dit que, parmi eux, il existe des personnes avec lesquelles on pourrait construire quelque chose.

On réalise, comme une prise de conscience qui va changer sa vie, que ces gens qui nous entourent sont bien là, vivants. Leur existence ne peut plus aller de soi. On a oublié, trop vite, que leur présence est un miracle quotidien...

Comment peut-on encore penser qu'on aura toujours le temps de leur montrer notre affection, notre reconnaissance ou notre amour ?

Comment se satisfaire de l'idée qu'ils connaissent la profondeur de ce qu'on ressent pour eux, sans qu'on ait besoin de le leur dire ou de leur faire comprendre ?

Car, à la lueur de ce que l'on vient de vivre, on sait trop bien, si la maladie vient à menacer leur existence, combien ce temps, qu'on croyait si long, devient désespérément court quand on souhaite rattraper les opportunités perdues... Faut-il attendre ces instants pour qu'on découvre combien on tient à eux ? A-t-on vraiment besoin d'être confronté à une aussi terrible échéance ?

Aujourd'hui ils sont là, ils vivent, rient, jouent avec nous et autour de nous... Nous pouvons leur parler, nous pouvons les toucher, nous pouvons sonder leur âme tout en leur offrant la nôtre... On découvre ce curieux sentiment d'« urgence » qui pousse à dire aujourd'hui ce qu'on comptait dire demain.

Tout peut être dit, senti, tout peut naître ici et maintenant, au-delà de toutes les barrières qu'on s'est trop souvent imposées, par crainte ou par pudeur...

Loin de nous enfermer dans les angoisses de la mort, la précarité de notre vie humaine nous invite à saisir la saveur inestimable de l'instant présent.

C'est le dernier enseignement de celui qui est parti...

Par sa mort, il nous implante encore davantage dans la vie... Dans une vie où on accepte, désormais, de vivre sans lui et où on apprend, en sentant sa présence silencieuse à nos côtés, à dire « Je t'aime » en toute connaissance de cause.

Annexes

Quelques associations

Une liste des associations francophones d'accompagnement du deuil, ainsi que les numéros des lignes d'écoute téléphonique, est disponible sur le site Traverser le deuil, traverserledeuil.com, à la rubrique Associations.

Vivre son deuil (France, Belgique, Suisse) – permanence téléphonique, groupes d'entraide, entretiens
7 rue Taylor 75010 Paris – 01 42 38 08 08
vivresondeuil.idf@free.fr

Apprivoiser l'absence – groupes d'entraide de parents en deuil
21 rue des Malmaisons 75013 Paris – 07 86 38 10 65
www.apprivoiserlabsence.com

Fédération des associations de conjoints survivants (FAVEC) – regroupement d'associations départementales de veuves et veufs – à contacter pour les antennes de province
28 place Saint-Georges 75009 Paris – 01 42 85 18 30
info@favec.org

Fédération nationale Naître et vivre – regroupement d'associations nationales de soutien aux parents vivant le deuil d'un enfant décédé de mort subite du nourrisson
5 rue La Pérouse 75116 Paris – 01 47 23 05 08
www.naitre-et-vivre.org

JALMALV – accompagnement de la fin de vie et soutien des

personnes en deuil – à contacter pour les antennes de province
132 rue du Faubourg Saint-Denis 75010 Paris – 01 40 35 17 42
www.jalmalv.fr

Association pour le développement des soins palliatifs (ASP) – accompagnement de la fin de vie et du deuil
37 avenue de Clichy 75017 Paris – 01 53 42 31 31
www.aspfondatrice.org

Alliance – accompagnement de la fin de vie et du deuil
Alliance 33 : 05 56 43 07 07 – Alliance 24 : 05 53 07 03 83 – Alliance 64 : 05 59 46 15 15 – Alliance 47 : 05 53 47 36 27 – Alliance 40 : 05 58 45 01 30
www.alliance.asso.fr

Phare Enfants-Parents – parents en deuil après le suicide, prévention du suicide – à contacter pour les antennes de province
5 rue Guillaumot 75012 Paris – 01 42 66 55 55
vivre@phare.org

SOS Amitié
01 42 96 26 26
www.sos-amitie.org

SOS Suicide Phénix – écoute téléphonique, soutien des proches suite au suicide
Permanence téléphonique de 9 heures à minuit au 01 40 44 46 45
36 rue de Gergovie 75014 Paris – 01 45 42 45 88
www.sos-suicide-phenix.org

Suicide écoute
Permanence 24 heures sur 24 : 01 45 39 40 00
5 rue du Moulin Vert 75014 Paris
www.suicide.ecoute.fr

La Porte ouverte – à contacter pour les antennes de province – soutien et écoute, sans rendez-vous
Permanence téléphonique : 0 800 212 145

On peut aussi se renseigner auprès des unités de soins palliatifs proches de son domicile ou auprès des unités mobiles de soins palliatifs hospitalières pour obtenir les adresses des associations locales.

Quelques livres

Une sélection de livres et de films sur la mort, le deuil et la fin de vie est disponible sur le site Traverser le deuil, traverserledeuil.com, à la rubrique Livres et films.

Sur le deuil en général

Association Le Cairn, *La Mort subite du nourrisson : comment vivre sans lui ?*, Ellipses, 1997.

Augagneur Marie-France, *Vivre le deuil : de la désorganisation à une réorganisation*, Éditions ouvrières, Lyon, 1991

Bacqué Marie-Frédérique, *Le Deuil à vivre*, Odile Jacob, 1992.

Cornillot Pierre et Hanus Michel, *Parlons de la mort et du deuil*, Frison-Roche, 1997.

De Broca Alain, *Deuils et endeuillés, se comprendre pour mieux s'écouter et s'accompagner*, Masson, 1997.

Deuils, vivre, c'est perdre, Autrement, 1992.

Davous Dominique et Ernoult-Delcourt Annick, *Animer un groupe d'entraide pour personnes en deuil*, L'Harmattan, 2001.

Ernoult Annick, *Apprivoiser l'absence*, Fayard, 1992.

Hanus Michel, *Les Deuils de la vie*, Maloine, 1994.

Hanus Michel, Bacqué Marie-Frédérique, *Le Deuil*, PUF, « Que sais-je ? », 2000.

Haussaire-Niquet Chantal, *Le Deuil périnatal*, Le Souffle d'or, 2004.

Keirse Manu, *Faire son deuil, vivre un chagrin – un guide pour les proches et les professionnels*, De Boeck-Belin, 2000.

Monbourquette Jean, *Aimer, perdre et grandir – assumer les difficultés et les deuils dans la vie*, Bayard-Centurion, 1995.

Reigner Roger et Saint-Pierre Line, *Surmonter l'épreuve du deuil*, Quebécor, Montréal, 1995.

Roussier Solange, *Veufs, la vie sans elle*, Bayard, 2000.

Récits, témoignages

Adler Laure, *À ce soir*, Gallimard, 2001.

Brisac Geneviève, *Une année avec mon père*, L'Olivier, 2010.

Davous Dominique, *À l'aube du huitième jour – Capucine*, L'Harmattan, 1997.

Deslauriers Gilles et Dell'Aniello Marie, *Rencontre entre un thérapeute et une famille en deuil : la mort d'Yves*, L'Harmattan, 2001.
Didion Joan, *L'Année de la pensée magique*, Grasset, 2007.
Duperey Annie, *Le Voile noir*, Le Seuil, 1992.
Edelman Hope, *La Mort d'une mère*, Laffont, 1996.
Ernaux Annie, *L'Autre Fille*, NiL, 2011.
Flem Lydia, *Comment j'ai vidé la maison de mes parents*, Le Seuil, 2004.
Forest Philippe, *L'Enfant éternel*, Gallimard, 1997.
Fournier Jean-Louis, *Veuf*, Stock, 2011.
Fugain Marie, *Moi, on ne m'a jamais demandé comment j'allais...*, Michel Lafon, 2012.
Garcin Jérôme, *Olivier*, Gallimard, 2011.
Gril Josette, *Vivre après la mort de son enfant, Des parents témoignent*, Albin Michel, 2007.
Haussaire-Niquet Chantal, *L'Enfant interrompu*, Flammarion, 1998.
Julliand Anne-Dauphine, *Deux petits pas sur le sable mouillé*, Les Arènes, 2011.
Laurens Camille, *Philippe*, Stock, 2011.
Poivre d'Arvor Patrick, *Elle n'était pas d'ici*, Albin Michel, 1995.
Revol Anne-Marie, *Nos étoiles ont filé*, Stock, 2010.
Rostain Michel, *Le Fils*, Oh ! Editions, 2011.

Deuil et enfance

Association Vivre son Deuil, *Quelqu'un que tu aimes vient de mourir : tu vas ressentir ce qu'on appelle le deuil*, par correspondance.
Deunff Jeannine, *Dis, Maîtresse, c'est quoi la mort ?*, L'Harmattan, 2001.
Hanus Michel et Sourkes Barbara, *Les Enfants endeuillés : portraits du chagrin*, Frison-Roche, 1997.

Livrets

Repères pour vous, parents en deuil, association Sparadrap, Centre de ressources sur l'enfant et l'hôpital, 48 rue de la Plaine, 75020 Paris, www.sparadrap.org.

Vous êtes en deuil, association Vivre son deuil.

Aider un ami en deuil, Le Suicide, L'Enfant en deuil, La Crémation, etc., brochures publiées par les Pompes funèbres générales.

Fondation de France, *Aide aux personnes endeuillées : répertoire des organismes à consulter – 1997/1998*, Desclée de Brouwer-La Méridienne.

Revues

Passage, journal semestriel d'information à thème du groupe OGF.

Reconstruire, guide édité annuellement par l'Ocirp (voir ci-dessous).

Études sur la mort, revue de la société de thanatologie : « L'adolescent et la mort », « Les deuils dans l'enfance », L'Esprit du Temps.

Guides sur les démarches après le décès (mairie de Paris, Pompes funèbres générales...).

Diplômes universitaires de soins palliatifs et d'accompagnement

Se référer aux programmes proposés par les universités de proximité.

Aide matérielle, sociale

Caisse d'allocations familiales

Mairies, Pompes funèbres générales...

Organisme commun des institutions de rente et de prévoyance (Ocirp), espace « Dialogue et solidarité »
– accueil par des professionnels des conjoints endeuillés
– écoute téléphonique, conseils, groupes de parole
10 rue Cambacérès 75008 Paris – 0 800 49 46 27 (numéro vert)
www.ocirp.fr

Aide au deuil des communautés religieuses

Communauté catholique

Service catholique des funérailles, diocèse de Paris – écoute téléphonique 24 h/24, conseils...
66 rue Falguière 75015 Paris – 01 44 38 80 80

SOS Prières – 01 45 44 31 31
Association Jonathan Pierres vivantes – pour les parents en deuil d'un enfant – à contacter pour les antennes de province
61 rue de la Verrerie 75004 Paris – 01 42 96 36 51
anjpv@anjpv.asso.fr
Espérance et vie, mouvement chrétien pour les premières années du veuvage
Permanence téléphonique au 01 43 07 22 46 (à contacter pour les antennes de province)
20 rue des Tanneries 75013 Paris – 01 45 35 78 27
www.esperanceetvie.com

Communauté protestante
S'adresser directement au pasteur de la localité

Communauté orthodoxe française
30 boulevard de Sébastopol 75004 Paris – 01 42 78 24 03

Communauté juive
Consistoire Israélite de Paris
17 rue Saint-Georges 75009 Paris – 01 40 82 26 26
www.consistoire.org
Mouvement juif libéral de France
11 rue Gaston de Caillavet 75015 Paris – 01 44 37 48 48
www.mjlf.col.fr

Communauté musulmane
Mosquée de Paris
01 45 35 97 33
www.mosquee-de-paris.org

Adresses utiles

Soins palliatifs, accompagnement
Association pour le développement des soins palliatifs (ASP) – Fédération nationale et antennes locales – (Le

bulletin *Liaisons* publie les renseignements sur les unités de soins palliatifs en France)
37 avenue de Clichy 75017 Paris – 01 53 42 31 31
www.aspfondatrice.org

Albatros
33 rue Pasteur 69007 Lyon – 04 78 58 94 35
www.albatros69.org

Jusqu'à la mort pour accompagner la vie (JALMALV) – Fédération nationale et antennes locales
132 rue du Faubourg-Saint-Denis 75010 Paris – 01 40 35 17 42
www.jalmalv.fr

Centre de recherche et de formation sur l'accompagnement de la fin de vie (CREFAV)
Unité de soins palliatifs – Hôpital Paul-Brousse
BP 200 94 800 Villejuif Cedex – 01 45 59 38 59
www.crefav.com

Deuil

Apprivoiser l'absence (Accompagnement d'enfants malades et groupes de partage de parents en deuil)
27 rue des Malmaisons 75013 Paris – 07 86 38 10 65
www.apprivoiserl'absence.com

Centre François-Xavier Bagnoud
125 rue d'Avron 75020 Paris – 01 44 64 43 53

Fédération internationale des associations de veuves civiles chefs de famille (FAVEC)
28 place Saint-Georges 75009 Paris – 01 42 85 18 30
www.favec.org

Vivre son deuil
Écoute téléphonique, entretiens, groupes de partage : 01 42 38 07 08
7 rue Taylor 75010 Paris
www.vivresondeuil.asso.fr

Parents en deuil

Choisir l'espoir
73 rue Gaston-Baratte 59650 Villeneuve-d'Ascq – 03 20 64 04 99
choisirlespoir.free.fr

Jonathan Pierres Vivantes (Antenne de Paris)
61 rue de la Verrerie 75004 Paris – 01 42 96 36 51
www.anjpv.asso.fr
Naître et vivre (association pour l'étude et la prévention de la mort subite du nourrisson) – Fédération nationale et antennes locales
5 rue La Pérouse 75116 Paris – 01 47 23 05 08
www.naitre-et-vivre.org

Suicide
SOS Suicide Phénix
36 rue de Gergovie 75014 Paris – 01 40 44 46 45
www.sos-suicide-phenix.org
Phare Enfants-Parents
5 rue Guillaumot 75012 Paris – 01 42 66 55 55
www.phare.org

Sida
AIDES
119 rue des Pyrénées 75020 Paris – 01 53 27 63 00
www.aides.org
Solidarité Enfants Sida (Sol En Si)
10 rue Duvergier 75019 Paris – 01 44 52 78 78
www.solensi.org
Dessine-moi un mouton (Enfants et parents touchés par le sida)
12 rue d'Enghien 75010 Paris – 01 40 28 01 01
www.dessinemoiunmouton.org
SIDA Info Service
Permanence téléphonique 24 h/24 : 0 800 84 08 00 (appel gratuit)
www.sida-info-service.org

Autre association
SOS Amitié
Postes d'appel dans toute la France (consulter l'annuaire)

Table

Du même auteur

Chez le même éditeur

Accompagner un proche en fin de vie
Savoir l'écouter, le comprendre et communiquer avec les soignants
(avec la participation de Stéphane Allix)

Vivre ensemble la maladie d'un proche
Aider l'autre et s'aider soi-même

Après le suicide d'un proche, vivre le deuil et se reconstruire

Maintenant ou jamais !
La transition du milieu de la vie

Ensemble mais seuls
Apprivoiser le sentiment de solitude dans le couple

Le couple brisé
De la rupture à la reconstruction de soi

Est-ce que tu m'aimes encore,
Se reconstruire après l'infidélité

Comment t'aimer, toi et tes enfants ?
Le défi de la famille recomposée

Dans la même collection

Nadine Bauthéac, *Hommes et femmes face au deuil*

Claudine Badey-Rodriguez, *La vie en maison de retraite*

Anne Belot et Joëlle Chabert, *Vivre le grand âge de nos parents*

Pascale Chapaux-Morelli et Pascal Couderc, *La manipulation affective dans le couple. Faire face à un pervers narcissique*

Dr Christophe Fauré, *Vivre le deuil au jour le jour*
– *Vivre ensemble la maladie d'un proche*
– *Le couple brisé. De la rupture à la reconstruction de soi*
– *Après le suicide d'un proche. Vivre le deuil et se reconstruire*
– *Ensemble mais seuls. Apprivoiser le sentiment de solitude dans le couple*
– *Est-ce que tu m'aimes encore ? Se reconstruire après l'infidélité*

Dr Clarisse Fondacci, *Le diagnostic anténatal, et ce qu'on peut en attendre*

Micheline Garel et Hélène Legrand, *L'attente et la perte du bébé à naître*

Marcela Gargiulo et Martine Salvador, *Vivre avec une maladie génétique*

Catherine Garnier-Petit, *Mal de mère, mal d'enfant. Angoisse et bonheur dans la maturité*

Bernard Geberowicz et Colette Barroux-Chabanol, *Le couple face à l'arrivée de l'enfant. Surmonter le baby-clash*

Corine Goldberger, *Quand la mort sépare un jeune couple. Le veuvage précoce*

Catherine Grangeard, *Comprendre l'obésité : une question de personne, un problème de société*

Philippe Hofman, *Une nouvelle vie pour les seniors. Psychologie de la retraite*

Dr Miguel Jean et Line Petit, *Le couple face à l'infertilité*

Ginette Lespine et Isabelle Gravillon, *Hériter sans se déchirer. Les enjeux affectifs de la transmission*

Dr François Marchand et Françoise du Sorbier, *Des nuits sans insomnie. Pour en finir avec les troubles du sommeil*

Dr Christophe Massin et Dr Isabelle Sauvegrain, *Réussir sans se détruire. Des solutions au stress du travail*

Isabelle Méténier, *Crise au travail et souffrance personnelle*

Élise Ricadat et Lydia Taïeb, *Après le cancer du sein. Un féminin à reconstruire*

Composition IGS-CP
Impression CPI Bussière en mai 2017
Éditions Albin Michel
22, rue Huyghens, 75014 Paris
www.albin-michel.fr
ISBN : 978-2-226-24157-3
N° d'édition : 08616/24 – N° d'impression : 2029862
Dépôt légal : juin 2012
Imprimé en France